La filosofía de Nietzsche

TEXTOS DE LA FILOSOFÍA UNIVERSAL

Eugen Fink

# La filosofía de Nietzsche

Traducción de
Alberto Ciria

Herder

*Título original:* Nietzsches Philosophie
*Traducción:* Alberto Ciria
*Diseño de la cubierta:* Gabriel Nunes

© 1992, 2016, Verlag W. Kohlhammer, Stuttgart
© 2019, Herder Editorial, S.L., Barcelona

ISBN: 978-84-254-4215-5

Cualquier forma de reproducción, distribución, comunicación pública o transformación de esta obra so puede ser realizada con la autorización de sus titulares, salvo excepción prevista por la ley. Diríjase a ced (Centro de Derechos Reprográficos) si necesita reproducir algún fragmento de esta obra (www.conlice cia.com)

*Imprenta:* Qpprint
*Depósito legal:* B-18.520-2019
*Printed in Spain - Impreso en España*

**Herder**
www.herdereditorial.com

# Índice

1. La «metafísica del artista» .................................... 9

   La filosofía de Nietzsche que se esconde tras
     las máscaras .................................................. 9
   La ecuación básica de ser = valor. El planteamiento
     de *El nacimiento de la tragedia en el espíritu
     de la música* ................................................ 20
   Psicología del arte y arte como conocimiento
     del mundo .................................................... 30
   El «socratismo» como antagonista de la sabiduría
     trágica. *Sobre la verdad y la mentira en
     sentido extramoral* .......................................... 42
   *Consideraciones intempestivas*. Cultura y genio.
     *La filosofía en la época trágica de los griegos* ............ 55

2. La Ilustración de Nietzsche .................................. 67

   Psicología del desenmascaramiento y óptica
     de la ciencia. *Humano, demasiado humano* .................... 67
   La filosofía de la mañana (*Aurora* y *La gaya ciencia*) ....... 82

3. La anunciación ................................................ 97

   Forma, estilo y articulación de *Así habló Zaratustra* ......... 97
   El superhombre y la muerte de Dios ............................. 108

La voluntad de poder ............................................ 121
El eterno retorno: «De la visión y el enigma», «Antes
　　del amanecer» ................................................ 136
El eterno retorno: concepción cosmológica del
　　problema moral. Retorno de lo mismo ............ 151
El eterno retorno: «Del gran anhelo» ..................... 167
El eterno retorno: «Los siete sellos». Zaratustra
　　y los «Hombres superiores» ............................. 182

4. LA DESTRUCCIÓN DE LA TRADICIÓN OCCIDENTAL ........... 199

La proyección transcendental de los valores.
　　*Más allá del bien y del mal* ............................. 199
*Genealogía de la moral* ........................................ 213
*El Anticristo* y *Crepúsculo de los ídolos* ............... 225
Idea ontológica e ideal moral ................................ 240
La obra póstuma *La voluntad de poder*:
　　el problema del nihilismo ................................ 253
La ontología negativa de la cosa ........................... 269
«Disciplina y adiestramiento». El mundo dionisíaco ....... 285

5. LA RELACIÓN DE NIETZSCHE CON LA METAFÍSICA
COMO CAUTIVIDAD Y LIBERACIÓN ............................ 303

La cuaternidad trascendental del problema del ser
　　y los motivos fundamentales de la filosofía
　　nietzscheana. La idea cósmica de juego como
　　problema extrametafísico ................................. 303

# 1. La «metafísica del artista»

*La filosofía de Nietzsche que se esconde tras las máscaras*

Friedrich Nietzsche es una de las grandes personalidades que han marcado el destino de la historia intelectual de Occidente, un hombre que encarna la fatalidad y que fuerza a tomar decisiones últimas, un terrible signo de interrogación puesto en el camino que hasta ahora ha recorrido el hombre europeo y que había sido trazado por la herencia de la Antigüedad y por dos mil años de cristianismo. Nietzsche representa la sospecha de que este camino ha sido un camino errado, de que el hombre se ha extraviado, de que es preciso dar marcha atrás, rechazar todo lo que hasta ahora se consideraba «sagrado», «bueno» y «verdadero». Nietzsche significa la crítica más acérrima a la religión, a la filosofía, a la ciencia y a la moral. Si Hegel hizo el titánico intento de concebir la historia *entera* del espíritu como un proceso de desarrollo en el que todos los niveles anteriores se asumen y tienen que ser reconocidos en su derecho propio, si Hegel creyó poder justificar positivamente la historia de la humanidad europea, Nietzsche representa la negación tajante y sin paliativos del pasado, el rechazo de todas las tradiciones, la llamada a una radical vuelta atrás. Con Nietzsche, el hombre europeo llega a una encrucijada. Hegel y Nietzsche tienen en común que representan una conciencia histórica que recapitula sobre todo el pasado occidental y lo examina sopesándolo. Ambos se sitúan de forma decisiva en la esfera de influencia de los primeros pensadores griegos, ambos se remontan hasta lo inicial, ambos son heraclíteos. Hegel y Nietzsche son como la afirmación que todo lo comprende frente a la negación que todo lo discute. Hegel lleva a cabo una inmensa labor conceptual al reflexionar sobre todas las transformaciones de la comprensión humana del ser y al integrarlas, al unificar todos los motivos antagónicos de la historia de la metafísica en la unidad superior de su sistema, llevando así esta historia metafísica a su finalización. Para Nietzsche, esa misma historia no es más que la historia del error más prolongado: una historia que él combate con desmedida pasión, en una polémica que vibra de tensión, una polémica que sospecha e imputa, con un odio furibundo y una burla amarga, con mucho ingenio y valiéndose al mismo tiempo de todos los arteros ardides del panfletista. En su lucha recurre a todas las armas de las que dispone: su refinada psicología, la agudeza de su ingenio, su vehemencia y, sobre todo, su estilo. Nietzsche combate con total entrega, pero no lleva a cabo una destrucción conceptual de la metafísica, no la desmonta con los mismos medios del pensamiento ontológico conceptual, sino que rechaza el concepto, lucha contra el racionalismo, contra un forzamiento conceptual de la realidad. La confrontación de Nietzsche con el pasado se desarrolla en un frente amplio. No solo lucha contra la filosofía tradicional, sino también contra la moral y la religión tradicionales. Su lucha tiene la forma de una crítica cultural generalizada. Este factor tiene la mayor importancia.

El planteamiento de Nietzsche, que arranca de una crítica de la cultura, oculta con demasiada facilidad el hecho más profundo de que, esencialmente, en Nietzsche no hay más que una confrontación *filosófica* con la metafísica occidental. Sin duda Nietzsche somete todo el pasado cultural a su demoledora crítica. Al remontarse a un pasado tan remoto, al cuestionar tan radicalmente los orígenes occidentales, Nietzsche se distanció

## 1. La «metafísica del artista»

de entrada de los críticos moralizantes de la época, que tan en boga estuvieron en el siglo XIX. No solo se vuelve críticamente contra el pasado, sino que también lleva a cabo una decisión, hace una nueva tasación de los valores occidentales, tiene una voluntad de futuro, un programa, un ideal. Pero no es un utopista, uno de esos que pretenden mejorar el mundo y traerle la felicidad: no cree en el «progreso». Tiene una tenebrosa profecía para el futuro, es el adivino del nihilismo europeo. Desde entonces parece que el nihilismo ha llegado ya, y no solo a Europa. Todo el mundo lo conoce y lo comenta, incluso ya hay quien se dispone a «superarlo». Nietzsche anuncia la venida del nihilismo «para los próximos dos siglos». La conciencia histórica de Nietzsche también alcanza mucho en dirección al futuro. Resulta por tanto mezquino y miserable querer meter a presión en el breve período de tiempo de la historia actual a un pensador que abarca históricamente todo nuestro pasado europeo y que diseña un proyecto vital para los siglos venideros, y tratar de interpretarlo a partir de ahí. Hay que rechazar del modo más tajante los intentos por arrastrar a Nietzsche a la política del día a día, por presentarlo como el clásico enaltecedor de la violencia, del imperialismo alemán, como el loco homicida germano que acaba con todos los valores de la cultura mediterránea, y cosas así. Es verdad que Nietzsche no puede escapar al destino de toda gran filosofía de ser vulgarizada y trivializada. Pero que abusaran políticamente de Nietzsche no es un argumento contra él, a no ser que se aporte la prueba de que la infame praxis política surgió de una comprensión genuina de su auténtica filosofía. Quizá los grandes pensadores sistemáticos, como por ejemplo Aristóteles, Leibniz, Kant o Hegel, a causa de la dificultad del estilo de sus obras no han estado tan expuestos a ser tan banalmente malinterpretados como Nietzsche, que aparentemente ofrece un acceso más fácil, que seduce con su estilo brillante y con la forma aforística, que fascina y cautiva con la audacia de sus formulaciones, que ejerce un embrujamiento estético, que aturde con la magia de su extremosidad. En vista de la ola todavía creciente del influjo de Nietzsche hay que plantear esta pregunta para reflexionar: ¿el efecto se debe a la *filosofía* de Nietzsche, o a motivos secundarios de su obra, si es que no a la seducción que ejercen los sugestivos medios estilísticos de su sobreexcitado intelecto?

Nuestra respuesta podrá decepcionar: es justamente la filosofía de Nietzsche lo que menos repercute, lo que quizá siga sin haber sido comprendido, aguardando las interpretaciones esenciales. El filósofo Nietzsche queda tapado y desfigurado por el crítico de la cultura, por el misterioso augur, por el elocuente profeta. Las máscaras ocultan la esencia. Nuestro siglo rinde vasallaje de múltiples modos a las máscaras de Nietzsche… pero sigue estando lejos de su filosofía. Sin embargo, la imagen de Nietzsche ha experimentado una característica transformación en el curso de las últimas décadas. A comienzos de siglo xx Nietzsche es presentado en las «exposiciones» sobre todo como el genial diagnosticador de la decadencia cultural, como el creador de una psicología críptica e inescrutable al modo de un sublime arte de la adivinación y la interpretación. Se ensalza a Nietzsche como el sagaz desvelador del *ressentiment,* de la *décadence,* dotado de una mirada maligna que le hace percibir todo lo mórbido y putrefacto. Es considerado un artista, un elocuente poeta, un predicador profético. Como en cierta ocasión dijo Scheler, Nietzsche dio a la palabra «vida» una áurea sonoridad. Fundó la «filosofía de la vida». Cuanto menos se comprende la auténtica filosofía de Nietzsche, tanto más prolifera el culto que se le profesa. Se glorifica a Nietzsche como una figura legendaria, se lo sublima erigiéndolo en símbolo. Su biografía y su obra se entremezclan en una reinterpretación que las convierte en el artificio de una «leyenda». Las interpretaciones más recientes

## 1. La «metafísica del artista»

de Nietzsche tienen un sentido más riguroso de la realidad. En ellas podemos observar una inversión de la tendencia. Muchas veces el planteamiento es también biográfico e intenta comprender la obra a partir de la vida que la creó. Pero se mira a Nietzsche más desengañadamente. No se lo considera el hombre superior que él proclama en su *Zaratustra*. Al contrario. La refinada psicología de desenmascaramiento, que Nietzsche perfeccionó hasta el virtuosismo, ahora se le aplica a él. Aparece como alguien que sufre profundamente, como el hombre destrozado, maltratado por la vida. El odio salvaje e infernal a todo lo cristiano solo se puede explicar por la imposibilidad de desprenderse del cristianismo; su crítica a la moral, su inmoralismo, solo se puede explicar por un refinamiento moral, es decir, justamente por una sinceridad a ultranza; su cántico de alabanza a la vida salvaje y fuerte, al poderoso, a la salud robusta, solo se puede explicar por las privaciones forzosas que padece el doliente. La imagen de Nietzsche se define más en función de aspectos periféricos de su obra que desde el centro de su filosofía. Los «logros psicológicos de Nietzsche» son indiscutiblemente poderosos: abrió la mirada para las ambigüedades y los sentidos ocultos de las formas de expresión anímicas, para los innumerables fenómenos de la ambivalencia. Su arte del análisis psicológico es de primerísimo orden. Es indiscutible que Nietzsche está dotado de un olfato tremendo para los procesos históricos, que puede descifrar los signos de lo venidero y predecir el futuro. Es sin discusión un artista hipersensible, dotado de un ingenio enorme, de una fantasía desbordante, de una imaginación visionaria. Nietzsche es, sin discusión, un poeta.

«Soy el más escondido de todos los escondidos», dijo en cierta ocasión Nietzsche de sí mismo. Que lo que más difícil nos resulta de comprender sea el Nietzsche filósofo quizá se deba precisamente a que este es el auténtico Nietzsche. Ocultar el carácter es en Nietzsche una pasión: le encanta enormemente la mascarada, la mojiganga, la bufonada. Se oculta bajo tantas «figuras» como en las que se muestra: tal vez ningún otro filósofo escondió su filosofar bajo tanta sofistería. Da la impresión de que su carácter versátil y cambiante no puede llegar a formular una expresión clara y definida, de que está representando muchos personajes.

Estos personajes son el «espíritu libre» de los tiempos de la obra *Humano, demasiado humano*, el Príncipe Proscrito, Zaratustra y su autoidentificación final con Dioniso.

¿Pero qué significan estas ganas de mascarada? ¿Son un mero truco literario, una forma de embaucar al público, el método impune de defender una posición sin comprometerse con ella? ¿Surgirá al cabo este rasgo de Nietzsche de un desarraigo, de un pender sobre el abismo pretendiendo fingir ante sí mismo y ante los demás que se está sobre suelo firme? Ninguna explicación psicológica podrá disipar jamás este enigma de la existencia de Nietzsche. Empleando una imagen de gran fuerza simbólica, Nietzsche habla de un «laberinto»: el ser humano es para él un laberinto cuya salida aún no ha encontrado nadie y en el que todos los héroes han sucumbido. El propio Nietzsche es el hombre laberíntico por excelencia. No podemos sonsacarle el secreto de su existencia, pues él lo ha puesto a buen recaudo escondiéndolo en muchos laberintos y bajo muchas máscaras y personajes. ¿Pero nos importa eso a nosotros? Las interpretaciones de Nietzsche se resienten en general porque tratan de acceder a la obra a través del hombre, de emplear la biografía como clave. La vida de Nietzsche es más oscura que su obra. Pero lo extraordinario de su destino, su pasión y, por otro lado, su pretensión mesiánica, el *pathos* inaudito con el que se presenta, con el que asusta, con el que suscita enojo, desconcierto y encandilamiento: todo esto incita constantemente a dirigir la mirada al hombre, en

## 1. La «metafísica del artista»

lugar de ocuparse solo de la obra. Nietzsche seduce para que nos dirijamos a él mismo. Todos sus libros están escritos en estilo de confesiones: como autor no se queda en un segundo plano, al contrario, de una manera casi insoportable habla de sí mismo, de sus experiencias anímicas, de su enfermedad, de sus gustos. Hace falta una arrogancia sin parangón para importunar de este modo al lector con la persona del autor, expresando al mismo tiempo que, en el fondo, todos los libros no son otra cosa que un soliloquio de Nietzsche consigo mismo. Nietzsche se vale de la desvergüenza de esta impertinencia con el lector como recurso artístico, como una suculencia literaria. Se asegura seguidores justo a base de ser repulsivo: este *pathos* aristocrático resulta excitante e interesante. Como escritor Nietzsche es refinado, tiene instinto para el efectismo, domina todos los registros, desde las delicadas notas sublimes hasta las estridentes fanfarrias. Tiene un pronunciado sentido para la melodía natural del lenguaje, construye frases divagadoras como períodos sujetos a las reglas artísticas, con un *tempo* que se va acelerando, con un brío que coloca correctamente cada palabra en su sitio. Pero también domina el *staccato* de la oración breve y concentrada que surte el efecto del relámpago. Su estilo está cargado de la cosquilleante electricidad de las tensiones espirituales, y al mismo tiempo maneja con virtuosismo el llamamiento a las fuerzas irracionales del alma humana. El estilo de Nietzsche busca causar efecto. De Nietzsche se puede decir lo que él mismo decía de la música wagneriana. Hay mucho histrionismo, mucha seducción y mucho embrujo en el estilo de Nietzsche. Pero también salen cosas muy soberbias cuando el pensamiento se acerca esencialmente a la poesía. El esplendor del lenguaje nietzscheano, su extrema subjetividad, inducen constantemente a apartar la mirada de la obra y a volverla a su creador, que se refleja de mil formas en tal obra.

Y aún hay otro motivo que explica la postura habitual de las interpretaciones de Nietzsche. Salvo muy pocos escritos, los libros de Nietzsche no tienen el carácter de esas obras que discurren con un estilo argumentativo y que muestran un desarrollo progresivo del razonamiento. Son recopilaciones de aforismos. Nietzsche, al que una enfermedad ocular impedía escribir durante mucho tiempo seguido, elevó el aforismo a la categoría de obra de arte. Pero sería erróneo pensar que esa circunstancia externa de la dolencia ocular basta para explicar el estilo aforístico de Nietzsche, caracterizándolo así como una necesidad hecha virtud. Antes bien, el aforismo se adecúa al estilo intelectual de Nietzsche. Permite la formulación breve y audaz que renuncia a aportar argumentos. Por así decirlo, Nietzsche piensa en relámpagos mentales, y no en la fatigosa forma de la exposición conceptual de largas concatenaciones de pensamientos. Como pensador es intuitivo, figurativo, con una tremenda capacidad de visualización plástica. Los aforismos de Nietzsche tienen precisión y contundencia. Parecen piedras talladas. Y pese a todo, no están aislados unos de otros, sino que enlazan unos con otros y aportan con la unidad del libro una peculiar totalidad. Nietzsche es un maestro de la composición, cada libro tiene su propio tono, exclusivo de él, que está latente en todos los aforismos: cada libro tiene su propio *tempo*, su inconfundible tonalidad específica. Ningún libro de Nietzsche se parece a los demás. Cuanto más percibe uno esto, tanto más se asombra de este logro artístico. Pero al mismo tiempo, tanto más chocante resulta también que Nietzsche, que tanto se volcaba en sus libros, constantemente eludiera la tarea de una elaboración sistemática y conceptual. Únicamente en las obras póstumas encontramos esbozos de sistemas, concepciones de una vía especulativa que hay que recorrer hasta el final. El elevado rango literario de Nietzsche, la forma aforística de sus libros, son justamente factores de los

## 1. La «metafísica del artista»

que se resiente la exposición de la filosofía de Nietzsche. En las obras de arte de sus escritos, que al mismo tiempo siempre buscaban surtir efecto, persuadir, concitar un estímulo estético —aunque sea el estímulo de la provocación intencionada o de la desmesurada hipérbole erística—, Nietzsche más bien ocultó que hizo pública su filosofía.

Si en su obra únicamente se expresara la peculiar experiencia existencial de un hombre amenazado en extremo, no tendríamos por qué ocuparnos de ella, ni él sería para todos nosotros un personaje del destino. Sería un individuo interesante, un gran hombre merecedor de reverente respeto. Pero si es un *filósofo*, es decir, alguien a quien se ha encomendado pensar nuestro ser como humanos, si se le ha encargado la tarea de pensar la verdad de nuestra existencia, entonces, querámoslo o no, nos incumbe. ¿Ha asumido Nietzsche esta responsabilidad por la humanidad moderna que somos nosotros? ¿Dónde se sitúa como pensador? Por muy intensamente que profundicemos en la personalidad de Nietzsche, jamás podremos hallar una respuesta suficiente a esta pregunta a base de recopilar todos los testimonios sobre Nietzsche y de emplear la psicología más penetrante. Únicamente si repensamos por nosotros mismos sus ideas filosóficas podremos averiguar qué puesto ocupa Nietzsche en la historia de los pensadores occidentales y percibir mínimamente la seriedad de su problema. Aunque nos esforcemos rigurosa y seriamente por ello, corremos un peligro. Nietzsche es un peligro para todo aquel que se avenga a leerlo, y no solo para los jóvenes que, aún desprotegidos, quedan expuestos a su escepticismo, a su desconfianza abisal, a su arte de seducción anímica. El peligro de Nietzsche no radica solo en su carácter demagógico, en la musicalidad de su lenguaje persuasivo. Más bien radica en una inquietante mezcla de filosofía y sofística, de pensamiento original e infinita desconfianza del pensamiento hacia sí mismo. Nietzsche es el filósofo que cuestiona toda la historia de la filosofía occidental, que ve en la filosofía un «movimiento hondamente negativo». Nietzsche no piensa dentro del cauce que el pensamiento esencial se ha ido abriendo en el largo curso de los siglos; duda de este cauce, declara la guerra a la metafísica. Pero no lo hace a la manera como duda de la metafísica el positivismo de la vida cotidiana o el de las ciencias.

Su ataque a la metafísica no viene de la esfera prefilosófica de la existencia: él no es un «ingenuo». El propio pensamiento se rebela dentro de Nietzsche contra la metafísica. Tras veinticinco siglos de interpretación metafísica del ser, Nietzsche busca un nuevo comienzo. En su lucha contra la metafísica occidental está justamente ligado a ella, y «lo único que hace es invertirla». Pero el problema que planteamos en este libro es si Nietzsche representa una mera inversión de la metafísica o si en él se anuncia una nueva experiencia ontológica original. Esta cuestión no se puede dirimir de un plumazo. Se requiere una meditación larga y penetrante, un recorrido por los caminos mentales de Nietzsche, profundizar en su obra y, en última instancia y por encima de todo, una confrontación con él. Ensayaremos una *interpretación* provisional. Intentaremos primero poner de relieve, recorriendo brevemente las obras de Nietzsche, los motivos fundamentales de su pensamiento, para luego plantear la pregunta de qué relación guardan estos motivos básicos con los problemas fundamentales de la filosofía tradicional, ver si en ellos se reconoce o no el esquema fundamental del preguntar metafísico, para finalmente preparar el planteamiento del problema de cuál es la nueva experiencia nietzscheana del ser.

Buscamos la filosofía de Nietzsche. Está oculta en sus escritos, oculta en el esplendor de su lenguaje, en el poder de seducción de su estilo, en la inconexión de sus aforismos, y oculta tras una fascinante personalidad que siempre atrae las miradas

## 1. La «metafísica del artista»

hacia sí. Pero si queremos buscar la filosofía, evidentemente debemos tener ya una noción previa de qué es la filosofía. No buscamos a ciegas y sin dirección, ni tampoco investigamos fiándonos solo de los avales que nos da el autor de qué es lo que él designa como «filosofía». Sin embargo, conforme a nuestra procedencia histórica, la noción preliminar que nos guía a todos es la metafísica. Pero justamente a ella le ha declarado Nietzsche la guerra. Así pues, nos encontramos en la extraña situación de que, buscando la filosofía de Nietzsche, se nos pierde justamente el hilo conductor, de que perdemos el hilo de Ariadna que podría introducirnos en el laberinto del pensamiento nietzscheano. ¿Pero con qué derecho hablamos de filosofía al tratar de Nietzsche, si él se desdice de toda la tradición? ¿No habría que encontrar y acuñar una nueva palabra para designar lo que es la filosofía de Nietzsche? Sin embargo, el pensamiento de Nietzsche, que tacha con apasionamiento un inmenso período de tiempo, no conculca el comienzo de la filosofía occidental. Nietzsche retorna a Heráclito. Su lucha comienza contra los eleáticos, contra Platón y la tradición metafísica que arranca de él. Heráclito queda como la raíz original de la filosofía de Nietzsche. Al cabo de 2 500 años acontece una repetición de Heráclito, con la tremenda pretensión de poder borrar el largo trabajo especulativo que se ha hecho entre tanto, de mostrarle al género humano un camino nuevo y, sin embargo, antiquísimo, que contradice toda la tradición. Con esta actitud hacia la historia queda clara la potenciada conciencia misionera de Nietzsche, su sensación de representar un destino, tal como lo expresa en *Ecce homo* con las palabras:

> Sé cuál es mi destino. Llegará el día en que mi nombre se asociará con el recuerdo de algo tremendo, de una crisis como jamás hubo en la tierra, de la más profunda colisión de la conciencia moral, de una decisión conjurada contra todo lo que hasta en-

tonces se había creído, exigido y santificado. No soy un hombre: soy dinamita.

*La ecuación básica de ser = valor. El planteamiento de* El nacimiento de la tragedia en el espíritu de la música

La filosofía de Nietzsche está oculta. Su obra más la esconde que la hace pública. Es verdad que, en cierto sentido, de toda filosofía se puede decir que en su expresión literaria no viene dada de forma simplemente objetiva ni es accesible para todo el mundo, que entre su proclamación, es decir, entre el sentido natural de las palabras y el pensamiento filosófico se crea una tensión peculiar. Pero la «filosofía» de Nietzsche no solo muestra este carácter de ocultamiento. Está escondida en una obra que presenta muchas fachadas: está recubierta de su crítica a la cultura, de su psicología, de su poesía; queda disimulada bajo las máscaras de Nietzsche, bajo los múltiples personajes y papeles que representa; queda eclipsada por un estilo literario que conoce toda coquetería y toda seducción; queda distorsionada por la desmedida subjetividad de su autor, por su narcisismo ilimitado y atormentado.

Pero el propio Nietzsche, que en muchos sentidos se quedó atrapado en un resentimiento hacia el pensar, dice en cierta ocasión: «Si tu destino es pensar, entonces venera ese destino rindiéndole honores divinos y sacrifícale lo mejor, lo más querido».[1] Pero el mejor modo de rendir honores a este desti-

---

[1] XI, 20. Las obras de Nietzsche se citan por la edición en octavo mayor de la editorial Kröner, que en la numeración de los tomos y en la paginación coincide con la edición en octavo menor de la misma editorial. (En lo posible se agrega a continuación la referencia a la edición o las ediciones castellanas correspondientes. En ocasiones los textos citados de las ediciones castellanas han sido modificados levemente. [N. del T.]).

## 1. La «metafísica del artista»

no de la existencia nietzscheana es buscando su filosofía en el laberinto de su obra. ¿Hay que tomarse en serio el desprecio que Nietzsche siente hacia la metafísica, o ese desprecio no es más que un prejuicio del orgullo? Sin duda, su escepticismo hacia la filosofía occidental desde Parménides y Platón no surgió de un radicalismo que encuentra insuficiente la pregunta ontológica de la metafísica y que la quiere superar porque tal metafísica no plantea con suficiente resolución la pregunta por el ser. El rechazo por parte de Nietzsche de la metafísica y del concepto de filosofía basado en su tradición viene de otro enfoque totalmente distinto. La metafísica no se considera ontológicamente, sino «moralmente». A Nietzsche le parece que la metafísica es más que nada un movimiento vital en el que sobre todo se documentan «valoraciones», un movimiento en el que llegan a ser dominantes unos «valores» que empequeñecen, reprimen, debilitan la vida. La metafísica se toma como un proceso vital que Nietzsche examina en función de su valor. Ve la metafísica con la «óptica de la vida». Nietzsche escudriña los pensamientos ontológicos de la metafísica a la luz de su valor sintomático. Por ejemplo, la distinción entre fenómeno y cosa en sí se interpreta como manifestación expresiva de un sentimiento vital decadente, de una vida que, al no sentirse ya acogida en el mundo sensible, se inventa el trasmundo de un «más allá» de los fenómenos. Nietzsche no examina ni sopesa las propias nociones ontológicas de la tradición metafísica: solo las considera síntomas indicativos de tendencias vitales. Con otras palabras: él mismo no plantea la pregunta por el ser, o al menos no en el modo en que esa pregunta movió el pensamiento a lo largo de largos siglos. La pregunta por el ser queda tapada por la pregunta por el valor.

Lo que para Nietzsche fue una decisión fundamental sobre la que ya no se reflexiona expresamente, un pensamiento fundamental con el que opera, tiene que ser cuestionado explícitamente en la interpretación. El propio Nietzsche obvia el problema ontológico del valor: sitúa su cuestionamiento, su problemática, en el fondo opaco del fenómeno del valor. Sus categorías, que son los conceptos rectores de la crítica cultural, de la psicología y la estética, solo resultan comprensibles en su pujanza filosófica si se aclara por completo el convencimiento fundamental básico de Nietzsche, la interpretación del ser como «valor».

Para poder hacer la interpretación primero necesitamos tener presente la obra de Nietzsche en una visión global concentrada y poner de relieve los motivos fundamentales. El corpus literario de Nietzsche, con toda su multiplicidad de obras, solo fue posible gracias a una asombrosa productividad que hizo que en breves lapsos de tiempo se fuera gestando una obra tras otra. En 1871, cuando Nietzsche tenía veintisiete años y era profesor de filología clásica en la universidad de Basilea desde hacía ya dos años, salió publicada su primera obra, *El nacimiento de la tragedia en el espíritu de la música*; en 1873, la primera de las *Consideraciones intempestivas*, que era *David Strauß, confesor y escritor*; en 1874, *Ventajas y desventajas de la historia para la vida*; también en 1874, *Schopenhauer como educador*; en 1876, *Richard Wagner en Bayreuth*; en 1878, *Humano, demasiado humano*; en 1879, *Miscelánea de opiniones y aforismos*; en 1880, *El viajero y su sombra*, que luego, en 1886, se juntó con la *Miscelánea de opiniones y aforismos* para componer el segundo volumen de *Humano, demasiado humano*; en 1881 sale publicado *Aurora*; en 1882, *La gaya ciencia*; de 1883 a 1885, en cuatro partes, *Así habló Zaratustra*; en 1886, *Más allá del bien y del mal*; en 1887, *Sobre la genealogía de la moral*; en 1888, el *Caso Wagner*, *Crepúsculo de los ídolos*, *El Anticristo*, *Ecce homo* y *Nietzsche contra Wagner*. En 1888 Nietzsche sufrió un colapso que lo dejó mentalmente ofuscado. Produjo su inmensa obra en menos de veinte años. Su

## 1. La «metafísica del artista»

producción tiene un carácter eruptivo. Luego salió publicada póstumamente una serie de tratados importantísimos, entre los que destaca *La voluntad de poder*. La obra literaria de Nietzsche muchas veces se ha tratado de clasificar, de articular por períodos, para mostrar un proceso de desarrollo, un movimiento de su pensamiento. Así se habla a menudo de un período romántico de Nietzsche, caracterizado por *El nacimiento de la tragedia* y las *Consideraciones intempestivas*; a ese período seguiría luego una fase crítica, sobria, en la que Nietzsche se acerca bastante al positivismo; en *Aurora* y *La gaya ciencia* se anunciaría una nueva sensación existencial, el recogimiento en lo más personal. El estado de ánimo de estos libros sería la expectativa. Nietzsche vive ahí en un adviento que se verá cumplido por primera vez en el cuarto período, que es el de *Así habló Zaratustra*. El quinto período *(Más allá del bien y del mal* y *La genealogía de la moral)* viene a ser luego una especie de preparación de la última fase, que es *La voluntad de poder*: una consumación ya no poética, sino especulativa, la forma final de la filosofía de Nietzsche. Es dudoso el valor de tal periodización, que opera predominantemente con conceptos biográficos y que expone la biografía intelectual, pues el esquema de desarrollo no da ninguna garantía de que lo posterior en el tiempo sea también lo más relevante objetivamente. Sería concebible una trayectoria vital en la que un pensador decayera desde la altura que había alcanzado, en la que se asustara de su propia audacia, en la que se diera por vencido.

Por eso queremos examinar la obra de Nietzsche sin referirla a su biografía e indagar en ella cuáles son sus temas fundamentales. Empezamos con *El nacimiento de la tragedia en el espíritu de la música*. Esta obra representa en primer lugar un homenaje a Richard Wagner, una interpretación de su drama musical como una obra de arte total que alcanza el rango de la tragedia antigua. La concepción de Nietzsche de la tragedia se basa en una visión básicamente nueva del mundo griego. Más tarde Nietzsche juzgará muy duramente su propia obra: le parecerá que se echó a perder por «aplicarla al wagnerianismo», por asociar estrechamente su concepto de los griegos con el fenómeno Wagner, que no es de ningún modo «el síntoma de un auge», sino más bien lo contrario, un fenómeno de decadencia. La corrección posterior que hizo Nietzsche de su primera obra es en efecto acertada: el tema fundamental de la obra queda ensombrecido por la intención de homenajear, por la aureola que acompaña a la ópera de Wagner; en cierto modo, el tema fundamental queda degradado a mera reflexión preliminar.

El auténtico problema es la definición que hace Nietzsche de la esencia de lo trágico. Al margen de si traza bien o no la imagen de la tragedia antigua, en todo caso, en el modo en que él ve la tragedia griega aparece por primera vez un motivo central de su filosofía. Nietzsche lo formula con una categoría estética. Percibe en el fenómeno de lo trágico la verdadera naturaleza de la realidad. El tema estético adquiere para él la categoría de un principio ontológico fundamental. El arte, la poesía trágica, se convierte para él en la clave que descifra la esencia del mundo. El arte se convierte en órgano de la filosofía, se toma como el acceso más profundo y auténtico, como la comprensión más original, a la que el concepto, como mucho, solo puede seguir. Es más, la comprensión conceptual solo adquiere originalidad si se encomienda a la visión más profunda del arte, si reflexiona sobre aquello que el arte experimenta creativamente.

Aunque Nietzsche sigue la concepción ontológica griega, que entiende lo bello como un modo del ser, no llega sin embargo a una visión conceptual y ontológica del fenómeno de lo estético, sino que más bien sucede a la inversa: Nietzsche formula su visión fundamental del ser con categorías estéticas. Eso le da a *El nacimiento de la tragedia* su carácter romántico.

## 1. La «metafísica del artista»

Nietzsche llama a esta obra una «metafísica del artista». En el centro se pone el fenómeno del arte: gracias a él y a partir de él se descifra el mundo. Al mismo tiempo, según lo formula Nietzsche, el arte no se considera únicamente «la auténtica actividad metafísica del hombre», sino que en él acontece sobre todo el esclarecimiento metafísico de lo existente en su conjunto. Solo con los ojos del arte puede asomarse el pensador al corazón del mundo. Pero lo que esencialmente tiene esa mirada profunda es el arte *trágico*, la tragedia antigua. Nietzsche reduce la auténtica esencia del arte a lo trágico. El arte trágico se da cuenta de que la esencia del mundo es trágica. Lo trágico es la primera fórmula esencial de Nietzsche para su experiencia ontológica. La realidad es para él el antagonismo de oposiciones primordiales. Ya desde el comienzo de su camino filosófico, el *pathos* trágico sitúa a Nietzsche en una incurable oposición al cristianismo. Las enseñanzas cristianas, de las que forma parte esencial la idea de la redención, no solo contradicen los instintos de Nietzsche, sino que contradicen el sentimiento fundamental, el estado de ánimo fundamental de su vida y de su experiencia de la realidad. En un mundo trágico no hay redención como salvación de un ser finito en su finitud: lo único que hay ahí es la ley inapelable del hundimiento de todo aquello que se ha salido del fondo ontológico para entrar en la existencia individualizada, desgajándose del flujo de la vida universal. En la cosmovisión trágica se entrelazan la vida y la muerte, el auge y la decadencia de todo lo finito. El *pathos* trágico no es un pesimismo pasivo: es un descubrimiento que fascina a Nietzsche y lo libra de ser un seguidor de Schopenhauer. El sentimiento trágico de la vida es más bien una afirmación de la vida, una jubilosa aceptación incluso de lo terrible y lo horroroso, de la muerte y la decadencia. Pero sería falso interpretarlo como una actitud heroica, como una valentía infundada. La afirmación trágica incluso de la decadencia de la propia existencia arraiga en el conocimiento básico de que todas las figuras finitas no son sino olas pasajeras en el gran torrente de vida, que la decadencia del existente finito no es la aniquilación total, sino el retorno al hogar del fondo vital del que ha salido todo lo individual. El *pathos* trágico se nutre de la conciencia de que «todo es uno»: vida y muerte están profundamente hermanadas y en un misterioso ciclo; cuando una cosa asciende otra tiene que hundirse, unas figuras se forman a base de que otras se rompan, cuando algo sale a la luz otra cosa tiene que sumirse en la noche. Pero la luz y la noche, la figura y la sombra del Hades, el auge y el ocaso no son más que dos lados de la misma oleada vital. El camino de subida y el de bajada, dice Heráclito, son el mismo. El *pathos* trágico sabe que el Hades y Dioniso son lo mismo. Nietzsche descubre en la tragedia griega la antítesis de figura y amorfa oleada vital, de *peras* y *apeiron*, de ente finito que, consagrado a la destrucción, sucumbe regresando al fondo infinito, y el propio fondo, que constantemente lanza figuras afuera. Nietzsche denomina esta antítesis la oposición entre lo apolíneo y lo dionisíaco. En *El nacimiento de la tragedia* Nietzsche sigue operando con esta distinción como con una auténtica oposición, como si lo apolíneo estuviera en un lado y lo dionisíaco en el otro. Pero conforme su pensamiento va evolucionando, esta oposición inicial se radicaliza convirtiéndose en una integración de lo apolíneo mismo en lo dionisíaco. La propia vida infinita es lo que construye, lo que configura, lo que fija las figuras... para volver a destruirlas. Al final de la evolución nietzscheana lo apolíneo se concibe como un aspecto de lo dionisíaco. Recapitulando sobre *El nacimiento de la tragedia,* de 1888, en *Ecce homo*, Nietzsche interpreta como lo decisivo de su primera obra el descubrimiento del «prodigioso fenómeno de lo dionisíaco». Aquí encontramos la reveladora frase: «Mi experiencia más íntima fue el *descubrimiento* de la única parábola y réplica

## 1. La «metafísica del artista»

que tiene la historia».[2] ¿Se trata únicamente de la experiencia existencial «más íntima» del hombre Nietzsche? ¿Queda confirmada su marginalidad en un remoto pasado histórico? ¿O lo que Nietzsche llega a entender es una nueva experiencia ontológica? De momento debemos dejar sin resolver qué peso y qué rango tiene esta «experiencia más íntima» de Nietzsche y hasta qué punto fue vinculante. Él la expresa en forma de una teoría del arte que, a su vez, asume la forma de una psicología del arte, de un análisis psicológico de los impulsos artísticos que se contradicen y que operan juntos en la unidad de la obra de arte trágica.

En *Ecce homo* se sigue diciendo que los valores estéticos son «los únicos que reconoce *El nacimiento de la tragedia*».[3] Se puede plantear la pregunta: ¿con el planteamiento estético y psicológico no vició Nietzsche su problema filosófico en su primera obra mucho más que con el «wagnerianismo»? Así es, pero esto no es un error que se le pueda achacar. Lo «específico» de su filosofía es la ecuación básica «ser = valor». Si quitamos eso no nos queda nada de Nietzsche. Es su presupuesto operativo básico. Quizá todo filosofar humano sea un fragmento finito, en el sentido de que las nociones básicas que usamos y con las que operamos siempre siguen siendo oscuras.

En el esbozo de un *Ensayo de autocrítica* escrito en 1886, así como en *Ecce homo*, Nietzsche se interpreta a sí mismo, borra todo su wagnerianismo y pone todo el peso en el descubrimiento de lo dionisíaco y del fenómeno opuesto. Pero el fenómeno opuesto no es ya lo apolíneo, que ahora Nietzsche ha integrado ya en su concepto de lo dionisíaco: el antagonismo de Dioniso y Apolo se concibe ahora como una unidad compuesta. El fenómeno opuesto a la visión trágica del mundo, a

---

2   xv, 63 (cf. *Ecce homo*, Madrid, Alianza, 2018, p. 87).
3   xv, 62 (cf. *ibid.*, p. 87).

la mirada profunda al corazón del mundo, es el socratismo, la llegada de la dominación de lo «lógico», de la intelectualidad racional, que ya no percibe la «vida» que fluye bajo todas las figuras configurándolas y destruyéndolas.

> ¿Qué significa el mito *trágico* justo para los griegos de la época mejor, más fuerte y más valiente? ¿Y el tremendo fenómeno de lo dionisíaco? ¿Qué significa, nacida de él, la tragedia? Y por otro lado, aquello de lo que murió la tragedia, el socratismo de la moral, la dialéctica, la suficiencia y la jovialidad del hombre teórico. ¿Cómo? ¿No podría ser justo ese socratismo un signo de declive, de fatiga, de enfermedad, de unos instintos que se disuelven anárquicamente?[4]

Al hablar de socratismo, igual que antes al hablar del *pathos* trágico, Nietzsche se está refiriendo a una actitud humana básica, a aquella relación con lo existente denominada «ciencia». Recapitulando desde una distancia de quince años, Nietzsche ve en *El nacimiento de la tragedia* la *ciencia planteada como problema*.

> Lo que en aquella época yo llegué a comprender, algo terrible y peligroso, un problema con cuernos, no forzosamente un toro, pero sí en todo caso un problema *nuevo*: hoy diría que fue *el problema de la ciencia misma*, la ciencia concebida por vez primera como problemática, como discutible.[5]

Pero este carácter cuestionable de la ciencia no es una problematicidad que pueda aparecer en su propio terreno, no se refiere a un problema que ella misma plantee y que surja dentro

---

4   I, 2 (*El nacimiento de la tragedia*, Madrid, Alianza, 2018, p. 33).
5   I, 3 (*ibid.*, pp. 33-34).

## 1. La «metafísica del artista»

de ella. La ciencia misma es para Nietzsche cuestionable en su totalidad, junto con todos sus problemas. Es problemática, sospechosa, si se contrapone a un tipo totalmente distinto de verdad: la verdad de la tragedia, esa verdad que cala todas las formas y figuras superficiales percibiendo en ellas el juego de construcción y destrucción que practica la vida, un juego que Nietzsche bautizó con el nombre de Dioniso. De este modo, la ciencia es vista en Nietzsche desde la óptica del arte, pero el arte es visto a su vez desde la óptica de la vida. Con la denominación de «óptica de la vida» se anuncia un tema fundamental que recorrerá todo el pensamiento de Nietzsche. Este tema solo se vuelve comprensible si el concepto de vida se orienta primariamente siguiendo la experiencia trágica, la lucidez trágica, la comprensión ontológica de la tragedia, es decir, el conocimiento de la nihilidad de todo existente finito y de lo inagotable del fondo dionisíaco del mundo. El propio Nietzsche ocultó a menudo su profundo e inescrutable concepto de la vida, sobre todo con una intención polémica, escondiéndolo bajo un vulgar concepto biológico. Cuando recurre a Darwin no hay que tomárselo en serio. No se entiende su concepto de «vida» si no se conoce su concepto clave de lo «trágico» como el antagonismo de Apolo y Dioniso en cuanto que poderes fundamentales de la realidad del mundo. Aunque Nietzsche también opera con categorías estéticas y psicológicas, y todavía en 1888 dice que *El nacimiento de la tragedia* aporta «la primera psicología» del fenómeno dionisíaco y que es un puente hacia la psicología del poeta trágico, sin embargo, tenemos que darnos cuenta de que en el fondo se trata de algo totalmente distinto, concretamente de la experiencia ontológica fundamental de Nietzsche, de su ontología —solo que velada bajo la psicología y la teoría del arte—. En *Ecce homo* Nietzsche se denomina a sí mismo el primer filósofo trágico y, salvando los siglos de metafísica y de ciencia que hay entre ambos, señala su afinidad con Heráclito:

Antes de mí no hubo esta realización de lo dionisíaco como *pathos* filosófico: falta la *sabiduría trágica*. En vano busqué indicios de ella incluso en los *grandes* griegos de la filosofía, aquellos de los dos siglos *anteriores* a Sócrates. Pero me quedó una duda con Heráclito, en cuya cercanía me sentía más abrigado, más a gusto que en ninguna otra parte. La afirmación de la fugacidad y la *destrucción*, que es lo decisivo en una filosofía dionisíaca, la afirmación de la antítesis y la guerra, el *devenir*, junto con un rechazo radical incluso del concepto de «ser»: forzosamente tengo que reconocer en eso lo más afín a mí de entre lo que se ha pensado hasta ahora.[6]

## *Psicología del arte y arte como conocimiento del mundo*

El peculiar planteamiento de Nietzsche al comienzo de su camino se caracteriza por un problema estético y psicológico. Puesto que Nietzsche, a causa de la profunda extrañeza que siente hacia la tradición del pensamiento ontológico conceptual, renuncia, es más, tiene que renunciar a los medios y métodos de la filosofía clásica, su filosofar se esconde bajo la apariencia de estética y de psicología. Este encubrimiento perdurará mucho tiempo. Y a la inversa: como en todos los conceptos estéticos y psicológicos que Nietzsche emplea, late, por así decirlo, la energía de un preguntar filosófico, quedan sobrecargados y forzados en exceso, prestándose así a ser malentendidos.

Bajo la capucha del docto —dirá Nietzsche quince años más tarde—, bajo la gravedad y la desgana dialéctica del alemán, incluso bajo los malos modales del wagneriano [...] se escondía el

---

6   XV, 65 (*Ecce homo, op. cit.*, pp. 89-90).

## 1. La «metafísica del artista»

discípulo de un dios todavía desconocido […] un alma mística y casi menádica […] ¡Esta alma nueva debería haber *cantado* en vez de hablar! Qué lástima que lo que en aquella época tenía que decir no me atreviera a decirlo como poeta: ¡tal vez habría sido capaz de hacerlo![7]

*El nacimiento de la tragedia* muestra un carácter metódico extraño y difícil de calar: una idea filosófica fundamental se vela bajo una estética psicologizante, y al mismo tiempo transforma la estética en órgano de la filosofía. Nietzsche ve el mundo como un juego trágico. Viendo la esencia del mundo con la mirada del trágico, Nietzsche descifra la obra de arte de la tragedia justamente como la «llave» que abre, que franquea la verdadera comprensión. La teoría artística de la tragedia antigua descifra así la esencia de lo existente en su totalidad. En el acontecimiento artístico del nacimiento de la tragedia en el espíritu de la música se refleja el acontecimiento primordial del nacimiento del mundo desde el fondo caótico originario, un mundo acondicionado humanamente y que se descompone en una multiplicidad de «formas». Lo «trágico» se concibe como principio cósmico. Cuando Nietzsche esboza una teoría sobre la génesis de la tragedia ática, está desvelando su «experiencia más íntima». Se ve a sí mismo entre los griegos y se interpreta desde ellos. Se reconoce a sí mismo en los griegos de la época trágica: no su persona, sino su comprensión del mundo. No se puede negar el rechazo que la obra de Nietzsche encontró entre los filólogos clásicos: después de todo, ningún otro que von Wilamowitz-Möllendorf dirigió un acervo ataque a la obra, a la que reprochaba «genialidad imaginaria y desfachatez, ignorancia y falta de amor por la verdad». No se puede negar este rechazo ni que su motivo era justificado, de hecho

---

[7] I, 5 (*El nacimiento de la tragedia, op. cit.*, pp. 35-36).

se basa en un malentendido que provocó el propio Nietzsche, como si se tratara de una cuestión filológica: esta obra estaba expuesta bajo todo aspecto en un nivel diferente de aquel en el que en realidad había sido concebida. Aparecía como un problema estético, psicológico y filológico, y en el fondo era el primer ensayo tentativo de Nietzsche por expresar su concepción filosófica del mundo. Esta inadecuación, que ya caracterizaba la primera obra de Nietzsche, seguirá siendo en cierto modo, aun con fuertes modificaciones, un rasgo fundamental de toda su producción. Eso brinda a sus obras una estimulante equivocidad, un nimbo misterioso, una profundidad no explorada. Pero cuando este espíritu orgulloso y consciente de sí mismo da a entender, con una sonrisa de augur, que intencionadamente está ocultando cosas y que aún tiene más flechas en su aljaba, y que la «inadecuación» fue en cierto modo «intencionada» —con el objetivo de llamar a aquellos que tienen oídos para escuchar y que también son capaces de leer entre líneas—, todo esto no resulta muy convincente. Como Nietzsche no se había aprendido a fondo la historia de las ideas metafísicas, aunque pese a ello la negara y tuviera que negarla desde su nueva experiencia fundamental, y como además —a causa de su equiparación del concepto con lo «lógico», lo «abstracto» y lo «inerte»— no supo darle a su pensamiento la adecuada conceptualidad, quedó inevitablemente descolocado y, por poner un ejemplo, tuvo que filosofar bajo el ropaje de una teoría del arte.

La primera obra de Nietzsche muestra ya peculiaridades características de su pensamiento con una claridad contundente. En Nietzsche siempre viene primero la intuición. En *El nacimiento de la tragedia*, los pensamientos fundamentales esenciales se exponen ya al comienzo en forma de tesis. Son expuestos y afirmados, y logran una especie de acreditación justo gracias a la luminosidad con la que luego penetran las

## 1. La «metafísica del artista»

cosas. A su luz los fenómenos se vuelven comprensibles. Son el esbozo básico previo, la estructura interior de las cosas. La intuición es para él la fulminante visión previa de la esencia misma, es una adivinación. Sus conocimientos fundamentales siempre tienen la forma de iluminaciones. Con esto no se está formulando una valoración despectiva. A Nietzsche le resulta ajena la especulación. Su pensamiento brota de una experiencia fundamental poética, próxima a lo simbólico. Nietzsche queda en la esfera de influencia de la poesía y del pensamiento, o más bien queda desgarrado por su antagonismo. Sin embargo, su adivinación mítica es afín al pensamiento especulativo en la medida en que tanto aquella como este se «anticipan» a los fenómenos que hay que esclarecer.

Esta «anticipación» aparece muy claramente en la primera obra de Nietzsche. Lo que parece ser un preludio, es el núcleo del tratado. Nietzsche comienza diciendo que es una ganancia para la «ciencia estética» si se logra «una certidumbre inmediata de la intuición» de que la evolución del arte está ligada al dualismo de lo apolíneo y lo dionisíaco, de modo similar a como la procreación está ligada a la dualidad de géneros. Ya en la primera frase encontramos todos los elementos comentados. Nietzsche alega que está formulando un conocimiento de la ciencia estética. De este modo, la estética aparece como el horizonte del problema que él plantea. Además, reivindica para su conocimiento la «certidumbre inmediata de la intuición»; proclama la intuición divinatoria, e inmediatamente la expresa con una imagen mítica. Toma el símbolo mítico de los griegos, los cuales —como él dice— «hacen perceptible al hombre inteligente las profundas enseñanzas secretas de su intuición artística, no en forma de conceptos, sino con las figuras contundentemente claras del mundo de sus dioses».[8] El arte antiguo

---

8   I, 19 (cf. *El nacimiento de la tragedia, op. cit.*, p. 49).

se examina ahora atendiendo a sus «enseñanzas secretas», es decir, la presunta teoría del arte se amplía a una interpretación de la comprensión del mundo que se revela en el arte griego. La obra de arte antigua pasa a ser la clave de una cosmovisión antigua. Lo apolíneo y lo dionisíaco se muestran en primer lugar bajo el aspecto de impulsos artísticos de los helenos. Apolo simboliza el impulso modelador, es el dios de la claridad, de la luz, de la medida, de la forma, de la bella disposición. En cambio, Dioniso es el dios de lo caótico y desmesurado, de lo inconexo, del ferviente oleaje vital, del frenesí sexual, el dios de la noche y, como oposición a Apolo, que ama las figuras, Dioniso es el dios de la música, pero no de la música rigurosa y contenida, que no es más que una «arquitectura dórica en notas», sino más bien de la música seductora, excitante y que desencadena todas las pasiones. Así pues, en un primer momento Apolo y Dioniso solo se toman como metáforas de los impulsos artísticos opuestos que había en el hombre griego, como el antagonismo de imagen y música. Para ilustrar el antagonismo de estos impulsos artísticos Nietzsche aduce una oposición «fisiológica» de la vida humana, pasándose a la psicología. La oposición retorna ahora en el sueño y en la embriaguez. El sueño es, por así decirlo, la fuerza humana inconsciente y creadora de imágenes. «La bella apariencia de los mundos oníricos, en cuya generación todo hombre es artista total, es el presupuesto de toda arte plástica», se dice ahora.[9] El sueño crea el mundo de las imágenes, el escenario de las formas, de las figuras; crea como por ensalmo la bella apariencia, la cual brinda al alma la bienaventuranza de la contemplación definida; el sueño, por muy arbitrariamente que pueda discurrir, aporta imágenes, siempre imágenes, es una fuerza plástica, es visión creativa. Los griegos, dice Nietzsche, concibieron a Apolo justamente como

---

[9] I, 20 (cf. *ibid.*, p. 51).

## 1. La «metafísica del artista»

esta fuerza creadora del mundo figurativo que se revela en el sueño del hombre, pero que es una fuerza aún más poderosa. Y en este punto, directamente desde la interpretación psicológica del sueño, Nietzsche da un salto: Apolo no solo crea el mundo imaginativo del sueño humano, sino que también crea el mundo de imágenes de aquello que el hombre toma habitualmente como lo real. Apolo, el dios modelador, dice Nietzsche, podría «designarse como la soberbia imagen divina del principio de individuación, desde cuyos gestos y miradas nos habla todo el placer y toda la sabiduría de la apariencia, junto con su belleza».[10] ¿Cómo hay que entender esto? El «principio de individuación» es el fundamento de la disgregación en individualidades de todo cuanto existe. Las cosas están en el espacio y en el tiempo, y ahí están juntas, pero justamente en la medida en que están separadas unas de otras: donde cesa una cosa comienza la otra, el espacio y el tiempo enlazan y a la vez separan. Lo que habitualmente llamamos las cosas o lo existente es la inabarcable diversidad de lo diferenciado y separado, y sin embargo reunido en común en la unidad de espacio y tiempo. Esta cosmovisión, que se refiere a la separación de lo existente, a su diversidad y fragmentación, se encuentra atrapada sin saberlo en una apariencia, confundida por el velo de Maya —como dice Nietzsche siguiendo a Schopenhauer—. Esta apariencia es el mundo que se manifiesta y que solo nos encontramos en las formas subjetivas del espacio y el tiempo. El mundo, en la medida en que realmente es, en la medida en que es la «cosa en sí», no está fragmentado en una diversidad, sino que es una vida indivisa, una corriente única. La diversidad de lo existente es apariencia, mera manifestación. En realidad, todo es uno.

Es muy importante dejar sentado que el punto de partida de Nietzsche es la concepción de Schopenhauer, su distinción

---

10  I, 23 (cf. *ibid.*, p. 53).

entre cosa en sí y fenómeno, entre voluntad y representación. En una versión psicológica, esta distinción retorna ahí como la diferencia ya comentada entre sueño y embriaguez.

Justamente en el curioso salto que Nietzsche da al comienzo de *El nacimiento de la tragedia* desde el *sueño humano* hasta el *sueño del ser primordial*, es decir, elevando un diagnóstico psicológico, una psicología del impulso artístico humano, a la categoría de principio cósmico, Nietzsche sigue las huellas de Schopenhauer, a quien cita como testigo principal de su concepción. Lo que inicialmente era una tendencia humana pasa a ser un poder ontológico. Nietzsche piensa aquí empleando una analogía: el sueño humano creador de imágenes es análogo al poder ontológico que engendra formas e imágenes, y al que él da el nombre de «Apolo». Este poder de la bella apariencia es el creador del mundo fenoménico. La individuación, la particularización, es un espejismo apolíneo. De este modo, la psicología se torna una extraña metafísica. Lo mismo se puede decir también de la embriaguez: inicialmente se examina como algo humano, como aquel estado extático en el que tenemos la sensación de que todas las barreras desaparecen, de que nos salimos de nosotros mismos y nos fusionamos con todo, es más, de que desembocamos y nos sumergimos en el océano infinito. Pero Nietzsche enseguida eleva esto a una dimensión cósmica: «El hombre ya no es artista, se ha transformado en obra de arte: para suprema satisfacción placentera de lo Uno primordial, el poder artístico de la naturaleza entera se revela aquí bajo los estremecimientos de la embriaguez».[11] La embriaguez es la inundación cósmica, un paroxismo bacanal que revienta, desgarra y reabsorbe todas las figuras, que suprime todo lo finito e individualizado: el gran entusiasmo vital. El nacimiento de la tragedia es de hecho una metafísica del ar-

---

11   I, 24 s. (cf. *ibid.*, p. 55).

## 1. La «metafísica del artista»

tista, una interpretación del mundo en su conjunto al hilo del arte. En cierta manera, en el arte se ponen de relieve los dos poderes ontológicos fundamentales que combaten entre sí. El arte mismo se convierte en símbolo. Como una visión única, grandiosa y terminada nos encontramos ya al comienzo del libro la metafísica del arte de Nietzsche, terminada ya en sus rasgos fundamentales. Aquí Nietzsche no hace ningún intento de mostrar el camino por el que llegó a sus tesis. En ninguna parte se reflexiona sobre si es legítima o no la concepción ontológica básica. Uno se asombra del modo en que Nietzsche sigue acríticamente a Schopenhauer. Un espíritu tan crítico y desconfiado como el de Nietzsche adolece de una sorprendente ingenuidad en el campo de los pensamientos ontológicos, de la noción fundamental del ser. Nietzsche no pondera ni sopesa la distinción fundamental que hace Schopenhauer entre el mundo como voluntad y el mundo como representación, no tiene ningún criterio en función del cual pudiera juzgarla. Él mismo no piensa especulativamente. Pero rellena de una vida inaudita el cuestionable armazón schopenhaueriano, evoca símbolos míticos e interpreta a su luz el arte griego como una clave de la esencia del mundo.

Nietzsche da después una descripción del desarrollo de la cultura griega, que gozó de la bendición de los grandes poderes artísticos. Lo apolíneo es reacio a lo dionisíaco, y viceversa. Hay una hostilidad entre ambos poderes opuestos: se desbancan y se combaten mutuamente. Pero —y esto es una profunda comprensión de Nietzsche— no pueden existir el uno sin el otro: su lucha, su discordia, es también una cierta armonía, su condición de contrincantes los liga entre sí. El mundo cultural apolíneo de los griegos, la decisión a favor de la medida y su disposición, se basa en el fondo siempre vivo, solo que reprimido, de la desmesura titánica. Lo dionisíaco es el subsuelo sobre el que se asienta el mundo luminoso. La montaña mágica del Olimpo hunde sus raíces en el Tártaro. Tras el mundo de la bella apariencia está la Gorgona. «El griego conocía y percibía los horrores y las atrocidades de la existencia: para poder siquiera vivir, tuvo que poner ante sí el esplendoroso nacimiento onírico de los olímpicos».[12] Pero Apolo no puede vivir sin Dioniso. Nietzsche contrapone a Homero, el poeta ingenuo, el soñador del gran sueño apolíneo de los dioses olímpicos, a Arquíloco. La lírica de Arquíloco no tiene nada que ver con una «subjetividad»: eso sería un concepto «moderno» que aquí resulta totalmente inapropiado. La lírica es originalmente el elemento musical del arte, el elemento dionisíaco opuesto a la plasticidad épica. Nietzsche ve en la lírica un sonido que llega de aquellas profundidades del mundo que campan detrás de todo fenómeno. Justamente en la música y en la lírica queda claro *quién* es el verdadero sujeto del arte: no el hombre que cree practicarlo, sino el propio fondo del mundo, que actúa a través del hombre, convirtiéndolo en depositario de sus tendencias. El propio fondo del mundo busca «redención» del frenético paroxismo, de la avidez, del sufrimiento de la desasosegada «voluntad», y la busca justamente en el engaño de la bella apariencia, en la aparente eternidad de la forma, en la constancia de la figura, en la mesurada disposición de las cosas. En verdad, la actividad artística humana no es más que un teatro representado en el que nosotros no somos más que los figurantes, nada más que formas que forman parte de la apariencia. El arte, en su verdadero significado metafísico, considerándolo desde el hombre es una «comedia artística».

Pues ante todo debemos tener esto claro, para nuestra humillación *y* enaltecimiento: que toda la comedia del arte no se repre-

---

12   I, 31. (cf. *El nacimiento de la tragedia, op. cit.*, p. 64).

## 1. La «metafísica del artista»

senta para nosotros, por ejemplo para mejorarnos y formarnos, es más, que tampoco somos nosotros los auténticos creadores de aquel mundo artístico [...]; por tanto, todo nuestro saber artístico es, en el fondo, totalmente ilusorio, porque nosotros, en cuanto que sapientes, no estamos fusionados con ni somos idénticos a aquel ser que, como único creador y espectador de aquella comedia del arte, se depara a sí mismo un disfrute eterno.[13]

Con esta concepción Nietzsche invierte el planteamiento inicial. Ahí partía de los impulsos artísticos humanos para plantear en analogía con ellos los poderes ontológicos del sueño y de la embriaguez, Apolo y Dioniso, como principios del mundo. Lo que ahí era hilo conductor, pasa a ser interpretado ahora desde lo hallado gracias a aquello. Nietzsche tomó del impulso artístico los dos principios metafísicos del mundo humano, y ahora interpreta el propio arte humano como un acontecimiento cósmico. En la medida en que en el arte el hombre se abre universalmente a los poderes fundamentales de Dioniso y Apolo, con el hombre y en él se realiza un acontecimiento universal.

Nietzsche emplea para ello los conceptos de «redención» y de «justificación». Son dos conceptos que en principio nos son familiares gracias a la fe cristiana. En una concepción trágica del mundo no puede haber redención. Nietzsche transforma el concepto de redención y justificación, y lo refiere a un proceso que forma parte del mundo y que constituye su ser: el fondo primordial dionisíaco se lanza una y otra vez a mostrarse en la manifestación y tiene en el fenómeno del arte la sublimación de la irrupción en el manifestarse. El mundo fenoménico es, por así decirlo, el bello sueño que sueña el ser del mundo: la forma eterna, la belleza de la figura acuñada,

---

13   I, 44 s. (cf. *ibid.*, p. 81).

el brillo luminoso de la gran escena en la que la multiplicidad de cosas se presenta en la apertura del espacio y el tiempo: este claro de la inescrutable noche es lo «redentor», «pues solo como *fenómeno estético* están eternamente *justificados* la existencia y el mundo».[14] Igual que un impulso oscuro se redime en la imagen, igual que lo anhelante indeterminado se realiza haciéndose presente en la escena del mundo de las imágenes, e igual que la felicidad soñada produce satisfacción, así sublima el arte, según Nietzsche, lo duro y lo arduo, lo absurdo y lo inescrutable de la existencia.

Pero Nietzsche no se detiene en la contraposición de los dos principios distintos del arte y del mundo; no solo señala su entrelazamiento, según el cual cada uno exige el otro teniéndolo como prerrequisito y a la vez como adversario; sino que busca la unificación y la compenetración supremas de lo dionisíaco y lo apolíneo, encontrándola en la tragedia antigua. Esta no es para él una forma artística que se agote en la bella apariencia y se pierda en ella, sino que es, formulándolo paradójicamente, la presentación apolínea de lo dionisíaco. La apariencia de lo bello está transida del tirón desgarrador de las profundidades que oculta. Los fantasmas de la noche merodean a la luz, el «fenómeno» en cierto modo transparenta el ser que hay tras él, el fenómeno se advierte y al mismo tiempo se cala *en cuanto tal*, tras la bella imagen se muestra la oleada que la arrastra hacia abajo. En la tragedia se entrelazan ambas dimensiones: el abismo de lo uno primordial, que solo se manifiesta en la música, y el luminoso mundo onírico de las figuras. Apolo y Dioniso conforman una «alianza fraterna», como dice Nietzsche: «Dioniso habla el lenguaje de Apolo, pero al final Apolo habla el lenguaje de Dioniso».[15] La tragedia era música

---

14   I, 45 (cf. *ibid.*, p. 81).
15   I, 153 (cf. *ibid.*, p. 210).

## 1. La «metafísica del artista»

e imagen, sueño y embriaguez, forma y caos, luz y noche, fenómeno y esencia, o dicho más exactamente, la tragedia hacía que se manifestara el ser del mundo.

A partir de esta concepción de la tragedia como una obra de arte apolínea y dionisíaca, Nietzsche elabora luego una teoría del desarrollo histórico de la tragedia ática. Pone como elemento primordial la música, que él cree hallar en el canto coral. De la música del coro surge la visión de la escena dramática, que siempre tuvo como único tema los sufrimientos de Dioniso. Edipo y Prometeo serían máscaras del dios. Nietzsche estaba convencido de que todas las tragedias revelaban las enseñanzas mistéricas: «el conocimiento básico de la unidad de todo lo existente, la consideración de la individuación como razón primordial del mal, el arte como la alegre esperanza de que pueda romperse el sortilegio de la individuación, como presentimiento de una unidad restablecida».[16] Por muy cuestionables que puedan ser las tesis de Nietzsche sobre el desarrollo de la poesía trágica, y aunque no sean reconocidas por una filología profesional, por muy problemática que sea su interpretación del coro o su equiparación de la ópera de Wagner con la tragedia griega, por muy sospechosa que sea su psicología de la relación asociativa de música e imagen, todo esto desempeña una función subordinada. En su teoría de la tragedia Nietzsche da una interpretación del mundo, hace un esbozo de la totalidad de lo existente.

Que *El nacimiento de la tragedia* sea una obra tan oscura no se debe solo a que los métodos queden sin ser aclarados ni al procedimiento analógico que se emplea como método cognoscitivo: se debe sobre todo a la ambigüedad en que queda el concepto nietzscheano del fondo dionisíaco. Es más fácil de entender en su significado lo apolíneo, el principio de indivi-

---

16  I, 74 (cf. *ibid.*, p. 117).

duación, pues al fin y al cabo vivimos en un mundo en el que las cosas y nosotros mismos estamos individualizados. Pero en qué deba fundamentarse este mundo fenoménico de la multiplicidad de entes, cuál deba ser la esencia tras el fenómeno, eso sigue siendo extrañamente nebuloso. Nietzsche toma de Schopenhauer el término «voluntad», igual que toma de él la distinción estructural entre esencia (cosa en sí) y fenómeno. Nietzsche alude a este fondo primordial con imágenes y metáforas siempre nuevas: habla del núcleo de la existencia, de las madres del ser, de lo uno primordial y de lo uno viviente. La dimensión de Dioniso más se intuye «místicamente» que se comprende: casi tiene el problemático carácter de un «trasmundo».

Y así pudo decir Nietzsche en *Así habló Zaratustra* (aludiendo a *El nacimiento de la tragedia*):

> En otro tiempo también Zaratustra proyectaba su delirante ilusión más allá del hombre, igual que hacían todos los trasmundanos. El mundo me parecía entonces la obra de un dios sufriente y atormentado. El mundo me parecía entonces el sueño, la fantasía poética de un dios, humo coloro ante los ojos de alguien divinamente insatisfecho.[17]

*El «socratismo» como antagonista de la sabiduría trágica.*
Sobre la verdad y la mentira en sentido extramoral

*El nacimiento de la tragedia* es un libro extraño: un pensador pronuncia sus primeras palabras interpretando en calidad de filólogo y de forma cuestionable los elementos estilísticos de la tragedia ática desde una nueva visión del mundo griego, haciendo psicología y elevando los conceptos psicológicos a

---

17  VI, 41 (cf. *Así habló Zaratustra*, Madrid, Alianza, 2018, p. 73).

## 1. La «metafísica del artista»

un nivel cósmico, proclamando sobre la base de la filosofía de Schopenhauer un sentimiento vital opuesto, pretendiendo comprender un acontecimiento actual con una recapitulación del pasado más remoto, interpretando a Richard Wagner desde los primeros griegos. El libro aspira a muchas cosas a la vez, está por así decirlo sobrecargado en su composición. Y resulta que deja poco espacio justamente para su asunto más importante. Como si Nietzsche aún no pudiera decir directamente lo que le interesa, de modo que necesita los rodeos. Sea como fuere, la primera obra de Nietzsche tiene un carácter jeroglífico: dice y oculta, alude y calla. La filosofía es para él una sabiduría trágica, la mirada esencial a la lucha primordial de los principios antagónicos de Dioniso y Apolo, la visión de la lucha entre el amorfo fondo vital, que todo lo engendra y todo lo devora, y el luminoso reino de las figuras estables. O dicho de otro modo: la visión de la eterna discordia entre la unidad universal y la individuación, entre la cosa en sí y el fenómeno, entre la embriaguez y el sueño. Le resulta trágico el desgarramiento de la totalidad del ser en la oposición de la noche, donde todo es uno, y el día, donde todo se muestra individualizado. La concepción fundamental de Nietzsche está dominada por el antiquísimo motivo de la lucha entre la noche y el día. Y cuando más adelante ponga su mensaje en boca de Zaratustra no lo hará solo porque este persa también fuera el primero en tener que retractarse del dualismo moral que él mismo había traído al mundo. El Zaratustra de Nietzsche, justamente con su sabiduría trágica y dionisíaca, sigue fiel al motivo primordial persa de la lucha entre la noche y la luz. En *El nacimiento de la tragedia* el arte pasó a ser órgano de la filosofía. El arte ya no es solo el tema de la interpretación, sino también el medio y el método de ella: la interpretación que hace Nietzsche de la tragedia se sirve ya de la comprensión trágica del mundo. Nietzsche practica la óptica del arte.

Desde esta óptica mira luego también al enemigo y adversario de la tragedia: la racionalidad socrática, a causa de la cual —como él dice— murió la tragedia griega. Con Sócrates llegó el final de la época trágica y comienza la época de la razón y del hombre teórico. Según la concepción de Nietzsche, con ello se produce una tremenda pérdida de mundo: la existencia pierde en cierto modo la apertura al oscuro lado nocturno de la vida, pierde el saber mítico de la unidad de vida y muerte, pierde la tensión de la oposición entre la individuación y el fondo vital primordialmente uno, se vuelve superficial, queda atrapada en los fenómenos, se hace «ilustrada». Sócrates significa para Nietzsche dentro de la historia universal la figura de la Ilustración helena, en la que no solo la existencia griega perdió su fastuosa seguridad instintiva, sino, más propiamente, su fondo vital, su hondura mítica.

La mirada de Nietzsche y su ojo aguzado para las cosas esenciales advierte en la figura de Sócrates una cesura de la máxima importancia histórica. Pero la interpretación se queda atrapada en lo psicológico. Quizá Nietzsche intuyó que aquí se está produciendo una *transformación de la concepción ontológica*; que con la sofística y su antagonista Sócrates arranca en el pensamiento occidental el giro a la antropología y la metafísica; que de hecho aquí hay una cesura que difícilmente se puede sobrevalorar; que durante dos milenios se angostó el enfoque del preguntar filosófico: de la imperante totalidad del mundo a lo que existe dentro de él. Nietzsche adivina que Sócrates ocupa una posición clave, pero la fija en categorías psicológicas. Considera a Sócrates el negador del carácter griego, el negador de «Homero, Píndaro, Esquilo, Fidias, Pericles, Pitias y Dioniso». Pero da la impresión de que esta oposición a la tradición griega tiene su origen en una estructura psicológica extrema del individuo. Sócrates le parece a Nietzsche el griego malogrado por excelencia, como si aquel

## 1. La «metafísica del artista»

estuviera determinado por un defecto monstruoso y se caracterizara por la falta completa de «sabiduría instintiva». Nietzsche dice que en Sócrates solo se desarrolló *un único* aspecto del espíritu, pero de una forma excesiva: el factor lógico y racional. Sócrates careció de todo órgano místico. Representa la especie del no-místico. Pero estaba obsesionado por el irrefrenable impulso de transformarlo todo en algo pensable, lógico, racional.[18] Sócrates aparece así con el aspecto de un demonio de la razón, de un hombre en el que toda ambición y toda pasión se han transformado en la voluntad de estructuración y dominación racionales de lo existente. Sócrates habría sido el inventor del «hombre teórico». Con ello habría creado un nuevo tipo, un nuevo ideal, convirtiéndose así en seductor de los adolescentes griegos y, sobre todo, del magnífico joven griego que era Platón. Con Sócrates vino al mundo la quimera de que el pensamiento, siguiendo el hilo de la causalidad, alcanza los abismos más profundos del ser. Pero la consideración teórica del mundo, que Nietzsche hace surgir de la psicología de Sócrates, no se considera solo la antítesis del acto vital artístico, sino que él ve que incluso en la «teoría», que se ha vuelto ilimitada, opera una tendencia artística, solo que bajo un revestimiento. «En el esquematismo lógico la tendencia *apolínea* se ha transformado en la crisálida», dice Nietzsche.[19] La consideración teórica del mundo se fundamenta en un cultivo del arte que se ha vuelto débil e impotente. El concepto lógico es en cierta manera la hoja marchita y seca que antaño verdeaba en el «áureo árbol» de la vida. La teoría, la quimera conceptual, justamente porque en ella se ha «transformado en crisálida» un impulso artístico —aunque un impulso que ha sido sacado de su tensa oposición a lo dionisíaco y que a

---

18  I, 95 (cf. *El nacimiento de la tragedia, op. cit.*, p. 142).
19  I, 99 (cf. *ibid.*, p. 147).

resultas de ello se ha debilitado—, se puede interpretar desde la óptica del arte. Según la concepción de Nietzsche, la teoría y la ciencia pueden comprenderse desde el arte, pero no a la inversa. La imagen que Nietzsche tiene de Sócrates es problemática no solo por el planteamiento psicologizante, sino que más problemática aún es la irrestricta equiparación del concepto socrático y platónico de «teoría» con la tendencia general a practicar la ciencia, y, concretamente, la ciencia en el sentido moderno. De este modo Nietzsche está mezclando cosas totalmente distintas: la teoría antigua y la *nuova scienza*. Pero cómo ve Nietzsche la decadencia de la tragedia en la racionalidad socrática, cómo hace que en Eurípides el impulso lógico triunfe sobre el mítico, son cuestiones que no son relevantes para el propósito que nos guía.

Pero la interpretación de la tragedia alcanza su culminación cuando, hacia el final del libro, el mito trágico se concibe en *forma* de un suceso. La contraposición de Apolo y Dioniso, de cosa en sí y fenómeno, de embriaguez y sueño, se plantea como la unidad de un proceso fundamental polarizado. La existencia solo se justifica como fenómeno estético. En el arte se sublima todo lo existente, no solo lo bello en el sentido reducido del término, sino que también lo terrible, lo feo, todo el horror de la existencia, son transpuestos al esplendor de la sublimación. En el arte, el fondo primordial del ser se encuentra a sí mismo y se ve transparentarse en la imagen de lo existente. Nietzsche intenta acceder a este enigma partiendo del fenómeno de la disonancia. El efecto trágico consiste «en querer mirar en la tragedia anhelando a la vez trascenderla», al igual que en la disonancia musical «queremos escuchar y [al mismo tiempo] anhelamos trascender la escucha». Nietzsche opina que tanto en la disonancia como en la imagen del mito trágico hemos de reconocer el mismo fenómeno dionisíaco,

## 1. La «metafísica del artista»

que una y otra vez vuelve a revelarnos la construcción y la destrucción lúdicas del mundo individual como la efusión de un placer primordial, de modo similar a como cuando Heráclito el Oscuro compara la fuerza para configurar mundos con un niño que, jugando, pone piedras aquí y allá y levanta un montón de arena para luego derribarlo.[20]

Lo existente en su conjunto, el mundo, es un *juego*. El reino de la individuación, del fenómeno de los múltiples entes individualizados en la diversidad de lo bello y lo terrible, tomándolo en su conjunto, es una bella apariencia en el sentido de la visión trágica, o como lo formula Nietzsche, «un juego artístico que la voluntad juega consigo misma en la eterna plenitud de su placer».[21] La diferencia ontológica entre «voluntad» y «representación» o entre «cosa en sí» y «fenómeno» —distinción que Nietzsche toma de Schopenhauer—, no se toma como la demarcación de dos ámbitos separados, sino que más bien se interpreta como un *movimiento*, como un proceso creador. El fondo primordial juega al mundo, engendra la multiplicidad de lo existente individualizado... igual que el artista crea la obra. O mejor dicho: la actividad del artista, su proceso creador, no es más que la imagen especular y una débil repetición de la *poíesis* más original de la vida cósmica. El arte, en la medida en que se entiende como arte *trágico*, pasa a ser el símbolo ontológico de Nietzsche. Él entiende al hilo del arte el imperar, la esencia campante del ser. E igual que el hombre, el artista que con su creación imita el ser, al crear artísticamente experimenta la redención en la obra, e igual que en la bella apariencia de la obra artística se subliman incluso el sufrimiento y lo feo, también así el fondo cósmico creador

---

20   I, 169 (cf. *El nacimiento de la tragedia, op. cit.*, p. 229).
21   I, 168 (cf. *ibid.*, p. 228).

logra con la bella apariencia de las múltiples formas de lo finitamente existente la calma temporal de la permanencia provisional. Pero el fondo primordial no solo juega construyendo, sino también destruyendo. Cuando las cosas surgen ya está sembrada en ellas la simiente de la decadencia. El placer del engendramiento y del amor connota también el placer de la muerte y la destrucción. Lo decisivo en esta concepción fundamental de Nietzsche es por un lado la transformación que él hace del esquema que había tomado de Schopenhauer. En Schopenhauer lo único verdaderamente real es la voluntad, el ciego apremio vital. El mundo como representación solo surge y existe para el intelecto humano. Las formas subjetivas de intuición, que son el espacio y el tiempo, no tienen ninguna realidad metafísica, sino que solo se asientan en el espíritu humano. Por tanto, el mundo como fenómeno solo existe para el hombre. Nietzsche rechaza esta concepción. El propio fondo primordial, al jugar, causa la apariencia del fenómeno, el cual es un producto artístico del impulso creador de aquel, el medio para que aquel se encuentre y se contemple a sí mismo. Es más, no sin razón podría decirse incluso que el fenómeno es una condición para que la voluntad tome conciencia de sí misma, para que se haga consciente de sí y, al hacerse autoconsciente, se posea a sí misma, se «redima» en la bella apariencia. Por tanto, el fenómeno es necesario para posibilitar la autoconciencia de la «voluntad». Pero ella tiene que salir de sí misma, escindirse de sí misma para poseerse, restablecerse desde la escisión y realizar así su autoconciencia. Nietzsche concede al arte trágico el rango de ser la sede del autoconocimiento de lo verdaderamente existente. En el teatro trágico, el juego cósmico del ser se representa a sí mismo. Mucho más tarde, en *Ecce homo*, refiriéndose a este momento en el que el cosmos llega a ser consciente de sí mismo, Nietzsche dirá que *El nacimiento de la tragedia* apesta a

## 1. La «metafísica del artista»

*hegelianismo*.²² Pero el segundo aspecto decisivo de este libro es que la realidad más original se aborda con la metáfora del juego. Con ello Nietzsche ha desvelado ya cuál es el concepto fundamental central de su filosofía, con el que se remonta hasta Heráclito. Pero por el momento no se alcanza a ver qué es el juego, cómo hay que concebirlo ontológicamente, cómo hacer para que el concepto sea más que una ingeniosa metáfora. En último término, Nietzsche concibe como «juego» el imperio del antagonismo de Dioniso y Apolo, la renitente alianza de dos poderes fundamentales. La unidad de los opuestos es nombrada, pero no captada en una comprensión ontológica conceptual elaborada. En un primer momento la metáfora del juego del mundo no pasa de ser una grandiosa intuición. Cuando más tarde recapitule, Nietzsche verá en el concepto de juego en cierta manera una primera formulación de la «inocencia del devenir», de una consideración del mundo que rechaza toda interpretación moral y cristiana, una mirada a la totalidad de todo lo existente... más allá del bien y del mal. En 1886 dirá:

> En efecto, detrás de todo acontecer el libro entero no percibe otra cosa que un sentido de artista y un sentido oculto de artista, un «dios», si se quiere, pero desde luego un dios-artista amoral y carente de todo escrúpulo, que tanto en el construir como en el destruir, tanto en lo bueno como en lo malo, lo que quiere es ser consciente de su placer y de su despotismo —que vienen a ser lo mismo—, que al crear mundos se libera de la *indigencia* que conllevan la plenitud y la *sobreabundancia*, del *sufrimiento* de los opuestos que se hacinan en él...²³

---

22   XV, 62 (cf. *Ecce homo, op. cit.*, p. 86).
23   I, 8 (cf. *El nacimiento de la tragedia, op. cit.*, p. 39).

*El nacimiento de la tragedia* contiene casi todos los elementos de la filosofía nietzscheana. Estimulada por la intuición nueva y original, esa obra desarrolla por primera vez la oposición entre lo dionisíaco y lo apolíneo, elabora la óptica del arte y la óptica de la vida que se ha hallado desde aquella, toma al hombre como la clave de la totalidad del ser, esboza una metafísica antropomorfa que a primera vista parece fantasiosa y arbitraria. En esa obra, igual que en el ataque al socratismo, Nietzsche practica el arte de la sospecha. E introduce ya el concepto fundamental del juego... evocando a Heráclito.

De las obras póstumas de Nietzsche conocemos el importantísimo tratado *Sobre verdad y mentira en sentido extramoral*, escrito en 1873, pero que en su momento no fue publicado. Verdad y mentira no significan aquí un comportamiento consciente del hombre y sometido a los designios de la voluntad. Aquí no se trata de un problema moral, sino de la función del intelecto en el conjunto del mundo. La verdad o la falsedad morales se deciden dentro de la interpretación que el intelecto humano hace del mundo. Pero hasta qué punto el intelecto mismo es verdadero, hasta qué punto acierta con lo verdaderamente real, eso es otra cuestión. Considerándolo más radicalmente, quizá el intelecto, junto con todas sus verdades, sea una mentira. ¿Pero desde dónde quiere evaluar Nietzsche la verdad o la mentira del intelecto? ¿Tiene acaso una posición externa, desde donde pudiera mirar hacia abajo al intelecto? Es asombroso que Nietzsche no se plantee esta pregunta crítica, que se sienta totalmente seguro en su intuición, en su visión estética de la realidad primordial del «devenir». Con una especie de cruel ironía Nietzsche expone la miseria, lo penoso, la vaguedad de la capacidad cognoscitiva humana. En cierta manera muestra una visión de ella desde la historia natural:

## 1. La «metafísica del artista»

En algún rincón apartado del universo, que se desparrama centelleante en innumerables sistemas solares, hubo una vez un astro en el que unos animales sagaces inventaron el conocimiento. Fue el minuto más arrogante y más falaz de toda la historia universal...[24]

Pero, en realidad, esta visión exterior desde la biología no es más que una manera de expresarse para hablar sobre el intelecto desde fuera de él. Nietzsche no cae en la ingenuidad de los científicos. La «mentira» del intelecto se basa en la imposibilidad de comprender conceptualmente la vida pensada no biológica, sino metafísicamente. Sin embargo, Nietzsche interpreta pragmáticamente la función del conocimiento humano: el intelecto está al servicio de la voluntad de vivir, se basa en una ilusión necesaria para conservar la vida. La arrogancia del animal cognoscente lo persuade para existir, lo seduce a ello. La esencia más universal del intelecto es el encubrimiento, la sagacidad de la argucia, que facilita la lucha por la vida. Y esta tendencia alcanza su culmen en el hombre. El arte del encubrimiento llega a su culminación en el hombre. Nietzsche alude aquí sarcásticamente al fútil juego de las múltiples vanidades humanas, la adulación, la mentira, el engaño, la representación de un papel ante otros y ante sí mismo, y plantea la pregunta de cómo puede surgir en tal coyuntura el impulso puro y sincero a la verdad. Después de todo, habitualmente percibimos esto como una oposición irreconciliable: el abuso del intelecto en aras de la sagaz argucia o de la vanidosa afectación por un lado y la voluntad sincera de verdad por otro. Pero Nietzsche trata aquí de remontarse con el pensamiento hasta antes de la oposición y mostrar una genealogía del impulso a la verdad

---

24   X, 189 (cf. «Sobre verdad y mentira en sentido extramoral», en *Obras completas*, vol. I., Madrid, Tecnos, 2011, p. 607).

partiendo del impulso al encubrimiento y del impulso al falseamiento.

Con este propósito se expresa por primera vez un tema fundamental que habrá de tener una importante función en todo el desarrollo de Nietzsche. Aquí, en este pequeño tratado, su elaboración es todavía primitiva, pero en cambio resulta muy nítida su intención fundamental. Nietzsche parte del lenguaje. Toma el lenguaje como un convenio que surge cuando la guerra natural de todos contra todos conduce a sellar la paz. El lenguaje es para Nietzsche la quintaesencia de las convenciones, de fijaciones de significantes que en adelante habrán de ser válidos. ¿Pero cómo corresponde la designación, la palabra, a la propia cosa? ¿Hay aquí una verdad? Nietzsche lo niega:

> así pues, en todo caso el surgimiento del lenguaje no se produce de forma lógica, y todo el material en el cual y con el cual trabajará más adelante el hombre de la verdad, el investigador, el filósofo, si no viene de un mundo fantasioso, desde luego tampoco viene en ningún caso de la esencia de las cosas.[25]

Por muy problemática que pueda ser esta concepción del lenguaje, lo esencial ahora no es la teoría del lenguaje de Nietzsche ni su teoría del concepto, sino eso en lo que él ve la «mentira» del lenguaje, la «mentira» de los conceptos: la mentira tomada en sentido extramoral. «Las verdades son quimeras de las que hemos olvidado que lo son».[26] La inconsciencia en el empleo de palabras y conceptos, es decir, el olvido de la cuestionable historia de su formación, es el prerrequisito para la sincera voluntad científica de verdad. El científico se mueve entre conceptos sin saber que los conceptos no son más que

---

25  x, 194 (cf. *Obras completas*, vol. I., *op. cit.*, p. 612).
26  x, 196 (cf. *ibid.*, p. 613).

## 1. La «metafísica del artista»

metáforas vaciadas, empobrecidas de sentido. Según la concepción de Nietzsche, la voluntad lógica de verdad no es más que el residuo desecado de una original confrontación artística —es decir, que se producía en forma de una imagen sensible— del hombre con el mundo destellante. El concepto es la cáscara vacía de una metáfora que antaño estaba henchida de fuerza intuitiva. Nietzsche contrapone al hombre científico, que no cala la mentira de los conceptos, el hombre intuitivo y artístico. Uno se refugia en la carcasa y toma los conceptos por la esencia misma de las cosas. El otro conoce la falacia de todos los convenios, también la de las metáforas, pero ante la realidad se mueve libremente, creando y configurando imágenes. Para Nietzsche, el hombre intuitivo, el artista, es el tipo superior frente al lógico y al científico. Nietzsche también lo ve siempre en lucha con las convenciones conceptuales: «no lo guían los conceptos sino las intuiciones».

> Ningún camino habitual conduce desde estas intuiciones hasta el reino de los esquemas fantasmagóricos, de las abstracciones: la palabra no fue hecha para ellas, el hombre enmudece cuando las ve... o no habla más que en metáforas prohibidas y en inauditas combinaciones conceptuales para, al menos, responder creadoramente a la impresión de la poderosa intuición actual a base de destruir y escarnecer las antiguas barreras conceptuales.[27]

Cuando Nietzsche habla de la verdad y la mentira, ¿tiene eso un sentido definible si, por así decirlo, Nietzsche examina todo el conocimiento humano para averiguar si en él hay verdad, es decir, si pretende convertir en problema una especie de verdad de la verdad? En cierto modo, su gnoseología ficcionalista no

---

[27] X, 205 s. (cf. *ibid.*, p. 619).

representa más que un esclarecimiento del socratismo. También aquí Nietzsche se decide contra el hombre «teórico» y a favor del artista.

El arte se le muestra como el verdadero órgano de la filosofía, porque el fondo primordial del propio ser, en cuanto que el «artista primordial», juega a crear mundos. «Cuando, como ocurrió en la antigua Grecia, sucede que el hombre intuitivo maneja sus armas más poderosa y victoriosamente que su adversario, se dan las circunstancias favorables para que pueda gestarse una cultura y fundamentarse el dominio del arte sobre la vida».[28]

Para Nietzsche, la cultura está muy estrechamente ligada a la tendencia de la voluntad universal de llegar a contemplarse a sí misma en la obra artística trágica del hombre. El sentido de la cultura es el genio. Pero un genio es el hombre que se ha convertido en sede de la justificación de la existencia de todo lo existente en la apariencia bella, en el fenómeno estético.[29] De este modo, en dos pequeños fragmentos de la época de *El nacimiento de la tragedia*, titulados «El Estado griego» y «La mujer griega», Nietzsche ve el problema de la cultura con una severidad casi inhumana. Revela una «verdad que suena cruel»: «que de la esencia de una cultura forma parte la esclavitud»,[30] es decir, el sacrificio de la mayoría con vistas a que nazca un genio. Esto no tiene nada que ver con el orgullo social. El concepto que Nietzsche tiene de la cultura arraiga en su concepción básica del mundo: ambos son trágicos. Le da vueltas a la idea «que produce vértigo» de «si quizá la voluntad (en el sentido de Schopenhauer), para hacerse arte, se ha vertido en todos estos mundos, estrellas, cuerpos y átomos...».[31]

---

28  X, 206.
29  Cf. I (cf. *El nacimiento de la tragedia*, op. cit., p. 69).
30  IX, 151 (cf. *Obras completas*, vol. I., op. cit., p. 553).
31  IX, 170.

## 1. La «metafísica del artista»

El concepto que Nietzsche tiene de la cultura y la metafísica del genio que lo domina está indisolublemente relacionado con su metafísica del artista.

**Consideraciones intempestivas.** *Cultura y genio.*
*La filosofía en la época trágica de los griegos.*

Nietzsche toma el concepto de genio de su intuición original de la realidad del mundo, y lo ve confirmado en los hombres de su apasionada devoción: Schopenhauer y Wagner. No se puede entender al genio en función de factores meramente humanos. El genio no es el gran hombre que se aparta de sus semejantes mezquinos y ordinarios guardando una distancia en la que hay muchos niveles intermedios y grados. No es solo el tipo perfectamente logrado, no es una forma suprema, sino más bien el hombre que está definido por algo sobrehumano, que tiene una misión cósmica, el hombre que representa un destino. En el primer Nietzsche, el concepto de genio es una forma previa del superhombre. «Grandeza» es primariamente una forma de la verdad, es estar abierto al imperio del juego dionisíaco y saber captarlo con la palabra, la figura, la música. En el modo ontológico de la «grandeza» el hombre solo puede ser comprendido en función de aquello que opera a través de él. El genio es un instrumento del fondo vital creador que contempla por sí mismo su propia esencia reflejada en la creación artística. Sin esta integración fundamental del genio en una tendencia cósmica la concepción cultural de Nietzsche resultaría inhumana y absurda.

El concepto nietzscheano de genio, igual que más adelante el del superhombre, hay que concebirlo e interpretarlo en último término desde el servicio del hombre a la verdad. «Verdad» no significa aquí el conocimiento de las ciencias, sino la visión del fondo del mundo, la intuición trágica. Esta concepción del genio como portavoz de una tendencia cósmica, y esta concepción de la cultura como una interpretación que el genio hace del mundo y de la vida y que guarda la unidad de un estilo artístico, quedan constantemente eclipsadas en Nietzsche por una heroización emocional y burda del genio. El culto al genio de Nietzsche asume a menudo rasgos de idolatría. El sentido sobrehumano del genio, su función para la voluntad universal primordialmente una, quedan en cierta manera eclipsados por un elogio de la «grandeza» donde ella se toma casi como un mérito propio del hombre. El *pathos* de la distancia, de la jerarquía entre los hombres, determina la teoría de la cultura.

Con ello hemos tocado un tema básico y esencial de Nietzsche. Su concepto del hombre es ambiguo: oscila entre una concepción que se queda en lo meramente humano, donde se distinguen los extremos del tipo creativo y del no creativo, del genio y del hombre gregario, y una interpretación más profunda de la humanidad que trasciende todo humanismo y que concibe al hombre en función de su misión cósmica de ser la sede de la verdad de la totalidad. Esta tensión en el concepto del hombre se mantendrá siempre viva en la historia de la filosofía de Nietzsche. Aunque él pregunta por el «gran hombre» cuando quiere decir lo que el hombre es en cuanto tal, sin embargo, la interpretación de la grandeza humana oscila siempre en la ambigüedad mencionada. Pero en el primer período de Nietzsche es inconfundible la fundamentación básica de la metafísica del genio en la metafísica general del artista, que es la que se ajusta a la esencia del universo, la fundamentación del concepto de cultura en la imagen trágica del mundo. El propósito nietzscheano de reformar la cultura habrá que entenderlo a partir de este fundamento. De este modo, estando aún en el terreno de las enseñanzas de Schopenhauer, ya se revuelve contra ellas.

## 1. La «metafísica del artista»

Así como Nietzsche también se diferencia de Schopenhauer en que no concibe el fenómeno meramente como una figura que crea el intelecto humano, sino como una forma apolínea creada y producida por el propio fondo dionisíaco del mundo y que, aunque es apariencia, precisamente por serlo no es una nada, así también el tiempo tiene una importancia más seria en Nietzsche. El tiempo no existe solo para el intelecto, sino que es el modo en que impera el fondo del mundo: el juego de Dioniso es el puro devenir. Como el tiempo campa en el propio fondo del mundo, puede adquirir una seria importancia en el ámbito de lo existente que se manifiesta. La historicidad de la cultura es el reflejo humano, la verdad del juego ontológico que se revela con el genio. Este es el horizonte fundamental de la filosofía de la historia de Nietzsche. Tampoco Nietzsche como teórico de la cultura se puede entender si no es desde los ocultos pensamientos fundamentales de interpretación ontológica.

La teoría nietzscheana de la cultura es a la vez diagnóstico y programa. En *El nacimiento de la tragedia* no solo desarrolla su concepción del mundo, sino que también establece un concepto rector de la cultura al mostrar el mundo griego de la «época trágica» en su fundamentación mítica, en la totalidad de su estilo artístico, en su productividad creadora, en el modo en que esa época se representa a sí misma en la obra de arte trágico, instaurando así un criterio de valoración. En las *Consideraciones intempestivas* se sigue desarrollando esta línea. La primera *Consideración intempestiva*, «David Strauss, confesor y escritor», en el fondo, no es un ataque a un «filisteo de la educación», sino que es más: es un ataque a la cultura alemana, que estaba impregnada de una placidez satisfecha de sí misma típica de la mentalidad de la época. Nietzsche hizo aquí lo que más tarde dirá de sí mismo: que solo ataca cosas que son victoriosas. Tras la guerra de 1870/71, tras el éxito de la fundación del Imperio, la nueva cultura imperial, la educación alemana, que —como afirma en *Ecce homo*— él mira con desdén y despiadado desprecio, le parece «absurda, insustancial, desnortada; una mera opinión pública».[32] En el panfleto contra David Strauss esboza, como el negativo de aquella cultura alemana, la imagen opuesta de una verdadera cultura, y muestra bajo qué condiciones no debe ni puede ser. La crítica es de una mordacidad corrosiva. También en la segunda *Consideración intempestiva*, «Sobre la ventaja y la desventaja de la historiografía para la vida», predomina la crítica, pero esta se ha vuelto mucho más radical. Ahora se trata de una crítica al «sentido historiográfico» como síntoma de decadencia cultural. El tema oculto de la obra es la historicidad del hombre. La crítica cultural arranca con la denuncia de una degeneración del sentido histórico, una hipertrofia del apego al pasado, bajo el que se atrofia el programa viviente de una cultura. Nietzsche distingue tres maneras fundamentales de comportarse ante la historia: la historiografía de anticuario, la crítica y la monumental; la primera corresponde a un tipo de hombre conservador y devoto, a una humanidad que solo vive de su procedencia y que asume sus tareas de la tradición, y para la cual la vida es esencialmente recuerdo y conmemoración; la historiografía crítica, por el contrario, corresponde a una actitud básica que primariamente está abierta al presente, tomándolo como medida del pasado y convocando a la historia ante el foro del presente; la historiografía monumental corresponde a una postura que se proyecta sobre todo al futuro. Cuando la vida aún se impone a sí misma grandes tareas, también tiene sensibilidad para captar tales proyectos audaces en el pasado. Únicamente a la resuelta voluntad de futuro se le desvela también lo futuro en todo lo pasado. Cuando decae el programa

---

32   XV, 68 (cf. *Ecce homo, op. cit.*, p. 93).

vital y el proyecto de futuro de la vida, la acumulación de saber histórico se convierte en una carga, es más, en un peligro para la vida. Entonces el hombre ya solo aprende de la historia la resignación, la caducidad de todos los proyectos. La vida que ya no está llena de impulsos creadores para su propio futuro se evade al pasado, busca olvidar su propio vacío en la plenitud ajena de una vida que ya pasó. Lo significativo de esta obra no radica tanto en mostrar el riesgo que para una cultura surge a causa de una sensibilidad histórica desmesurada, cuanto en la interpretación de la existencia humana en términos de estructuras temporales, de las dimensiones de pasado, presente y futuro. No es solo que la existencia humana no sucede en esas dimensiones temporales del mismo modo que suceden todas las demás cosas, sino que esas dimensiones constituyen más bien horizontes que la propia existencia mantiene abiertos, pero de modo respectivamente distinto. En las otras dos *Consideraciones intempestivas*, «Schopenhauer como educador» y «Richard Wagner en Bayreuth», Nietzsche presenta la imagen del genio, que constituye el centro esencial de una cultura, pero no de una cultura ya dada —pues precisamente el genio resulta «intempestivo» para la supuesta cultura—, sino de una cultura futura. Más adelante[33] Nietzsche dirá de estas dos obras que, en el fondo, Schopenhauer y Wagner solo le sirvieron como «ocasiones [...] para tener a mano algunas fórmulas, signos y medios lingüísticos más». De modo similar se habría servido Platón de Sócrates para expresarse a sí mismo. Schopenhauer y Wagner significan «en una sola palabra: Nietzsche». Pero si se aduce la sustitución psicológica, si se toman ambos personajes como metáforas del propio Nietzsche, entonces no se ha entendido el sentido de estas obras. Nietzsche da en ellas su visión de una cultura futura, igual que en *El nacimiento de la*

---

33   XV, 72 s. (cf. *ibid.*, p 98).

*tragedia* había esbozado su imagen de la suprema posibilidad de una cultura pasada. La equivocidad que ensombrece todas las *Consideraciones intempestivas* es que ahí no se expone explícitamente la metafísica del genio que hay tras ellas y que había encontrado una expresión tan nítida en *El nacimiento de la tragedia*. La consideración de la cultura se mueve en su conjunto en el nivel meramente humano, y la función cósmica del genio, el servicio que presta, queda como velado. Para la mirada superficial surge por eso la apariencia de una glorificación fantasiosa del genio. A esto se suma que Nietzsche busca la contradicción, que quiere atacar las tendencias «democráticas» e igualadoras de la época, que está enfebrecido de espíritu combativo y ganas de lucha, «que tiene peligrosamente suelta la muñeca».[34] Aquí tenemos un claro ejemplo de cómo Nietzsche pone en peligro su filosofía por abusar de su arte literario y por su intención de lograr un efectismo rápido. Considerándolas en conjunto, las *Consideraciones intempestivas* pertenecen al primer período de Nietzsche: la metafísica del artista de *El nacimiento de la tragedia* está también tras ellas, aunque implícitamente. Con el problema de la «cultura» Nietzsche aún no se ha distanciado de su primer planteamiento metafísico, que él formuló siguiendo a Schopenhauer. Aunque ahí el hombre está en el centro, no es aún una antropología disociada de la metafísica, tal como aparece en el segundo período de Nietzsche. La cultura no es simplemente una obra humana, sino que el hombre como santo, como artista, como sabio, como genio que acuña y define una cultura, es el instrumento de un poder sobrehumano, es el medio que el fondo cósmico crea para encontrarse a sí mismo. El genio es el delegado de la verdad del fondo cósmico primordialmente uno, es la sede donde ese fondo se patentiza.

---

34  XV, 68 (cf. *ibid.*, p. 93).

## 1. La «metafísica del artista»

Pero el primer período de Nietzsche, que aquí hemos esbozado en su planteamiento metafísico y en su concepto de cultura, está esencialmente determinado aún por la relación con la filosofía griega, por el modo en que Nietzsche ve sus problemas. Ya por su profesión de filólogo clásico Nietzsche se ocupó muchas veces de la filosofía antigua. No solo escribió tratados sobre Diógenes Laercio, una fuente importante de la tradición de las teorías filosóficas, sino que en Basilea dio varios cursos sobre los «Filósofos preplatónicos», aparte de una «Introducción al estudio de los diálogos platónicos». Sobre todo en la época entre 1872/73 a 1875 hizo varios esbozos de un *Libro para filósofos*, entre ellos, en la primavera de 1873, el pequeño tratado *La filosofía en la época trágica de los griegos*. Resulta curioso el encuentro de Nietzsche con la filosofía griega. La problemática ontológica fundamental de los griegos no parece afectarle en absoluto, como si fuera ciego para ella. Quien más le influye es Heráclito. Evocando a Heráclito, designó el imperio del fondo primordial como un juego. Y sin embargo, el concepto nietzscheano de juego es totalmente distinto al de Heráclito. Es de la máxima importancia que dentro de la tradición histórica Nietzsche subraye una ruptura entre los pensadores anteriores a Sócrates y Platón por un lado, y estos y sus seguidores por el otro. El asombroso olfato de Nietzsche para las tragedias del espíritu percibe aquí una honda cesura, pero en qué consiste ella no llega a expresarse claramente. A los filósofos anteriores a Platón y Sócrates los llama filósofos trágicos. ¿Lo son porque vivieron y pensaron en la época de la tragedia, o con su pensamiento están ellos mismos abiertos a eso que, en su interpretación de la tragedia, Nietzsche llamaba la alianza fraterna de Dioniso y Apolo? ¿Late en su pensamiento la comprensión trágica del mundo? Igual que la tragedia murió a causa del socratismo de la musa trágica que con Eurípides se había vuelto «racional», así murió la filosofía de la época trágica a causa de la dialéctica de Sócrates. Es decir, Nietzsche explica aquí en función de un cambio de mentalidad, de método, y por tanto en función del hombre, lo que quizá tendría que concebirse más originalmente como una transformación de la verdad, a la que el hombre sigue. Al pesimismo trágico y heroico se opone una confianza optimista, a la intuición artística se opone el aparato conceptual, y a la contemplación visionaria se opone la dialéctica. En otras palabras, en la caracterización de la diferencia entre los presocráticos y la filosofía griega clásica Nietzsche se mueve siempre en categorías antropológicas, y a veces psicológicas. Es muy extraño el contraste entre la percepción de Nietzsche de la gran ruptura y su interpretación. Y este contraste también podemos encontrarlo en toda su relación con la filosofía griega. Él capta su singular significado, capta la grandeza de aquel comienzo, pero la interpreta de tal modo que de ella desaparece casi toda la problemática ontológica. Toma los antiguos gigantes como «grandes hombres», como «personalidades» de carácter peculiar; tiene por así decirlo un interés estético en ellos. No considera que sus sistemas sean correctos, sino que solo los toma como documentación de su rica vida.

«Quien [...] se complace en los grandes hombres, también se complace en tales sistemas, aunque sean totalmente erróneos: pero tienen un punto en sí que es totalmente irrefutable, un tono personal, un color propio; se los puede emplear para obtener la imagen del filósofo».[35] Nietzsche emplea el sistema para obtener de él la imagen del hombre que lo proyectó. Pero quizá los antiguos pensadores utilizaron su «personalidad» para pensar la esencia del ser. Nietzsche cuenta la historia de aquellos filósofos «simplificadamente»: en efecto, simplifica, no diferencia, deforma las cosas de una forma que a veces re-

---

35  X, 5 (cf. *Obras completas*, vol. I., *op. cit.*, p. 571).

## 1. La «metafísica del artista»

sulta casi insoportable, y sin embargo esta obra está llena de un singular encanto. Nietzsche habla de los ídolos de su alma. En cada pensador que describe pone un trozo de su propia vida. Ve en los griegos la valiente audacia para visibilizar una vida filosófica, hasta en el estilo de la ropa que visten; ve en ellos el acto creador, del que surge una nueva forma de vida, la existencia del sabio, y esto ya en una diversidad de modalidades totalmente distintas; ve una riqueza de las intuiciones; la enorme pretensión de ser legislador en todas las cosas y de fijar un nuevo peso y moneda para todo lo existente. En la historia de estos pensadores ve un «elevado diálogo entre espíritus»: «Un gigante llama a otro a través de los yermos intervalos de las épocas».[36] Sobre todo, Nietzsche pregunta a los filósofos cuál es su juicio sobre el *valor* de la existencia, juicio que para él tiene más importancia que el que puedan tener las épocas ilustradas. De algún modo, aquel juicio se hace aún sobre el terreno de la experiencia trágica. Nietzsche considera a aquellos filósofos los santos y purificadores de la cultura griega, y por tanto los ve en una función análoga a la que Nietzsche se atribuye a sí mismo para la cultura alemana. Sin embargo, en los grandes pensamientos de los presocráticos Nietzsche encuentra «metáforas», intuiciones originales echadas a perder por la reflexión: Tales contemplaba la unidad de lo existente... y cuando quería comunicarse hablaba de agua. Nietzsche interpreta las grandes figuras de Tales, de Anaximandro, de Heráclito, de Parménides, de Anaxágoras. El centro de la obra es la exposición de Heráclito. Luego se pone mucho acento en Parménides como figura opuesta a él.

Nietzsche interpreta a Anaximandro moralmente: «fue el primer griego que captó el meollo del profundísimo problema ético y lo abordó audazmente». *Dike* y *adikia* se interpretan

---

[36] X, 13 (cf. *ibid.*, p. 575).

como conceptos morales fundamentales con los que se define la culpa de la existencia de los entes. Precisamente aquí se muestra ya con la mayor claridad cómo Nietzsche transforma, y quizá tiene que transformar, todas las cuestiones ontológicas en cuestiones axiológicas. Nietzsche cree reencontrar en Heráclito sus propios pensamientos más personales: Heráclito negaba el ser estático, percibía el devenir, el flujo del tiempo como la verdadera dimensión de la «realidad», y captaba a primera vista la tensión bipolar entre opuestos en todo lo que existe y se mueve en el tiempo. Nietzsche ve anticipada en la oposición heraclítea su intuición de la discordia entre Dioniso y Apolo, que a la vez los unifica. Y sobre todo encuentra la interpretación de esta unidad renitente y contradictoria en el concepto heraclíteo fundamental de *juego*. ¿Cómo lo uno es a la vez lo múltiple?

> La tercera posibilidad, que para Heráclito era la única que quedaba, nadie podrá adivinarla con olfato dialéctico ni, por así decirlo, calculándola: pues lo que él halló aquí fue una rareza, incluso en el ámbito de las increíbles cosas místicas y las insospechadas metáforas cósmicas. El mundo es el juego de Zeus, o formulándolo físicamente, el fuego jugando consigo mismo: solo en este sentido lo uno es a la vez lo múltiple.[37]

Y Heráclito aclara la transformación del fuego único en la multiplicidad de figuras de las cosas aduciendo una «sublime metáfora». Nietzsche dice:

> En este mundo, el juego del artista y del niño es el único que tiene un devenir y un perecer, un construir y un destruir sin ninguna imputación moral, con una inocencia eternamente in-

---

[37] x, 37 s. (cf. *ibid.*, p. 588).

variable. E igual que juegan el niño y el artista, también juega así el fuego eternamente vivo, construyendo y destruyendo, con inocencia... y el eón juega este juego consigo mismo.[38]

Nietzsche pone así el fragmento 52 (en la edición de Diels) en el centro de su interpretación de Heráclito. El fragmento dice: *aion pais esti paizon, petteuon; paidos he basileie*, «el tiempo cósmico es un niño jugando, moviendo las fichas de un lado a otro: el imperio del niño». Nietzsche encuentra en el concepto de juego de Heráclito su profundísima intuición de la realidad del mundo como grandiosa metáfora cósmica. Se siente afín a él en la «concepción estética fundamental del juego del mundo»: «lo que él observó —dice Nietzsche con la mayor seriedad—, la enseñanza de la ley en el devenir y del juego en la necesidad, habrá que observarlo ahora eternamente: alzó el telón de este espectáculo supremo».[39]

Nietzsche contrapone luego a la imagen de Heráclito una imagen opuesta. Pero en su trazado negativo esta segunda imagen es tan reveladora como aquella: Parménides es a Heráclito lo que el hielo al fuego, lo que el concepto lógico a la intuición, lo que la vida a la muerte. Nietzsche no es nada comprensivo con la originalidad de Parménides, porque este no se enteró de la profundidad especulativa del problema del ser. El «ser» no es para él más que el concepto abstracto de una quimera del espíritu humano, una abstracción mental con la que no se corresponde ninguna realidad. Parménides considera el ser algo estático, inmóvil, rígido, inerte, en oposición al devenir. Nietzsche jamás hizo ni el más mínimo intento de superar esta vulgar dicotomía ni de pensar la contraposición entre ser y devenir extrapolándola del propio problema del ser. Por eso

---

38  X, 41 (cf. *ibid.*, p. 590).
39  X, 47 (cf. *ibid.*, p. 594).

pinta a Parménides como un pensador en cierto modo anquilosado en sus inertes abstracciones. Nietzsche moviliza todo el abanico de metáforas para dejar clara esta lejanía a la vida del mero concepto:

> Pero nadie abusa impunemente de abstracciones tan terribles como son «el ente» y «el no-ente». En cuanto se las toca, la sangre comienza a coagularse. [...] Al parecer la verdad solo vive ahora en las generalidades más desvaídas y abstractas, en las cáscaras vacías de las palabras más indefinidas, como en una carcasa hecha de telarañas: y junto a tal «verdad» está sentado ahora el filósofo, tan exangüe como una abstracción y enredado en las fórmulas que lo rodean. [...] En aquella época a un griego le resultaba posible evadirse de la exuberante realidad como de un mero esquematismo engañoso de la imaginación... resguardándose en la rígida inmovilidad mortal del concepto más frío y menos expresivo, del ser.[40]

Así ve Nietzsche a Parménides. Sin duda esto es una caricatura sin parangón, pero como síntoma tiene una importancia máxima: ya en su primer período, cuando trata de pensar metafísicamente y erige su metafísica del artista sobre la base de la filosofía de Schopenhauer, Nietzsche contradice al eleático de la manera más acerba y apasionada. Pero quizá en este rechazo del concepto ontológico radique un motivo esencial para que Nietzsche no lleve su intuición del mundo como juego de lo dionisíaco y apolíneo más allá de la imagen poética, iniciándose así el giro que conducirá a su segundo período.

---

40   X, 52, 57 s. (cf. pp. 596, 599).

## 2. La Ilustración de Nietzsche

*Psicología del desenmascaramiento y óptica de la ciencia.*
Humano, demasiado humano

El segundo período de Nietzsche lo representa sobre todo la obra *Humano, demasiado humano*, y en cierto modo también *Aurora* y *La gaya ciencia*. Este período comienza abruptamente, parece una brusca interrupción del curso inicial del pensamiento, es más, una inversión radical de él. Da la impresión de que de pronto Nietzsche reniega ahora de todo lo que había afirmado antes, que quema lo que había venerado y venera lo que había quemado. Sus posiciones parecen haberse invertido. Pero es un problema resolver si el segundo período es, por así decirlo, una mera cosmovisión nueva y contraria del pensador que borra los temas anteriores de su pensamiento o si, en un sentido más profundo, es una auténtica evolución especulativa, es decir, el desarrollo de una intuición inicial. Con esta pregunta de momento solo apuntamos un reparo al modo que ha venido a ser usual de interpretar el pensamiento de Nietzsche a partir de su biografía. Sin duda, el segundo período de Nietzsche representa una ruptura biográfica, una fisura profunda y quizá insanable: la ruptura interior con Wagner y el rechazo de Schopenhauer, es decir, la despedida de los «héroes» de su juventud, a los que había profesado su máxima veneración, su ardiente entusiasmo, y solo en cuyo nombre había sido capaz de anunciar las primicias de su pensamiento. Hablando biográficamente, Nietzsche despierta ahora del sueño romántico de su veneración de héroes, recibe el soplo de un aire más fresco y frío, se distancia de sus ídolos, se libera de ellos para llegar a ser sí mismo. Por así decirlo, rechaza las fórmulas de la metafísica schopenhaueriana y de la divinización wagneriana del arte y busca una expresión nueva y propia. También es verdad que ya cuando estaba en el terreno de la metafísica de Schopenhauer había dado expresión a un nuevo sentimiento vital, a un nuevo talante existencial; que había superado el pesimismo pasivo con una mentalidad trágica y la huida del mundo con la sublimación del mundo en el arte; que también modificó la concepción ontológica de Schopenhauer: por un lado, explicando la «apariencia» en función de una tendencia universal, pues lo uno primordial se arroja a la apariencia, la cual es el sueño apolíneo del fondo dionisíaco del mundo, y por otro lado, tomándose más en serio que Schopenhauer la esencia del tiempo, que para él no es una mera forma de intuición que lleva incorporada el intelecto humano, sino que es el modo en que el fondo primordial juega al mundo. Con *Humano, demasiado humano*, la confrontación interior con Schopenhauer y Wagner pasa del estadio de un proceso oculto y subterráneo al de una crisis aguda que estalla abiertamente. Cuando Nietzsche envía el libro a Wagner, le llega —como él dice— «como por un milagro de sentido en el azar» un ejemplar del *Parsifal*, con la dedicatoria: «A su querido amigo Friedrich Nietzsche, de Richard Wagner, consejero eclesiástico». «Este cruce de ambos libros... me pareció escuchar en ello un sonido ominoso. ¿No sonó como si entrechocaran dos *espadas*? En cualquier caso, ambos lo sentimos así, pues ambos guardamos silencio».[1]

*Humano, demasiado humano*, ocupa un lugar significativo en la biografía íntima de Nietzsche. Recapitulando sobre

---

1 XV, 79 (cf. *Ecce homo, op. cit.*, pp. 106-107).

## 2. La Ilustración de Nietzsche

este libro más adelante, en *Ecce homo* lo denominará «el monumento de una crisis». Por tal crisis entiende una liberación para llegar a ser sí mismo, el desprenderse de los vínculos de la veneración, que durante demasiado tiempo lo habían retenido tapándole la mirada para la tarea insoslayable e intransferible de su propia vida. En varios pasajes el propio Nietzsche indica una motivación biográfica para su repentina «ruptura», una interpretación existencial de la transformación de su filosofía. ¿Radica la transformación de las ideas en el motivo biográfico de la búsqueda de sí mismo, en su ruptura con Wagner, en que la tendencia a la devoción se tornara una tendencia a la autoafirmación, o en la influencia temporal de amigos como Rée? Si es así, entonces las ideas no son otra cosa que reflejos de la historia del alma, documentaciones, formas de expresión, síntomas, y tienen poco que ver con la verdad, no siendo más que meras huellas. Los «sistemas» serían entonces meras formas en las que una «personalidad» da testimonio de sí, en las que el «gran hombre» se delata. Así es como Nietzsche había tratado de entender a los antiguos pensadores anteriores a Sócrates. Pero con su interés antropológico quedó infinitamente alejado de los presocráticos. De esta manera, él mismo se queda en la sofística. Quizá ningún otro filósofo se haya entendido e interpretado a sí mismo de forma tan extrema desde su propia biografía como Nietzsche. En cada uno de sus libros cuenta su vida, sus experiencias, su soledad, sus dudas de sí mismo. A veces se tiene la sensación de estar asistiendo a un tremendo desnudamiento y escenificación de sí mismo, a una peculiar mezcla alternante de confesión e histrionismo, que tanto suscita interés como repugnancia. Nietzsche dio un estilo elevado a la biografía intelectual, y un estilo elevadísimo a la autobiografía.

Y así es como uno podría estar tentado de aplicarle a él el método biográfico, de buscar en ese método la clave para entender las transformaciones de su pensamiento. Vemos en ello un camino equivocado.

Nietzsche es una figura jánica de doble rostro: es filósofo y sofista. Desarrolló la sofística no como un arte de la controversia ni en el plano retórico, sino como arte de la «interpretación de los signos»: los pensamientos no son primariamente «verdades» o «falsedades», sino que son síntomas vitales, signos reveladores de una existencia. Nietzsche desarrolló con virtuosismo la «sofística existencial». Pero si no solo es sofista, sino que también es pensador, si un problema le obsesiona y dirige su vida inquisitiva, entonces hay que comprender más profundamente las transformaciones: para pensarlas hay que remontarse hasta la necesidad del asunto mismo que acontece en el filosofar de Nietzsche. De momento esto es un postulado, que solo debe impedir que nos contentemos con una interpretación biográfica. Mirándolo totalmente desde fuera, el segundo período de Nietzsche es una completa inversión del primero. Ahí teníamos como idea fundamental la distinción entre el fondo primordial y el reino del fenómeno.

La religión (entendida en sentido griego), la metafísica y el arte se consideraban modos de acceder al corazón del mundo, infinitamente superiores a toda ciencia. El mundo griego, Schopenhauer y Wagner representaron para el joven Nietzsche la tríada de la comprensión esencial. Pero ahora resulta que todo se invierte: la ciencia, la reflexión crítica, la desconfianza metódica asumen ahora la guía; metafísica, religión y arte quedan sometidas ahora al dictado de aquellas. Ya no se consideran formas fundamentales de la verdad, sino que aparecen como una ficción que hay que destruir. Eso sobre lo que Nietzsche descargó su infinita sorna en *El nacimiento de la tragedia*, el socratismo, el hombre teórico, el conocimiento puro, le parece ser ahora lo esencial, que marca todo el *pathos* del libro. Nietzsche se convierte en un «ilustrado», e incluso dedica

## 2. La Ilustración de Nietzsche

la primera edición a Voltaire, «uno de los grandes liberadores del espíritu». Pero tiene importancia decisiva para esta problemática ilustrada de Nietzsche que ahora el hombre ocupe expresamente el centro, que todas las preguntas se centren en cierta manera en él, que el pensamiento de Nietzsche pase a ser una antropología. Su nuevo pensamiento no es primariamente una declaración especulativa sobre la realidad fundamental y luego también, a partir de ella y en segundo lugar, sobre el puesto del hombre, sino que ahora todo se reduce al hombre, para solo desde él interpretar el resto de lo existente. Pero esta reducción al hombre conlleva también una transformación del concepto de vida: la vida ya no se concibe metafísica o místicamente como una vida universal que haya tras todos los fenómenos, sino que se toma como vida del hombre y, además de eso, como concepto biológico.

Este cambio en la postura fundamental de Nietzsche resulta incomprensible en un primer momento. ¿Significa una mera recaída en el mundo de los fenómenos para quedarse atrapado en él? ¿Puede Nietzsche, por así decirlo, olvidar lo que pensó con su metafísica del artista y sumirse de nuevo en un nivel de ingenuidad? De ninguna manera. Al fin y al cabo, su Ilustración es una lucha contra su propio planteamiento —marcado por la Grecia trágica, Schopenhauer y Wagner— de un «en sí» que se esconde tras las cosas que se manifiestan, de un «mundo inteligible». Ahora niega la distinción entre lo uno primordial, la cosa en sí y el fenómeno. La pujanza de su ataque se dirige contra esta diferencia. En el *pathos* ilustrado de *Humano, demasiado humano* vibra ya, aunque de manera muy provisional, la postura de combate contra la duplicación idealista del mundo, contra la «manía de los trasmundos». Con ello tenemos aquí formas preliminares de lo que más tarde él llamará la apología del hombre y la muerte de Dios. El cambio de Nietzsche sorprende a todos. Su motivación interior no es fácil de entender, y el tono «ilustrado» de Nietzsche más bien lo oculta que lo desvela.

Nietzsche proclama ahora la prioridad de la ciencia: ante el tribunal de ella quiere examinar las pretensiones de la religión, la metafísica y el arte, de la moral, el genio y la cultura. Este examen tiene un carácter singular, se desarrolla con el objetivo de desilusionar. Los métodos de los que se sirve no son específicos de las ciencias particulares: son el análisis y la historiografía, tomándolos en sentido muy general. La disección crítica de un fenómeno aparentemente simple en una estructura relacional compleja y de múltiples niveles, el inacabable desenmarañamiento de todos los hilos que componen un tejido, el paciente y disciplinado asedio de una cosa bien cerrada, la elucidación de las superficies hasta que se vuelven transparentes: todo esto significa el «análisis». Pero Nietzsche considera un defecto hereditario de los filósofos que partan del hombre actual, como si él fuera «el» hombre por excelencia, mientras que es, a lo sumo, el hombre de los últimos cuatro mil años, es decir, un producto de circunstancias históricas, de costumbres, religiones, etc. Nietzsche exige el filosofar «historiográfico», que no cree tan fácilmente en «hechos eternos» y «verdades absolutas», sino que concibe al hombre como el resultado devenido de procesos históricos. El filosofar debe ser ahora analítico e historiográfico, y por tanto «científico». Es curioso en qué sentido tan vago habla aquí Nietzsche siempre de «ciencia»: en sentido estricto, el filosofar no es ninguna de las ciencias positivas, sino que más bien es una característica forma general y aproximada de preguntar y de investigar críticamente. Ciencia significa para Nietzsche esencialmente crítica. Pero aquí él tiene la mirada puesta en la crítica de la filosofía, la religión, el arte y la moral tradicionales. Así pues, ciencia no significa para él la investigación de un ámbito de lo real, sino la demostración del carácter iluso-

## 2. La Ilustración de Nietzsche

rio de aquellos comportamientos humanos que en su primer período le sirvieron a él mismo de accesos originales y verdaderos a la esencia del mundo. Nietzsche cree poder hacer esta demostración —en cuanto que «científica»— mediante un desvelamiento psicológico del motivo de la ilusión. El vehículo de su pensamiento vuelve a ser, como en *El nacimiento de la tragedia*, la psicología. Pero ahora no es una psicología especulativa, sino más bien una destructiva y desenmascarante. Pero esta no está disponible como un instrumento del que solo haya que echar mano. A Nietzsche le corresponde el dudoso mérito de ser el creador de un tipo peculiar de esta psicología refinada, que explica «*ab inferiori*». Muchas veces se ha considerado tal psicología una gran conquista. A nosotros nos parece que es algo puramente sofístico en su obra y que en el fondo nada tiene que ver con su filosofía. Pero no podemos obviarla como algo insustancial, porque Nietzsche casi siempre expresa su filosofía en el campo de la psicología, es decir, de la sofística que es peculiar de él. Lo fundamental de su interpretación psicologizante consiste en la afirmación de la «genealogía» del ideal a partir de su opuesto: la genealogía del derecho a partir del provecho común, de la verdad a partir del impulso al falseamiento y a la quimera, de la santidad a partir de un trasfondo bastante impío de instintos y rencores. De manera crítica, desconfiada y muy suspicaz, Nietzsche va diseccionando los grandes sentimientos de la humanidad, desenmascarándolos como un «embuste supremo», o dicho brevemente, como «idealismo». El libro es un rechazo acerbo, tajante e incluso maligno de toda forma de idealismo. En *Ecce homo* dice acerca del idealismo: «Donde *vosotros* veis cosas ideales, yo solo veo algo humano, ¡ay!, demasiado humano».[2] Así pues, no hay que entender el título en el sentido inocuo de

---

2  XV, 73 s. (cf. *Ecce homo, op. cit.*, p. 100).

que aquí se están criticando las debilidades y las miserias, de que el libro versa sobre la fútil agitación de las vanidades humanas. La tesis fundamental dice más bien que precisamente lo llamado «sobrehumano» no es en realidad sino una quimera demasiado humana. El hombre no puede lanzar una mirada al corazón del mundo, como cree el metafísico, no puede conocer la cosa en sí, porque la fe en una cosa en sí que hay más allá del fenómeno y que en un primer momento nos queda velada, pero que se nos puede revelar gracias a la filosofía, no es más que una superstición de los metafísicos:

> vemos todas las cosas a través de la cabeza humana y no podemos cortar esta cabeza. [...] Pero todo lo que hasta ahora ha hecho que las hipótesis metafísicas les resultaran [a los hombres] valiosas, aterradoras, placenteras, todo lo que las ha creado, no ha sido más que la pasión, el error y el autoengaño; han sido los métodos de conocimiento peores de todos, y no los mejores, los que han enseñado a creer en ello. Una vez que se haya desvelado que estos métodos son el fundamento de todas las religiones y metafísicas que hay, entonces se las habrá refutado.[3]

La forma de combatir de Nietzsche es el desvelamiento psicológico de la genealogía de la metafísica, la religión, el arte y la moral a partir de instintos y adicciones del hombre casi siempre ocultos y subterráneos. El esclarecimiento psicológico le sirve ya como refutación. No examina el carácter de verdad de la religión o la metafísica. Considera que esta cuestión está ya despachada con tal de mostrar que tras la voluntad de verdad hay tendencias vitales que no son «desinteresadas», sino que aspiran a la redención o cosas similares. Del interés y del anhelo de redención Nietzsche enseguida saca luego la conclusión

---

3   II, 24 (cf. *Obras completas*, vol. III., Madrid, Tecnos, 2014, p. 78).

de que la voluntad metafísica de conocimiento no es más que una necesidad enmascarada, una mera necesidad demasiado humana.

Las interpretaciones psicológicas de Nietzsche tienen una estructura refinada: al desenmascarar, al denunciar encubrimientos y revestimientos, siempre puede hacer ver también que todo lo que *contradice* su interpretación no es más que la máscara de un aparente fenómeno opuesto, por ejemplo así: el altruismo no es más que una forma enmascarada de egoísmo que no se ve a sí mismo tal como es. El psicólogo de los trasfondos saca a la luz también lo escondido. Contra esta manera de proceder no hay ninguna argumentación que pudiera tener éxito, porque al fin y al cabo todo lo que contradice puede ser «desenmascarado» y, de ese modo, vencido. Lo único que se puede hacer es poner en cuestión todo el estilo de tal psicología de los trasfondos. La destrucción psicológica de la metafísica, que es lo que Nietzsche hace sobre todo en *Humano, demasiado humano*, se dirige contra la separación que decretó Schopenhauer entre cosa en sí y fenómeno: una distinción que por sí misma ya supone una enorme simplificación de pensamientos kantianos. El ataque psicológico de Nietzsche se dirige por tanto contra una forma simplificada de la metafísica, y de este modo no alcanza al adversario con todos sus aprestos.

Y, sin embargo, no debemos tomar a la ligera este ataque. Quizá en él se encierre algo más que un «desenmascaramiento psicológico», quizá toda esa manía ilustrada de Nietzsche no sea más que una cosa superficial que encubre un proceso más profundo. Cuando se viene de las obras del primer período, en un primer momento resulta bastante decepcionante el cambio de Nietzsche: a pesar de toda la refinada psicología, su pensamiento parece ser peculiarmente «superficial», erróneo y demasiado sensato. Ha perdido la gran intuición, ya no vive de una experiencia fundamental, se ha vuelto «crítico», conduce a un desengaño del hombre y, al hacer eso, se ciñe al hombre. Este pasa a ser la base de todos los problemas, y el método obtiene el carácter de una «*argumentatio ad hominem*» universal. ¿Cómo aparece ahí la «metafísica»? Como una enorme ficción, como una forma onírica que el hombre se inventa, como una mentira vital con la que se auxilia y con la que sobrelleva la caducidad, con la que puede dar un sentido infinito a su existencia. La metafísica —dice Nietzsche— se puede «designar como la ciencia que trata de los errores fundamentales del hombre... pero haciendo como si fueran verdades fundamentales».[4] Nietzsche ofrece un montón de sutiles elucidaciones psicológicas de la necesidad metafísica de consuelo. Quiere mostrar cómo, tras todo concepto metafísico —aunque sea el concepto de cosa, de sustancia, de libre albedrío—, se esconden necesidades y anhelos del hombre. Pero Nietzsche opina que cuando en el futuro se hayan explicado psicológicamente la religión, el arte y la moral, entonces la metafísica se volverá inocua, es más, perderá todo interés. Al fin y al cabo, solo tiene un significado vital si conecta con aquellos intereses fundamentales del corazón humano, si les ofrece el armazón conceptual. Disociada de ellos, pasa a ser el punto muerto de un pensamiento que no compromete a nadie ni tiene base alguna. Nietzsche ve ahora en la metafísica un mero instrumento vital, un modo de ilusoria autointerpretación. Para él, la metafísica encaja muy bien con el romanticismo del hombre joven, que valora las explicaciones metafísicas porque le muestran un sentido elevado incluso en los aspectos despreciables y desagradables de la vida:

> si está insatisfecho de sí mismo, entonces encontrará alivio a este sentimiento cuando en aquello que tanto desaprueba de sí mis-

---

[4]   II, 36 (cf. *Obras completas*, vol. III., *op. cit.*, p. 84).

mo reconozca el enigma más íntimo del mundo o la miseria del mundo. Sentir que uno no es responsable y al mismo tiempo encontrar más interesantes las cosas: el hombre joven considera que este es el doble beneficio que tiene que agradecer a la metafísica.[5]

De este modo, la metafísica se plantea como una válvula anímica y nada más. También la religión se interpreta de modo similar: se rechaza de entrada toda pretensión suya de verdad, tanto si pretende ser rigurosamente literal como si es alegórica.

> Jamás religión alguna —dice Nietzsche haciendo máximo hincapié— ha contenido ninguna verdad, ni mediata ni inmediatamente, ni como dogma ni como parábola, pues toda religión ha nacido del miedo y de la necesidad, y se ha colado en la existencia por los laberintos de la razón.

Y de modo similar hace una interpretación psicologizante del tipo del santo, del asceta, a quien explica en función del afán de poder, de la tiranía sobre sí mismo, de la necesidad de venganza, de la alegría que le causan las grandes emociones, del impulso al histrionismo, etc., y sobre todo en función del malentendido que este hombre malogrado provoca en los demás, quienes no ven «lo retorcido y enfermizo que hay en su naturaleza, en la que se juntan la pobreza espiritual, la ignorancia, la salud deteriorada y los nervios sobreexcitados».[6] Ya este ejemplo muestra con claridad cuál es el estilo de la explicación y del desenmascaramiento psicológico que hace Nietzsche. Cualquiera percibe enseguida lo peligroso y cuestionable de tal método. Pronto se adivina cuál es la ilusión que guía todo este

---

5   II, 34 (cf. *ibid.*, p. 83).
6   II, 151 (cf. *ibid.*, p. 140).

propósito de desilusionar: la fe ilustrada en poder interpretar todos los impulsos del hombre hacia lo sobrehumano como un «autoengaño idealista». Lo que evidentemente ha perdido ahora Nietzsche es el sentido para percibir la grandeza humana. Tiene una propensión casi herostrática a calumniar, a desencantar, a atacar todo cuanto hasta ahora había sido para el hombre algo glorioso. Esboza una psicología de la necesidad metafísica y religiosa de consuelo tal como no cabe pensarla con mayor escepticismo ni desconfianza. Solo podrá haber metafísica y religión mientras el hombre no se conozca bien a sí mismo, solo mientras se resulte extraño. Cuando uno se comprende psicológicamente a sí mismo desaparecen las fantasmagorías. La exigencia de Nietzsche, de la que da muchas versiones, es una filosofía de la decepción consecuente y activa, una recuperación del hombre sacándolo de las nubes del ideal.

También el arte se concibe ahora de manera opuesta, de forma diferente a como se lo entendía en el primer período. Ya no es órgano de la más profunda comprensión del mundo, sino que es primariamente una autoexposición del artista. La inspiración ya no se considera un rayo de profunda comprensión de la esencia del mundo, sino más bien una especie de ruptura del dique anímico, un súbito desbordamiento de aguas que llevaban mucho tiempo embalsadas, un desahogo que tiene una estructura sumamente compleja y bastante opaca para las cabezas ingenuas, y que muy fácilmente se malinterpreta como un «milagro», como la irrupción de un poder extraño. El arte, en cuanto que la ilusión vital que constantemente seduce para vivir, según la concepción de Nietzsche está cautivado por las ilusiones metafísicas y religiosas, que él sublima y, al sublimarlas, además consolida.

No sin gran dolor uno reconoce ahora que los artistas de todos los tiempos, en sus impulsos más elevados, potenciaron en una

## 2. La Ilustración de Nietzsche

sublimación celeste justamente aquellas nociones de cuya falsedad nos damos cuenta ahora: son los glorificadores de los errores religiosos y filosóficos de la humanidad, y no habrían podido serlo sin una fe en la verdad absoluta de aquellos. Basta con que decrezca la fe en tal verdad para que se diluyan los colores del arco iris que aureolan los límites extremos del conocimiento humano y las figuraciones humanas, de modo que aquel género de arte jamás podrá volver a florecer...[7]

También el papel del genio se considera ahora de manera distinta y más sobria. Nietzsche polemiza contra su propia opinión anterior, según la cual el genio tiene una función cósmica y el sentido de la cultura consiste en engendrarlo: ahora rechaza esto como «superstición», equipara con el genio artístico al sabio, al científico, es más, incluso les concede a estos el rango superior, porque no están atrapados en la quimera metafísica. El problema de la cultura se plantea ahora de forma más crítica, no como una glorificación de los griegos, sino como una tarea de futuro exclusivamente humana, como la misión de una humanidad inmune a las ilusiones.

Casi en todos sus temas el segundo período de Nietzsche parece ser la inversión del primero: si la actitud teórica de la ciencia se consideraba ahí desde la óptica del arte, ahora se considera el arte desde la óptica de la ciencia. Pero en ambos casos se trata en último término de una óptica de la vida. Solo que el concepto de vida se piensa de forma distinta: primero en un sentido cósmico y metafísico, y ahora psicológica y biológicamente. El hombre se concibe como un animal con ideales, la antropología es sobre todo crítica, desintegradora de ideales, los cuales son desenmascarados como instintos embozados, como ilusiones y anhelos. Pero la psicología esen-

---

7   II, 200 s. (cf. *Obras completas*, vol. III., *op. cit.*, p. 164).

cial del hombre sigue siendo la psicología de sus ilusiones, es decir, de la metafísica, la religión, el arte, la moral, la cultura. El hombre es interpretado en función de sus grandes proyectos. Incluso en la forma desilusionante de la ilustración psicológica el tema exclusivo de Nietzsche sigue siendo la grandeza de la existencia, solo que ahora se ve de modo distinto. Pero sigue siendo siempre el filósofo, el santo, el artista, el genio, lo que se convierte para Nietzsche en un enigma en el hombre. En este sentido, ambos períodos de Nietzsche tienen en esto algo en común. Y así como el sentimiento trágico es el talante existencial fundamental de la primera época, ahora lo es la intensa percepción de la disonancia de la vida humana causada por la tensión entre la ingenuidad y el saber crítico. «Somos de entrada seres ilógicos y por tanto injustos, pero poder darnos cuenta de esto es una de las disonancias mayores y más irresolubles de la existencia».[8] El saber crítico se convierte en un poder que ataca la propia vida, que destruye su seguridad, su iluso deslumbramiento. Nietzsche conoce la discordia entre vida y ciencia... y se decide ahora por la última. Y, por así decirlo, materializa esta decisión en una figura, en un papel que asume: la figura del «espíritu libre». Nietzsche le otorga rasgos prodigiosos. Está muy alejada del librepensamiento aburguesado y protocolario de la época de la Ilustración, de una fe totalmente seria en la razón. El espíritu libre de Nietzsche se distancia de sí mismo, tiene sobre todo una audacia espiritual que no se arredra ante nada, es ya un precursor del Príncipe Proscrito, de los pies ligeros del bailarín, de la jovialidad y la desenvoltura alciónica de Zaratustra. Su elemento es lo tentador, el osado atrevimiento. Experimenta consigo, con el mundo y con Dios, pone por todas partes sus signos de interrogación y no se echa a un lado ni siquiera ante las cosas más respeta-

---

8  II, 49 (cf. *ibid.*, p. 91).

## 2. La Ilustración de Nietzsche

das. Desconfía como jamás se hizo, ejerce una psicología con doble sentido y saca a la luz más de un trasfondo. No conoce el miramiento ni el respeto, y menos que nada por aquello que el mundo considera importante. Tiene un sexto sentido para los ocultos caminos secretos del «ideal», es el perseguidor que sigue muchos rastros. Tiene la gélida frialdad del pensamiento inapelable que «lacera la vida», que aspira a una verdad desengañadora, incluso aunque sea mortal.

La figura nietzscheana del «espíritu libre» no debe interpretarse como una postura fija, como una actitud inmóvil, sino que es la figura de un tránsito. Con el libro *Humano, demasiado humano*, Nietzsche llevó a cabo una liberación interior: el distanciamiento de Wagner y de Schopenhauer, no como un mero acontecimiento biográfico, sino más propiamente como un giro de su pensamiento. Pero *de qué* se ha liberado y, sobre todo, *para qué*, no es tan fácil de ver ni de conceptualizar con precisión. ¿Se aparta únicamente de la metafísica mística de Schopenhauer o de toda metafísica? ¿Se sale de un cauce que ha perdurado siglos? Que su nuevo cántico de alabanza a la «ciencia» haya que escucharlo con todo tipo de prudentes reservas lo aclara también el hecho de que en ninguna parte desarrolla una temática científica y positiva de investigación: se limita a desenmascarar todo idealismo y cree descubrir en todas las grandes autosuperaciones del hombre tan solo algo «humano, demasiado humano». El libro tiene un peculiar tono fluctuante, es el monumento de una crisis, pero no de una crisis detenida y contenida, sino que en cierta manera expresa un movimiento, una transición: en él se expresa una extraña filosofía, una primera claridad tentadora, la luz auroral de un mundo desencantado y que ya no está cubierto de nieblas místicas ni de nubes metafísicas, pero que, a cambio, no es más que algo provisional y pasajero, el coto de caza del «espíritu libre», el cual es un «caminante» y una «salida por todas las puertas».

Al «espíritu libre» «no se le asignan más que cosas buenas y radiantes, los dones de todos aquellos espíritus libres que se sienten a gusto en la montaña, en el bosque y en la soledad, y que a su modo, ora jubiloso, ora meditabundo, son, igual que él, caminantes y filósofos. Nacidos de los misterios del amanecer, meditan sobre cómo entre las diez y las doce campanadas el día puede tener un semblante tan puro, tan luminoso, tan sereno y radiante: buscan la filosofía de la mañana.[9]

## *La filosofía de la mañana* (Aurora *y* La gaya ciencia)

Pero la filosofía de la mañana, que se expresa en aquellas singulares obras de Nietzsche que nosotros hemos recopilado en lo que llamamos la segunda fase de su desarrollo, y que son justamente *Humano, demasiado humano, Aurora* y *La gaya ciencia*, es una filosofía extraña que tiene sus secretos ocultos y que no es fácil de calar. Es más, esta filosofía se nos presenta como si no fuera otra cosa que sobriedad y luminosidad diáfana, sentido crítico que ya no se deja engañar, desconfianza y profunda sospecha, en una palabra, como si no fuera otra cosa que «ciencia», mientras que al mismo tiempo guarda ya una distancia irónica hacia la ciencia, siembra traviesa desconfianza en la desconfianza misma, con toda su frialdad y cientificidad es jovial y siente el sol ascendente en pleno frío mañanero. Esta segunda fase de Nietzsche quizá sea la más difícil de interpretar: no es una mera inversión de la primera, sino que es ya el giro hacia la tercera, aunque de una forma oculta y escondida. En ella intervienen y relampaguean ya todos los pensamientos fundamentales decisivos, que arrojan sobre la actitud de la Ilustración librepensadora una luz más profunda

---

9  II, 414 (cf. *Obras completas*, vol. III., *op. cit.*, p. 271).

## 2. La Ilustración de Nietzsche

y más plena, una luz de mediodía. Tras la negación ilustrada va emergiendo lentamente la afirmación que caracteriza a la auténtica filosofía de Nietzsche. La segunda fase es, esencialmente, transición.

La filosofía nietzscheana de la mañana está expuesta en libros ambiguos, pero lo que esos libros ocultan particularmente bien es su propia ambigüedad. El «espíritu libre» parece ser un ilustrado, opera con astucia de serpiente y con sensatez, llama a desengaño. Pero lo que no se ve a primera vista es que, al mismo tiempo, el «espíritu libre» está ebrio, que la suya es una sabiduría de pájaro que vuela por encima de todo lo asentado alejándose de ello, que su frialdad y su desconfianza no significan más que la negación que está haciendo sitio a una afirmación venidera. La «Ilustración» de Nietzsche ha sido «ilustrada» sobre sí misma: no cree con plena seriedad en la razón, en el progreso, en la «ciencia», sino que toma la ciencia como medio para, con ayuda de ella, cuestionar la religión, la metafísica, el arte y la moral, y transformarlas en «cosas cuestionables». Cuando el «espíritu libre» de Nietzsche entona su gran himno a la ciencia, no ha olvidado que ella misma también es un problema. Por así decirlo, el «espíritu libre» escoge la «óptica de la ciencia» porque ella responde al estado de ánimo que domina toda la segunda fase de Nietzsche: la vida es un experimento. Nietzsche señala constantemente y de múltiples modos el carácter experimental de la vida, el arriesgarse y el proyectar, el proponerse objetivos. El espíritu libre no es libre porque viva conforme al conocimiento científico: es libre en la medida en que emplea la ciencia como medio para liberarse de la gran servidumbre de la existencia humana a los «ideales», para salir de la subordinación a la religión, la metafísica y la moral. Pero sospechar de la religión, la metafísica y la moral socavando «científicamente» —como dice Nietzsche— sus raíces, destapando los trasfondos vergonzosamente silenciados y olvidados, no tiene solo el sentido de «desenmascarar», de desvelar la falsedad de la religión, la metafísica y la moral. El pensamiento conductor que guía el desenmascaramiento es más bien que el hombre se ha perdido, que ha puesto su vida bajo pesos enormes, que se ha prosternado ante lo sobrehumano, y que la religión, la metafísica y la moral son formas de esta servidumbre. El hombre venera lo sobrehumano, organiza toda su vida en función de ello, olvidando que fue él mismo quien puso en el cielo esta estrella que ahora le guía. Adora algo que él mismo ha creado. Lo sobrehumano no es más que una apariencia que representa algo humano, un espejismo en el que el ser humano creador aparece como si fuera algo externo a sí mismo. Es decir, el desvelamiento desengañador de los trasfondos demasiado humanos de todo lo «ideal» no conduce solo al derrumbamiento de la bóveda celeste religiosa, metafísica y moral que el hombre ha erigido por encima de su existencia, sino que, de forma aún más decisiva, provoca un giro del hombre, un cambio en su actitud fundamental, una metamorfosis de la existencia humana. El hombre ya no busca los objetivos fuera de sí mismo, sino dentro de sí. La vida pierde el carácter de algo que tiene un sentido previamente dado, deja de estar comprometida, ya no es guiada la voluntad de Dios ni está tutelada por los preceptos de la moral, ya no está condicionada por un trasmundo metafísico que haya tras el mundo fenoménico, ya no está constreñida por poderes sobrehumanos, sino que se ha liberado. El hombre llega a conocer que la existencia tiene el carácter de un riesgo. La vida se vuelve posible como experimento. Ahora se puede experimentar por primera vez una nueva sensación existencial: la gran audacia del espíritu que solo depende de sí mismo, que es libre para todo y para cualquier cosa, que tiene que asignarse a sí mismo meta y cauce. Nietzsche evoca de muchas maneras este sentimiento

## 2. La Ilustración de Nietzsche

de auge, de osadía suprema. Más de una vez se compara a sí mismo con el genovés Colón. Pone la nave del hombre rumbo a nuevos mares, se aleja de todas las costas de tierra firme y se adentra en el infinito, que ahora ya no se tiende *por encima* del hombre como si fuera un dios, la ley moral o la cosa en sí. El infinito se descubre ahora dentro del hombre mismo: él es el ser que se supera a sí mismo, y los astros de la idealidad no son más que las amplitudes de su autosuperación, que él mismo ha proyectado afuera.

El propio Nietzsche vive siguiendo este estilo experimental de la existencia, prueba a llevar una existencia científica. Con ello guarda ya de entrada una distancia con la «ciencia». No es un sabio ni un investigador, pues estos, mientras no filosofen, seguirán viviendo en el «acto temático» de la ciencia y seguirán absortos en ella. Harán experimentos, por ejemplo como biólogos, pero no experimentarán con la propia ciencia. Pero justamente esto es lo que hace Nietzsche. Él emplea métodos que considera «científicos» para destruir la religión, la metafísica y la moral. Juega con el *pathos* de la «ciencia» y modela este *pathos* en la figura del «espíritu libre». La ciencia del espíritu libre es «jovial», la *gaya scienza*. No tiene la seriedad grave y solemne, ni el rigor de los conceptos ni lo acerbo de la confrontación con lo oculto de lo existente, sino que es alentada y animada por el viento de tormenta de la autoliberación del hombre de una milenaria esclavitud bajo ideales aparentemente ajenos que él se impuso a sí mismo. Este estado de ánimo de Nietzsche se expresa en las canciones del «Príncipe Proscrito» con las que concluye *La gaya ciencia*, especialmente en la canción de danza «Al viento mistral». La danza es para él una metáfora del movimiento que realiza su propio tipo de ciencia, que deja el cielo humano limpio de nubes, de los espejismos de poderes «sobrehumanos». Citemos solo una estrofa:

¡Oh viento mistral, cazador de nubes,
que matas los pesares y barres el cielo dejándolo limpio,
bramante, cómo te amo!
¿No somos tú y yo primerizos
de un mismo seno, predestinados
desde siempre por un mismo sino?
¡Arranquemos en gloria nuestra
de cada flor una corola
y dos hojas para trenzar una corona!
¡Bailemos nuestra danza como trovadores
entre los santos y las meretrices,
entre Dios y el mundo![10]

Al desenmascarar Nietzsche al santo con su psicología desenmascarante y con su estilo «científico», al reinterpretarlo en función de precariedades y malentendidos demasiado humanos, entiende que la diferencia entre el santo y la meretriz queda enmarcada en la amplitud de lo humano. Concibe la grandeza y la miseria de la existencia como un arco. Tampoco hay ya separación entre Dios y el mundo. Aquello en lo que se creía como si fuera Dios, como si fuera un más allá del hombre y la tierra, no es más que una dimensión exteriorizada de su propia existencia. En el espacio intermedio entre Dios y el mundo, entre el santo y la meretriz, tiene lugar la danza, el movimiento del nuevo pensamiento humano que toma conciencia de su libertad.

La segunda fase de Nietzsche se caracteriza por el hecho de que la «ciencia» se vuelve cada vez más jovial, por pasar cada vez más de ser un desengaño escéptico de las ilusiones a convertirse en un nuevo mensaje jovial, en una nueva pro-

---

10  V, 360, 361 (cf. *La gaya ciencia*, en *Obras completas*, vol. III., *op. cit.*, pp. 903-904).

clamación. Y del mismo modo, la figura del espíritu libre se aleja cada vez más de la imagen del desenmascaramiento frío y crítico, y cada vez resaltan con más fuerza los rasgos del tipo humano que se arriesga y ensaya, que experimenta con la vida. Donde más predomina aún el hábito metódico de la cientificidad positivista, la consideración crítica e historiográfica, es en *Humano, demasiado humano*. *Aurora* trae ya un cambio, que se acrecienta en *La gaya ciencia*. La siguiente obra es ya *Así habló Zaratustra*. Nietzsche recorre rápidamente la mentalidad positivista, que no es para él más que un medio de liberación que sirve para desprenderse de tradiciones. Y sin embargo, su época positivista no deja de tener consecuencias: en ella desarrolló el estilo de la sospecha, el refinamiento de la denigración, un sublime arte de la difamación y el desencantamiento, la alegría sacrílega de explicar lo elevado a partir de lo inferior, el ideal a partir del instinto, la grandeza de la existencia a partir de lo demasiado humano, el desenmascaramiento que opera con la genealogía *ab inferiori*. Eso quedará como una fatídica hipoteca que gravará permanentemente su filosofar marcándolo como una sofística. Pero esta sofística no se segrega de su filosofía, sino que siempre se mezcla con ella. De este modo, Nietzsche ofrece puntos vulnerables de todo tipo. Pero para superar a Nietzsche no basta con poder desvelar la falsedad de su psicología del desenmascaramiento. Lo esencial de su pensamiento radica en otra parte. Todos sus libros tienen un doble sentido. No hay que dejarse engañar por el tono agresivo de su estilo, ni tomar demasiado literalmente sus consignas guerreras, pues lo que le gusta de la lucha es la expresión tosca, la grosería procaz, el tortazo y el dardo envenenado. Nietzsche lucha como un sofista, pero es un filósofo. Es difícil separar en él ambas naturalezas, y esta es la verdadera cruz de la interpretación de Nietzsche. La filosofía nietzscheana de la mañana, la fría desconfianza «científica» hacia todos los ideales, hacia todo «embuste idealista» y toda evasión a los trasmundos, hacia todo más allá y todo lo sobrehumano, argumenta sofísticamente, y sin embargo está guiada por profundos pensamientos filosóficos. En *Humano, demasiado humano*, la máscara de la «ciencia» todavía está bien sujeta. Es una actitud nueva: la óptica del arte, que dominaba la primera fase, es reemplazada por una óptica de la ciencia.

El «espíritu libre» es el gran suspicaz, que desconfía de aquello en lo que hasta ahora el hombre había confiado más. Tiene la mirada aviesa y llega a ver los trasfondos vitales de todos los «ideales», ilumina el submundo de lo sagrado, lo verdadero y lo bueno, y saca cosas extrañas a la luz. Mientras el concepto nietzscheano de «ciencia» mantiene una orientación positivista se experimenta un enorme desengaño, una profanación del hombre. Se supone que toda autosuperación del hombre, toda la «grandeza» de la existencia, surge de los instintos más elementales y precarios, que la moral nace del provecho común, que el santo sale de instintos y necesidades inhibidos y desviados, y el filósofo de falseamientos inconscientes. Pero cuanto más se experimenta la ciencia como una máscara escogida provisionalmente, cuanto más asume el espíritu libre los rasgos del Príncipe Proscrito, cuanto más se vuelve la ciencia un «experimento» intencionado y un medio de la liberación, con tanta mayor claridad se vuelve a ver la existencia del hombre en su grandeza y con tanta mayor premura retrocede la profanación, aquel desencantamiento vulgar, demasiado vulgar. Tras la máscara de la gélida ciencia merodea un nuevo entusiasmo, tras el desengaño surge una nueva imagen del hombre: ya no es el hombre que se prosterna con veneración ante los poderes sobrehumanos, que se arrodilla delante de Dios, que se somete a la ley moral y piensa qué es lo que hay tras el fenómeno; ahora es más bien el hombre que concibe lo sobrehumano como una dimensión oculta de su propia esencia, convirtiéndose así en superhombre. En *Aurora* y *La gaya ciencia* se realiza de modo inconfundible un desmantelamiento de la imagen del hombre procedente de la psicología del desenmascaramiento. La grandeza de la existencia se ve ahora en aquella actitud del proyecto audaz, en la existencia que ensaya y que experimenta con su liberación de Dios, de la moral y de la metafísica.

Básicamente podemos y tenemos que distinguir en Nietzsche dos formas de un mismo tema fundamental. La liberación humana de la servidumbre a ideales trascendentes (Dios, la moral, un trasmundo pensado metafísicamente) se realiza por un lado como un desenmascaramiento psicológico; al mismo tiempo el hombre es profanado en cuanto tal, las auto-superaciones se minimizan declarándolas puro delirio, lo cual significa que el hombre queda amputado, que es definido de una forma muy restringida, justamente como mero ser instintivo en el que una determinada y compleja combinación de instintos engendra las arrogantes figuras del santo, el artista y el sabio. Por otro lado, aunque se niega el significado trascendente de las grandes trascendencias humanas, no se rechaza la autosuperación ni se la reduce a instintos banales, sino que se mantiene la grandeza de la existencia, solo que interpretada de otro modo, justamente como una autoenajenación del hombre, como si lanzara más allá de sí mismo olvidándose de que es él quien lanza. Esta distinción tiene una importancia fundamental y máxima: los dos modos de ver al hombre, profanándolo o «conservando al héroe en su alma», se relacionan entre sí como la sofística y la filosofía, y de la misma manera se mezclan y confunden en Nietzsche, resultando muy difíciles de separar. También en muchos aforismos de *Aurora* y de *La gaya ciencia* encontramos el método de profanación, pero la actitud fundamental en estos dos libros es distinta, ellos ya están de camino al *Zaratustra*: es la época en la que los pensamientos fundamentales decisivos de Nietzsche se expresan por primera vez y bajo algún que otro revestimiento. La luz del mediodía llega cada vez más a su filosofía de la mañana. Su discurso gusta cada vez más de las metáforas y se vuelve más poético, su ciencia se vuelve más «jovial» y su rechazo del positivismo cada vez más resuelto. El positivismo no es para Nietzsche más que una piel en la que se mete por un tiempo, una sabiduría de serpiente típica de una época de transición, pero pronto comienza ya a desprenderse de ella. Al comienzo se sirve con frecuencia de una argumentación que casi resulta insoportablemente banal, como por ejemplo cuando dice que la moralidad surge de las experiencias del género humano sobre lo útil y lo dañino.

> La moral representa el conjunto de experiencias humanas anteriores relativas a lo supuestamente útil y dañino, pero el sentimiento moral (la moralidad) no se refiere a aquellas experiencias en cuanto tales, sino a la antigüedad, a la santidad, a lo indiscutible de la costumbre. Y de este modo tal sentimiento se opone a que se tengan nuevas experiencias y se corrija la moral. Es decir, la moralidad lucha contra el surgimiento de costumbres nuevas y mejores: entontece.[11]

En este breve aforismo se pueden ver muchas cosas. Por así decirlo, se ve el truco que Nietzsche emplea en su manera de considerar las cosas profanándolas. Su tesis es que la moral no es otra cosa que una acumulación de experiencias acerca del provecho y el daño. Pero se nos muestra de otro modo, como una antiquísima tradición que tiene el carácter de lo sagrado y lo venerable. Aunque Nietzsche no obvia este carácter fenoménico con el que se nos presenta la moral, sin embargo lo anula con

---

11  IV, 28 (cf. *Aurora*, en *Obras completas*, vol. III, *op. cit.*, pp. 500-501).

su interpretación: lo considera un encubrimiento del carácter utilitarista de la moral. Nietzsche no muestra por qué tuvo que producirse tal encubrimiento. ¿Por qué nos vemos forzados a revestir las experiencias acumuladas sobre el provecho y la desventaja justamente del aura de lo venerable? Otras veces, una deducción de la moral que argumenta igualmente *ab inferiori* recurre en Nietzsche al instinto de crueldad. La moral es una crueldad sublimada. Este aforismo es muy representativo:

> Si os encontráis con una moralidad que se basa exclusivamente en el impulso a distinguirse, no tengáis buen concepto de ella. ¿Qué tipo de impulso es en realidad este y cuál es el pensamiento que tiene de fondo? Uno pretende que al mirarnos el otro sienta dolor, y quiere concitar su envidia, su sentimiento de impotencia y de degradación. Se le quiere hacer probar la amargura de su destino dejando caer en su lengua una gota de nuestra miel, y mientras le hacemos esta supuesta obra de beneficencia lo miramos a los ojos con fijeza y maliciosamente. Este se ha hecho humilde y ahora es perfecto en su humildad: ¡buscad a aquellos a quienes desde hace tiempo quería torturar con esto, y veréis como los encontráis! Aquel otro se muestra misericordioso con los animales y es admirado por ello. Pero hay ciertos hombres en quienes él, mientras hacía eso, volcaba toda su crueldad. Ahí tenéis a un gran artista: la voluptuosidad que sentía de antemano por la envidia de los rivales vencidos no dejó descansar su fuerza hasta que esta se hizo grande. ¡Cuántos momentos amargos de otras almas se ha hecho pagar por su engrandecimiento! La castidad de la monja: ¡con qué ojos acusadores mira a la cara a las mujeres que viven de otro modo! ¡Cuánto placer por la venganza hay en esos ojos![12]

---

12   IV, 36 s. (cf. *ibid.*, pp. 506).

Nietzsche obvia aquí por completo la diferencia entre formas auténticas e inauténticas de humildad, de castidad, de espíritu artístico. Es indiscutible que la altanería puede disfrazarse de humildad, pero pretender que toda humildad no es otra cosa que altanería, impulso de distinguirse y crueldad hacia el otro, es un desenmascaramiento fallido.

El gran hombre no es solo un hombre mezquino que está fingiendo y se ha emperifollado. En casi todas sus partes, la segunda fase de Nietzsche se caracteriza por una profanación que elimina las tres formas fundamentales de la grandeza humana con la destrucción del santo, del sabio y del artista. Pero el gran hombre ha asumido ahora la forma del cognoscente, del espíritu libre. Esta figura se parece al científico positivo solo al principio y para una mirada fugaz, y Nietzsche se esfuerza mucho por confirmar esta apariencia. Aprovecha el *pathos* de la ciencia, su desconfiada insobornabilidad, su voluntad incondicional de verdad, su integridad intelectual, pero no advierte las cosas que las ciencias positivas advierten. Su tema no es lo existente, las cosas en su presencia y en su constitución, es más, en sentido estricto su tema ni siquiera es el hombre como un objeto natural de la psicología. Nietzsche filosofa vistiendo el ropaje de la ciencia y al mismo tiempo disfraza su filosofar de la sofística de su psicología profanadora. El espíritu libre, esta figura dominante de la segunda fase de Nietzsche, mirándolo más en profundidad no es una figura opuesta al santo, al artista y al sabio metafísico. Tampoco estas tres figuras fundamentales de la existencia humana se presentan simplemente ahora ante el tribunal de la ciencia positiva ni se salta arbitrariamente a una nueva «óptica».

El espíritu libre es más bien la metamorfosis del santo, del artista y del sabio, pues, aunque estos tres son el hombre en la forma ontológica de la grandeza, sin embargo lo son en el modo de la alienación de sí mismo. Solo son posibles mientras

## 2. La Ilustración de Nietzsche

el hombre olvide que es él quien ha lanzado esos proyectos, mientras no sepa que el creador secreto es él mismo, mientras se figure que Dios está fuera, mientras considere la moral una ley consuetudinaria ajena pero a la que está sujeto, y mientras valore el más acá como mera manifestación de un más allá más esencial. El espíritu libre es la «autoconciencia» del santo, del artista, del filósofo metafísico, la recuperación de aquellas figuras alienadas, su reconversión. Este es el único sentido filosóficamente central del espíritu libre: él es la verdad de la vida alienada y que se olvida de sí misma. Pero esto significa también que el espíritu libre no es una postura que se pueda adoptar y mantener. No es una «actitud», sino una transformación de la existencia, el hecho de recuperarse a sí mismo de toda superación y pérdida de sí mismo en una presunta trascendencia. Es decir, el espíritu libre es la liberación del hombre para la soberanía de su vida, su empoderarse a sí mismo:

> Hemos recapacitado y hemos acabado constatando que no hay nada bueno, nada bello, nada sublime ni nada maligno por sí mismo, sino que solo hay estados anímicos en los que asignamos tales nombres a las cosas que hay fuera de nosotros y a las que hay dentro de nosotros. Hemos retomado los predicados de las palabras, o al menos hemos recordado que somos nosotros mismos quienes se los habíamos otorgado: procuremos que al darnos cuenta de esto no perdamos la capacidad de otorgar.[13]

Así pues, la liberación del hombre se produce *recordando* que el ser en sí, la trascendencia de lo bueno, lo bello y lo santo es solo aparente, que fue el hombre quien la proyectó, pero que luego se olvidó de ella. Esta remembranza no es una simple reflexión, sino que más bien significa romper con el olvido

---

13   IV, 213 s. (cf. *Aurora*, en *Obras completas*, vol. III, *op. cit.*, p. 603).

más prolongado, retomar en la propia vida todas las tendencias vitales a la trascendencia. Esta «óptica de la vida» seguirá siendo un tema fundamental en Nietzsche y se desarrollará en muchos niveles distintos de radicalidad. Esto tiene una cierta similitud con el concepto hegeliano de autoconciencia. Hegel llama autoconciencia solo a aquel nivel del pensamiento ontológico dialéctico en el que el yo se reconoce a sí mismo en la cosa, en el que el sujeto se reconoce en el objeto, donde se suprime la extrañeza entre ambas esferas. El «espíritu libre» de Nietzsche es la autoconciencia del santo, del artista y del filósofo. Pero, según lo dicho, esto no significa que, en su conocimiento subjetivo de sí mismas, aquellas figuras vitales se entiendan a sí mismas como espíritus libres. Al contrario: creen en la trascendencia, se inclinan ante ella y se someten a ella. El espíritu libre significa una reflexión radical sobre aquellas figuras, significa el alzamiento de la libertad humana en todas ellas, significa que el proyecto creador se obtiene a sí mismo y que esa ganancia de sí mismo no se pierde en lo proyectado. *Aurora* tiene por subtítulo: «Pensamientos sobre los prejuicios morales». El «espíritu libre», al remontarse con el pensamiento desde los «valores en sí» hasta la *asignación de valor*, hace que el hombre ya no se siga perdiendo a sí mismo. El espíritu libre descubre que es él mismo quien asigna los valores, y con este descubrimiento gana la posibilidad de proyectar nuevos valores y también la posibilidad de tasar de nuevo todos los valores. El planteamiento axiológico forma parte esencial de la metamorfosis del santo, del artista y del sabio en «espíritu libre». Es más, ese planteamiento se corrobora tanto más cuanto más pasa Nietzsche de la mera vivisección crítica, desconfiada y fría, e incluso totalmente insensible, de los sentimientos morales a la actitud existencial experimentadora, a la ligereza danzarina del Príncipe Proscrito, a la «gaya ciencia». Desde este planteamiento agrupa en su concepto de «idealismo» los tres modos ontológicos de una grandeza humana atrapada en la servidumbre de una presunta transcendencia.

Nietzsche concibe la inversión del idealismo como la tarea que tiene asignada: es la buena nueva que en *Aurora* y *La gaya ciencia* va encontrando cada vez más sus primeras palabras balbucientes. Aparentemente Nietzsche intenta realizar la aniquilación de la cosmovisión idealista, la aniquilación de la religión, la moral y el trasmundo metafísico mediante su destrucción psicológica. Pero en un sentido más profundo y filosóficamente significativo, Nietzsche intenta hacer eso revocando la alienación del hombre de sí mismo. En realidad, en el primer caso el idealismo no se invierte, sino que solo se niega, mientras que en el segundo caso la existencia humana conserva su «grandeza», el hombre se concibe como el ser que se supera a sí mismo y el idealismo se invierte: expresamente se le restituyen al hombre todas las trascendencias, y de este modo se le da la libertad extrema de proyectarse con audacia. A Nietzsche lo domina la sensación de que solo con el final del idealismo llegarán las grandes posibilidades para el hombre. Esa sensación es su *gaya ciencia*.

En *Aurora* y *La gaya ciencia* ya se anuncian en forma de temas conductores las ideas fundamentales centrales de la filosofía de Nietzsche, que constituyen el trasfondo más profundo de estas obras: la muerte de Dios, la voluntad de poder, el eterno retorno de lo mismo y el superhombre. En *Así habló Zaratustra* acabarán saliendo a plena luz.

# 3. La anunciación

*Forma, estilo y articulación* de Así habló Zaratustra

*Así habló Zaratustra* inaugura la fase tercera y definitiva de la filosofía de Nietzsche. Con ella comienza el mediodía de su pensamiento, donde la fuerza de este espíritu alcanza su cénit. Tras el planteamiento romántico de sus escritos tempranos, tras el giro científico e ilustrado, su pensamiento encuentra ahora su propio carácter. *Así habló Zaratustra* pone de relieve las ideas fundamentales decisivas, pero no como si vinieran inesperadamente y por sorpresa. Sus temas se reconocen ya en las obras precedentes, pero en ellas están, por así decirlo, revestidos de los conceptos metafísicos de Schopenhauer o de los conceptos «científicos» del positivismo. En *Así habló Zaratustra* Nietzsche encuentra su propio lenguaje para estos pensamientos. El *Zaratustra* supone un gran cambio en su vida: a partir de ahora conoce su objetivo. La época posterior a *Así habló Zaratustra* ya no es más que despliegue, el desarrollo de lo que ahí se dijo.

Sin embargo, para una mirada poco perspicaz la aparición de esta obra significa una interrupción brusca, un contragolpe a los textos precedentes. ¿Cómo es posible que tras la proclamación tan insistente de una rigurosísima mentalidad científica, tras la exigencia tan reiterada de sobriedad y fría desconfianza, pudiera producirse una eclosión tan apasionada, una eclosión que recorre rápidamente todo el espectro de las emociones espirituales, que atraviesa la escala del *pathos* en todos sus grados? En *Así habló Zaratustra* irrumpe como una fuerza natural la corriente subterránea que recorría *Aurora* y *La gaya ciencia*, lo que hacía estremecerse a la figura del «espíritu libre» volviendo tan ambiguo su perfil, lo que contravenía y desintegraba todo hábito científico: el espíritu de la audacia experimentadora, de la vida experimental. Restituirle a la existencia su carácter de desapego, de no estar comprometida, y por tanto de la osadía; desprenderse de las cargas opresivas que son Dios, la moral y el más allá, que constriñen al hombre, lo tutelan y lo determinan desde fuera; ganar para la libertad humana un nuevo margen de espacio donde pueda organizarse de forma nueva en su totalidad y a fondo en función de sí misma y progresar a nuevos proyectos vitales: esta es ya la tendencia subterránea en la «filosofía de la mañana» de Nietzsche.

*Así habló Zaratustra* no surge de buenas a primeras como una forma expresiva de Nietzsche totalmente nueva tras su período positivista, sino que ya estaba prefigurado en los arranques experimentadores del «espíritu libre», en las canciones del Príncipe Proscrito y en las insinuaciones y alusiones que constituyen el carácter fluctuante de *Aurora* y *La gaya ciencia*. Es decir, no es que ahora surja de pronto una poesía que pase a ocupar el puesto que hasta poco antes Nietzsche había asignado con tanto énfasis a la «ciencia». Si el «espíritu libre» es la autoconciencia de la existencia humana en el modo de ser de la «grandeza», es decir, si es la verdad interior del genio religioso, artístico y metafísico, si es el concepto clave de la romántica «metafísica del artista» de la primera época, entonces el *Zaratustra* es la consumación del espíritu libre. El genio, el espíritu libre y Zaratustra son versiones de lo mismo. La obra que lleva por título *Así habló Zaratustra* es muy difícil de definir ya en su propia forma: es inasequible a las categorías manejables, demasiado manejables. ¿Qué es? ¿Es una filosofía revestida de

## 3. La anunciación

poesía o una poesía que filosofa? ¿Es una profecía religiosa o pseudorreligiosa o la enseñanza patética de una cosmovisión? ¿Son las sentencias de un espíritu profundo o bufonadas, saturnales intelectuales? ¿Es un nuevo mito o una autoidealización de Nietzsche? Este tipo de preguntas ya se han formulado a menudo. Pero más cuestionable aún es si estas alternativas son suficientes, si se puede discernir inequívocamente entre una cosa y otra. Quizá un pensamiento que trata de salirse del cauce tradicional de los conceptos ontológicos metafísicos tenga una proximidad a lo poético, o quizá el estilo nietzscheano de *Así habló Zaratustra* signifique una profunda perplejidad para la que aún no hay conceptos y que queda deslumbrada por la luz de una nueva aurora del ser. Todo esto son posibilidades, interrogantes, todavía no son tesis. Pero deben impedir que interpretemos demasiado vulgarmente la forma expositiva del *Zaratustra* a partir del hombre Nietzsche, a partir de una predisposición suya a la poesía que irrumpe aquí, a partir de un entusiasmo hímnico suyo al que él da rienda suelta.

En varias ocasiones Nietzsche se denomina a sí mismo el «poeta del *Zaratustra*», y al mismo tiempo designa esta obra «como la parte afirmadora» de su filosofía. Cuando recapitule en *Ecce homo* le parecerá que esta parte afirmadora ya está concluida y que la tarea ya está cumplida en su parte positiva. Así pues, él mismo no considera que sea necesario superar el *Zaratustra* explicándolo teóricamente. Él considera ahora que la parte afirmadora de su filosofía es poesía, e incluso poesía de un rango superior. En *Ecce homo* no tiene inconveniente en compararse con los mayores poetas occidentales, e incluso en ponerse por encima de ellos:

> que un Goethe o un Shakespeare no sabrían respirar ni un momento en esta enorme pasión y en estas alturas; que un Dante, en comparación con Zaratustra, no es más que un creyente, pero

no alguien que *cree* por primera vez una verdad, un espíritu *que gobierna el mundo*, un destino...; que los poetas del Veda son sacerdotes y ni siquiera serían dignos de desatarle los cordones de las sandalias de un Zaratustra: todo esto es lo mínimo que se puede decir y no da idea de la distancia, de la *celeste* soledad en la que vive esta obra.[1]

Estas frases solo se pueden escuchar con extrañeza. ¿Habla aquí una exorbitancia que ha perdido toda mesura, una delirante sobrevaloración de sí mismo? ¿O solo da esa impresión porque Nietzsche está comparando el *Zaratustra* con algo con lo que no es comparable? El párrafo que acabamos de citar contiene el curioso pasaje que dice que el auténtico poeta es aquel que *crea la verdad*. Para Nietzsche, el poeta es aquel cuya *poíesis* aspira a la verdad original, al surgimiento de una nueva comprensión del mundo. Es decir, el poeta ya se ha aproximado al pensador. Lo que Nietzsche tiene a la vista es la afinidad de ambos a la hora de crear originalmente una nueva patencia de lo existente en su totalidad. *Así habló Zaratustra* no es poesía ni filosofía mientras tomemos estos conceptos, en el sentido tradicional, como una polaridad entre poetizar y pensar. Esta división y esta divergencia en la comprensión esencial del mundo también se vuelven cuestionables en Nietzsche.

Como poesía, *Así habló Zaratustra* no tiene desde luego el elevado rango que Nietzsche le atribuye: hay en él demasiado efectismo, demasiados juegos de palabras y demasiada «intención». Solo rara vez sale bien un símbolo, esa coincidencia en la que lo particular se junta misteriosamente con lo universal, donde acontece la pura comparecencia de un poder que impera en el mundo. En el *Zaratustra* de Nietzsche la mayoría de las veces imagen y pensamiento van cada uno por

---

1  XV, 94 (cf. *Ecce homo, op. cit.*, p. 125).

## 3. La anunciación

un lado: la imagen se vuelve metáfora. Al *Zaratustra* no se le puede negar grandeza artística, pero ella radica sobre todo en el *discurso en parábolas*. Sin embargo, en ocasiones la exposición pasa a ser una parodia casi insoportable de la Biblia, con numerosos desvaríos, donde el estilo decae repentinamente desde una gran altura. Y luego vuelve a haber pasajes de una belleza impecable. Considerándolo formalmente, *Así habló Zaratustra* se sitúa en el espacio intermedio entre el pensamiento y la poesía. Nietzsche expresa sus intuiciones con un auténtico aluvión de imágenes, en innumerables parábolas, que además él mismo interpreta a menudo. Su pensamiento se desarrolla plásticamente, visionariamente. No se mueve en conceptos especulativos, que al fin y al cabo no le parecen más que abstracciones vacías, sino en la concreción de la visualización plástica. En cierta manera, sus pensamientos supremos asumen por sí mismos aspecto y forma, se modelan en el personaje de Zaratustra. Aparece ahora una nueva «óptica del arte». Si durante el primer período Nietzsche expresó sus pensamientos en una metafísica del arte, en una interpretación del arte griego y del arte wagneriano, ahora ya no teoriza *sobre* el arte convirtiéndolo en órgano y en instrumento, sino que filosofa a la manera del arte: piensa poéticamente. Pero el *problema* del encuentro de poesía y filosofía, la naturaleza de centauro del pensar poetizante y de la poesía filosófica, no se lleva hasta el final, es más, en el fondo ni siquiera se plantea con resolución. Pese a ello el libro no tiene el carácter de una mera invención, sino que tras él hay una enorme fuerza. Y fue concebido gracias a esa fuerza.

El tipo de Zaratustra no es algo que Nietzsche se inventara solo para contraponer una imagen opuesta a las anteriores imágenes del hombre. «Me sobrecogió», se dirá en *Ecce homo*. Aunque los temas fundamentales estaban prefigurados en las obras precedentes, la irrupción final del auténtico autodescubrimiento filosófico de Nietzsche tuvo el carácter de un «sobrecogimiento», del surgimiento fulminante, de la revelación.

> ¿Tiene alguien —se dice en *Ecce homo*— a fines del siglo XIX una noción clara de lo que los poetas de épocas poderosas llamaban *inspiración*? Si no es así, me gustaría describirla. Solo con que quedara un mínimo resto de superstición en uno mismo apenas se podría rechazar la idea de ser representación, mera encarnación, mero portavoz, mero medio de poderes poderosísimos. El concepto de revelación, en el sentido de que súbitamente y con una seguridad y una sutileza indecibles se vuelve visible y audible algo que a uno le conmueve e impresiona en lo más hondo, describe simplemente este hecho. Uno escucha sin buscar. Uno toma sin preguntar quién da. Un pensamiento destella como un rayo, con necesidad, sin vacilación en la forma. Nunca tuve otra opción… Todo sucede en sumo grado de forma involuntaria, pero como en una tormenta de sensación de libertad, de incondicionalidad, de poder, de divinidad. Lo más peculiar es que la imagen, la parábola, son involuntarias. Ya no se tiene noción de qué es imagen y qué parábola, todo se ofrece como la expresión más inmediata, más correcta, más simple. Recordando unas palabras de Zaratustra, parece realmente que las cosas advengan por sí mismas y se ofrezcan en forma de parábola. Esta es *mi* experiencia de la inspiración. No dudo de que habrá que remontarse milenios para encontrar a alguien que pueda decirme: y la mía.[2]

¿Es esto una mera declaración psicológica de Nietzsche sobre el estilo de su productividad? A menudo no se entiende bien el significado esencial justamente de este famoso pasaje sobre la inspiración. Lo que en cierta manera Nietzsche formula autobiográficamente es la pura esencia de la experiencia ontológica:

---

2   XV, 90 s. (cf. *Ecce homo, op. cit.*, pp. 120-121).

## 3. La anunciación

este pasaje de Nietzsche tiene su equivalente en la «Introducción» a la *Fenomenología del espíritu* de Hegel. Nietzsche caracteriza aquí con una lucidez sin parangón el afloramiento de una nueva comprensión del mundo, el fulminante surgimiento de una revelación tras la que no solo todas las cosas, sino también el propio pensador, experimentan una conversión, una conmoción y un trastorno. Y cuando Nietzsche calcula un período de tiempo de «milenios», eso no es —como quizá uno podría estar inclinado a pensar— una jactancia ridícula. Cuando pone en cuestión la metafísica occidental en su conjunto, cuando piensa contra ella, entonces se le vuelve cuestionable el armazón conceptual del ser, la estructura ontológica del mundo que había estado vigente durante más de dos milenios. Pero si tal ataque no es una sospecha infundada e insustancial, sino que tras él hay un auténtico impulso filosófico —y no aquella petulancia de un escepticismo vanidoso que se recrea representando el papel de un pensamiento radical pero que al mismo tiempo siempre tiene que esperar hasta que en alguna parte surja alguna posición con la que ensañarse—, si el escepticismo es auténtico, entonces siempre surge ya del presentimiento de un nuevo amanecer del ser en el mundo. *Así habló Zaratustra* es la expresión original, de gran fuerza figurativa y rica en metáforas, de una «revelación»: así es al menos como Nietzsche lo vive y experimenta. Pero, por supuesto, el testimonio de la autenticidad de la vivencia no decide en modo alguno la cuestión de la verdad. En el propio *Zaratustra* Nietzsche se opone al testimonio existencial, a la sangre de los mártires:

> La sangre es el peor testimonio de la verdad. La sangre envenena las enseñanzas más puras convirtiéndolas en delirio y en odio de los corazones. Y aunque uno camine sobre el fuego por defender su doctrina, eso no demuestra nada. Más probable es que la doctrina propia surja del incendio interior.

Nietzsche solo puede ser para nosotros un reto que tenemos que examinar tratando de reflexionar sobre sus ideas centrales. Pero la forma estilística del *Zaratustra*, ese discurso en parábolas surgido del espacio intermedio entre la poesía y el pensamiento, hace difícil seguir los pasos de Nietzsche, aunque más bien se hubiera podido esperar lo contrario. La imagen no es más comprensible que el concepto, pero conlleva la apariencia de que es más fácil de entender y justo por eso resulta engañosa.

La composición especulativa de la obra no es sencilla. Se divide en cuatro partes, cada una de las cuales habría surgido en una tormenta espiritual: «obras de diez días», las llama Nietzsche. Pero entre las cuatro partes transcurren períodos de tiempo más largos. En suma, para engendrar la obra y redactarla Nietzsche necesitó apenas un año, al que precedió una larga gestación. No solo los dieciocho meses que pasaron desde la famosa y tan comentada vivencia, casi mística, en la roca situada entre Silvaplana y Surlei, en la Engadina, donde lo sobrecogió el pensamiento del retorno, «a seis mil pies más allá del hombre y del tiempo»; sino que en forma de crisálida algunas ideas estaban ya en fase de crecimiento embrionario: en la metafísica del artista y en el positivismo. Considerándolo externamente, *Así habló Zaratustra* es una cadena de parlamentos en parábolas conectados por una fábula floja. En este aspecto, todas las partes son equivalentes: cada una contiene pensamientos centrales y, junto a ellos, también parlamentos más flojos. Y sin embargo, en la obra hay un incremento dramático manifiesto: las dos primeras partes conducen a la tercera, que representa el punto culminante y que contiene los parlamentos más profundos. La cuarta parte decae sensiblemente, con su proliferación de alegorías y con un estilo expositivo en forma de leyenda que en ocasiones resulta penoso. Nietzsche dejó diversos esbozos de una continuación y de

### 3. La anunciación

otra configuración final del *Zaratustra*, que quizá en algunos puntos podrán aportar valiosas indicaciones para la interpretación, pero que de alguna manera hacen ver también la desesperación y la fragmentariedad de su experiencia filosófica fundamental. Ahora no podemos interpretar todos los parlamentos, pero de igual modo parece imposible hablar sobre el *Zaratustra* sin al menos atrevernos a tratar de interpretar algunos pasajes.

Sobre el título de la obra, comentemos brevemente que, al abordar la figura de Zaratustra, Nietzsche quería insinuar una vuelta atrás de la historia. En *Ecce homo* dirá sobre esto:

> No me preguntaron, pero me deberían haber preguntado qué significa el nombre de «Zaratustra» justamente en mi boca, en boca del primer inmoralista: pues lo que constituye la tremenda singularidad de aquel persa en la historia es justamente lo contrario. Zaratustra fue el primero en ver que la auténtica rueda que pone en marcha el engranaje de las cosas es la lucha entre el bien y el mal: la transposición de la moral a lo metafísico como fuerza, causa y fin en sí mismo, es obra *suya*. Pero esta pregunta sería en el fondo ya la respuesta. Zaratustra *creó* este error, el más fatídico de todos, la moral: por consiguiente, tiene que ser también el primero en *advertirlo*. No es solo que en esto tiene una experiencia mayor y más larga que cualquier otro pensador. [...] Lo más importante es que Zaratustra es *más veraz* que cualquier otro pensador. Sus enseñanzas son las únicas que ponen la veracidad como la virtud suprema. [...] En mi boca, el nombre «Zaratustra» significa la autosuperación de la moral a fuerza de veracidad, la autosuperación del moralista en su opuesto, que soy *yo*.[3]

---

3   XV, 118 s. (cf. *Ecce homo, op. cit.*, pp. 153-154).

La acción que sirve de marco a la obra, y que en el fondo es una breve fábula, se puede contar muy rápidamente: después de que el pensador a sus treinta años —la edad a la que comenzó su predicación pública la gran figura opuesta a Nietzsche, que fue Jesús de Nazaret— se hubo retirado a la montaña a pasar otros diez años en soledad y, por tanto, en una proximidad esencial a todas las cosas, comienza ahora su «descenso», su bajada a los hombres, para llevarles las enseñanzas que primero proclama en el mercado y después a los individuos aislados. Pero los oídos todavía no están preparados ni abiertos para su mensaje, de modo que regresa y expone a sus discípulos una segunda serie de sermones en parábolas. Sin embargo, cuando llega la hora de anunciar su idea más inescrutable, el pensamiento del eterno retorno de lo mismo, entonces vacila, de modo que se retira por tercera vez, y es entonces cuando se encuentra a sí mismo y el centro esencial de su pensamiento. La cuarta parte, que decae, muestra el ensayo vital de los «hombres superiores», que son justamente aquellos que representan el «residuo de Dios», los idealistas a quienes se les ha hundido el cielo ideal y que ahora experimentan el gran vacío terrible: «todos los hombres del gran anhelo, del gran asco, del gran hastío», los nihilistas. Pero el pensador también supera a estos «hombres superiores», con los que celebra una «eucaristía» parodiada sacrílegamente. Sin embargo, cuando llega su símbolo, el león y la paloma, alegorías de la fortaleza y de la ternura, se pone en camino y abandona «su caverna, fervoroso y fuerte como un sol matinal que viene de montañas oscuras».[4] El libro termina con esta partida a lo desconocido: quizá su parábola más poderosa, aunque no fuera intencionada.

La primera parte se abre con un prólogo, con la imagen bifronte que Zaratustra tiene del hombre: trata del superhombre

---

4   VI, 476 (cf. *Así habló Zaratustra*, op. cit., p. 506).

## 3. La anunciación

y del último hombre. Pero estos no son dos extremos opuestos que existan yuxtapuestos. El superhombre no es todavía una realidad, sino una esperanza, pero una esperanza cuya situación es la realidad del último hombre: la hora de la historia universal en la que vive el último hombre es el tiempo de crear el superhombre, de dirigirse hacia él como la esperanza suprema. Nietzsche oculta esta conexión invirtiendo la secuencia. Zaratustra esboza la imagen de su esperanza en el mercado, es decir, ante los últimos hombres, ante el hombre que ha perdido todo idealismo y toda fuerza para superarse a sí mismo, que ya no se atreve a nada, que ya no quiere nada, que ya no arriesga nada, que sobresaturado de historia está ya harto del juego. Es el hombre del nihilismo pasivo, que ya no cree en nada, en el que la fuerza creadora del ser humano se ha extinguido y consumido, que aun disponiendo de una formación muy amplia en el fondo se limita a vegetar, que ha dejado de ser tarea para sí mismo. Es el hombre pequeño, en cuya alma ya no arde el fuego del entusiasmo. «Uno tiene su pequeño placer para el día y su pequeño placer para la noche, pero se venera la salud».[5] Nietzsche traza con mordaz acritud la imagen de nuestra vida moderna: el último hombre, que somos nosotros, todos nosotros, que el domingo creemos en Dios, que necesitamos las diversiones circenses de masas y el ocio organizado para no ser devorados por el horrible aburrimiento de una vida que ya no quiere nada, que en el fondo quiere la «nada». Ha llegado el tiempo que Nietzsche preveía y cuyas sombras le aterraban profundamente: «¡Ay! ¡Llega el tiempo en el que el hombre dejará de lanzar la flecha de su anhelo más allá de sí mismo y en el que la cuerda de su arco ya no sabrá vibrar!».[6] Las enseñanzas de Nietzsche sobre el superhombre y el último hombre

---

5 VI, 20 (cf. *ibid.*, p. 54).
6 VI, 19 (cf. *ibid.*, p. 52).

tienen el carácter de un «Prólogo»: no son más que el comienzo a modo de preludio de un intento filosófico de pensar la esencia del hombre de manera nueva desde la referencia a las verdades fundamentales de la voluntad de poder, de la muerte de Dios y del eterno retorno de lo mismo. El superhombre no es una mera imagen existencial, como tampoco lo es el último hombre. La caracterización existencial tiene un mero sentido preparatorio. Es el primer indicador que señala un camino del pensamiento que Nietzsche recorrerá en el *Zaratustra*.

## *El superhombre y la muerte de Dios*

Cuando al cabo de diez años de soledad en las montañas Zaratustra desciende al país de los hombres, de camino en el bosque se encuentra con el santo, el eremita del bosque, que se había apartado de los hombres para amar solo a Dios. Él no tiene enseñanzas, no siente apego por los hombres. Trasciende su existencia eremita volviéndose a Dios: es con Él con quien conversa. Su diálogo esencial es la oración, las palabras que el hombre dirige a Dios. Pero el eremita Zaratustra, que se dice a sí mismo: «¡Será posible! ¡Este viejo santo aún no se ha enterado en su bosque de que Dios ha muerto!», este solitario que no dialoga con lo sobrehumano, cuando pronuncia sus palabras esenciales tiene que hablarles justamente a los hombres, tiene que *enseñarles*. Tras la muerte de Dios, el auténtico lenguaje del hombre ya no es el nombramiento de los dioses, la invocación de lo sagrado. Ahora es el lenguaje *del hombre dirigido al hombre*: la proclamación de la suprema posibilidad humana, la *doctrina del superhombre*. Por tanto, la muerte de Dios es la situación en la que se basan las enseñanzas de Zaratustra. Nietzsche justifica esas enseñanzas con una «parábola solar»: la dicha del sol es que las cosas que ilumina absorben su exceso

## 3. La anunciación

de luz. El pensador Zaratustra se compara con el propio sol. El maestro del superhombre es ahora lo que antes era Dios: «la luz del mundo». Con la muerte de Dios, es decir, con el final de toda «idealidad» en la forma de un más allá del hombre, de una trascendencia objetiva, con el derrumbamiento de la luminosa bóveda estrellada sobre el paisaje de la vida del hombre, surge el peligro de un tremendo empobrecimiento del mundo humano, de una terrible trivialización en la superficialidad impía y en la amoralidad: la tendencia idealista se atrofia, la vida se torna «ilustrada», racionalista y banal. O bien la tendencia idealista se mantiene, solo que ya no se desperdicia al venerar lo que ella misma creó como si fuera algo externo, como si fuera un dios del más allá y el decálogo que él promulgó. La tendencia idealista toma conciencia de su carácter *creador* y esboza ahora conscientemente nuevos ideales creados por el hombre. Estas dos posibilidades del ser humano tras la muerte de Dios son el último hombre y el superhombre. El propio Nietzsche se decide con pasión. Enseña el superhombre mostrando cuán profundamente despreciable es el último hombre. Al mismo tiempo, su doctrina no tiene la frialdad de una exposición teórica, sino que, por así decirlo, vibra de arrebato y trata de interpelar a arrebatados. El lenguaje de las enseñanzas de Zaratustra es el del entusiasmo hímnico. «¿Qué lenguaje hablará tal espíritu al hablar consigo mismo? El lenguaje del *ditirambo*... Escuchad cómo habla Zaratustra consigo mismo *antes del amanecer*: tamaña dicha de esmeralda, tamaña ternura divina no la tuvo aún lengua alguna antes de mí», se dice en *Ecce homo*.[7] En sentido estricto, solo son ditirámbicos los soliloquios de Zaratustra, sobre todo las canciones, como la «Canción de la noche», la «Canción de la danza», «La canción de la tumba», «Antes del amanecer», «Del gran anhelo», «Los

---

[7] XV, 97 (cf. *Ecce homo, op. cit.*, p. 128).

siete sellos» (la «Canción del sí y del amén»). Los sermones de Zaratustra dirigidos al pueblo y a sus discípulos son parábolas que rebosan poderosísimo *pathos*. Pero Nietzsche no solo enseña con los sermones didácticos de Zaratustra, sino quizá sobre todo, justamente, con sus soliloquios ditirámbicos, pues es en ellos donde muestra el tipo del superhombre, haciéndonos directamente partícipes de su talante existencial, de su experiencia más íntima. La forma poética de *Así habló Zaratustra* se puede entender particularmente bien a partir del empeño de Nietzsche por dar al nuevo idealismo invertido una forma enunciativa entusiasta que tenga carácter interpelante, que con su ímpetu sea una llamada a celebrar la grandeza de la existencia.

> ¡Ay! —dice Zaratustra—, conocí nobles que perdieron su esperanza suprema y desde entonces se dedicaron a denigrar todas las esperanzas elevadas. Vivieron procazmente y entregados a breves placeres, y apenas se propusieron metas de más de un día. Pero por mi amor y mi esperanza te exhorto: ¡no despaches al héroe que hay en tu alma! ¡No profanes su sagrada esperanza suprema![8]

Se trata de conservar el carácter heroico de la existencia humana incluso tras la muerte de Dios: restituirle a la vida lo que parecía que por ser Dios era algo ajeno y estaba en el más allá. Como Nietzsche intenta constantemente esta exhortación, como quiere concitar el sentimiento de una grandeza heroica del hombre incluso en vista del derrumbamiento del «cielo ideal», el *Zaratustra* está recargado de una tensión febril, de un *pathos* hiperbólico, de interpelaciones y destellos emocionales, de imperativos y anatemas. El carácter hímnico del lenguaje de

---

8  VI, 62 (cf. *Así habló Zaratustra, op. cit.*, p. 90).

## 3. La anunciación

Zaratustra no facilita el acceso al pensamiento de Nietzsche, al contrario, lo dificulta enormemente. La estructura interna de la obra, el desarrollo de sus razonamientos, no es fácil de reconocer bajo la multiplicidad y variedad de los sermones en parábolas. Y sin embargo está ahí. Una vez que se lo ha captado asombra la coherencia de la estructura.

El «Prólogo» traza en breves pinceladas la imagen del superhombre. Él es el «sentido de la tierra»: el hombre, ese ser que se supera a sí mismo, hasta ahora siempre se había trascendido en Dios. Pero Dios significa para Nietzsche la quintaesencia de toda idealidad del más allá. El hombre ha *empleado* la tierra y ha *abusado* de ella para adornar la imagen del más allá: ha tomado de ella sus colores, su fervor, sus nociones, con los que ha engalanado el reino luminoso del más allá, el reino de las ideas eternas e imperecederas. Al renunciar a la tierra ha abusado de ella. El superhombre, que está enterado de la muerte de Dios, es decir, que sabe que el idealismo perdido en el más allá ha llegado a su fin, advierte en el más allá idealista un mero reflejo utópico de la tierra, a la que él devuelve lo prestado y robado. Rechaza todos los sueños del más allá y se vuelve a la tierra con el mismo fervor que antes había sentido por al mundo onírico. En su cima suprema, la libertad humana se vuelve a la Gran Madre, a la tierra de anchos senos: en ella tiene el límite, el contrapeso que equilibra todos los proyectos arriesgados. En la medida en que la existencia se reinstala en la tierra y su libertad se fundamenta en ella, o mejor dicho, al no ser ya una libertad para Dios, pero tampoco una libertad para la nada, sino una libertad para la tierra, que es el seno del que procede todo cuanto resplandece a la luz y tiene duración y lugar en el tiempo y en el espacio, en esa medida, la existencia humana adquiere en medio de todos los riesgos una estabilidad última. El puesto que Dios ocupaba para una humanidad atrapada en la alienación de sí misma lo ocupa ahora la tierra.

Hubo un tiempo en el que el mayor sacrilegio era el sacrilegio contra Dios. Pero Dios murió, y con él murieron también todos estos sacrilegios. Lo más terrible ahora es el sacrilegio contra la tierra y apreciar las entrañas de lo inescrutable más que el sentido de la tierra.[9]

Nietzsche comienza directamente con el carácter trascendente del hombre: «El hombre es algo que debe superarse». Pero al mismo tiempo eso se expresa en un sentido biológico general: «Hasta ahora todos los seres han creado algo superándose a sí mismos, ¿y vosotros queréis ser la bajamar de esta gran pleamar y preferís regresar al animal antes que superar al hombre?».[10] ¿Se expresa con esto, después de todo, el pensamiento darwinista de la evolución? ¿Acaso la metafísica de Nietzsche se funda incluso en una hipótesis biológica? De ninguna manera. El pensador no hace más que conectar con nociones usuales y habituales para formular su problema. El hombre es un ser que se supera a sí mismo, porque en él se conoce o puede conocerse a sí misma la esencia universal de la vida, la voluntad de poder. Comprender la voluntad de poder exige a la vez comprender la muerte de Dios, y viceversa. Ambos pensamientos están internamente correlacionados. Mientras las autosuperaciones del hombre no sean conscientes de la muerte de Dios, mientras sigan orientadas al más allá, serán infidelidades a la tierra. Consistirán en ascesis, en desprecio del cuerpo, en superación de lo terreno y lo sensible: «Pero aquel que sea el más sabio de vosotros no es más que un ser desavenido y un híbrido de planta y fantasma».[11] ¿Qué significa esto? Que está desgarrado por una oposición entre el aquí y el más allá, entre lo sensible y lo espiritual. Lo espiritual es

---

9   VI, 13 s. (cf. *Así habló Zaratustra, op. cit.*, p. 47).
10  VI, 13 (cf. *Así habló Zaratustra, op. cit.*, p. 47).
11  *Ibid.*

### 3. La anunciación

utópico, ajeno a la tierra, fantasmagórico, mientras que lo sensible, negado en cierto modo por el espíritu, solo existe como vida vegetativa, como planta. La infidelidad a la tierra desgarra al hombre en una oposición entre lo sensible y lo espiritual, en una oposición entre cuerpo y alma. El idealismo convierte al hombre en un ser desavenido y desgraciado, que desprecia el cuerpo, al que sin embargo está encadenada su alma, de modo que el hombre quiere escapar de esta prisión. Pero la inversión del idealismo en el pensamiento del superhombre significa la sanación de la desgarradura que escinde al hombre y lo desaviene de sí mismo; significa una reconciliación, en la que se anula la oposición entre cuerpo y alma. «¡Yo os exhorto, hermanos míos, *manteneos fieles a la tierra* y no creáis a quienes os hablen de esperanzas supraterrenales! Son envenenadores, lo sepan o no».[12]

En un primer momento la imagen del superhombre no se define del todo. Pero Nietzsche traza una línea de aproximación caracterizando formas previas y precursores de aquel hombre perfecto y consumado al que denominó «superhombre». De esta manera se sigue definiendo indirectamente al superhombre, pero justamente solo por referencias. «La grandeza del hombre está en ser un puente y no una meta: lo que se puede amar en el hombre es que es un *tránsito* y un *ocaso*».[13] La construcción del puente que conduce del hombre al superhombre sucede en aquellos precursores que Nietzsche menciona: los grandes despreciadores, los que se sacrifican por la tierra, los que conocen, los que trabajan e inventan, los que aman su virtud y perecen a causa de ella, los pródigos de alma, los pudorosos de la felicidad, los justificadores de lo futuro y lo pasado, los que meten en cintura a su dios, los profundos de

---

12 *Ibid.*
13 VI, 16 (cf. *Así habló Zaratustra, op. cit.*, p. 49).

alma, los muy ricos, los librepensadores. Es como si Nietzsche libara la miel de muchas flores raras del jardín humano. En todos esos precursores se concentra y prepara el superhombre, pero lo que en todos esos tipos está disperso, en el superhombre se piensa todo junto:

> Amo a todos los que son como gotas pesadas, cayendo de una en una de la nube oscura que pende sobre el hombre: anuncian que se avecina el rayo y perecen como anunciadores. Mirad: soy un anunciador del rayo y una gota pesada que cae de la nube. Pero este rayo se llama «*superhombre*».[14]

Con sus animales, que son el águila y la serpiente, es decir, el orgullo y la sagacidad, comienza Zaratustra los discursos a sus compañeros, comienza su «descenso». Orgullo y sagacidad son sus atributos, escogidos intencionadamente, y guardan una oposición intencionada con la humildad y con aquella «pobreza de espíritu» ante la que la sabiduría de este mundo se torna necedad: son anticristianos.

El tema central de la primera parte del *Zaratustra* es «la muerte de Dios». Todos los parlamentos tienen que pensarse partiendo del centro esencial, es decir, de la muerte de Dios. La primera serie de predicaciones del *Zaratustra* se refiere a la inversión del idealismo. Esto se podría exponer convincentemente con una interpretación minuciosa y sucesiva de los diversos parlamentos. Pero nos concentraremos en unos pocos puntos centrales. El primer sermón, que lleva por título «De las tres transformaciones»,[15] presenta el tema principal: la transformación del ser humano provocada por la muerte de Dios, es decir, la transformación de la autoalienación en la li-

---

14  VI, 18 (cf. *ibid.*, p. 51).
15  VI, 33 ss. (cf. *ibid.*, pp. 65 ss.).

## 3. La anunciación

bertad creadora, que se conoce a sí misma: «Os hablaré de tres transformaciones del espíritu: cómo el espíritu se convierte en camello, y cómo el camello se convierte en león, y cómo finalmente el león se convierte en niño». El camello ya significa la existencia en el modo de ser de la grandeza, significa el hombre de la gran veneración que se inclina ante la supremacía de Dios, ante la sublimidad de la ley moral, que se postra y carga voluntariosamente con el gran peso. «"Héroes, a vosotros os pregunto: ¿qué es lo más pesado?", pregunta el espíritu que soporta, "decídmelo para que yo cargue con ello y me alegre de mi fortaleza"». En el sermón de Zaratustra, el hombre bajo la carga de la trascendencia, el hombre del idealismo, se parece al camello: no quiere que se lo pongan fácil, desprecia la ingravidez de la vida cotidiana y mezquina, quiere tareas en las que pueda poner a prueba su fuerza, quiere cumplir mandamientos arduos y rigurosos que no nos resulten fáciles y que nos opriman duramente, quiere su deber y aún más, quiere obedecer a Dios y someterse al destino vital que se ha promulgado para él: el espíritu reverente encuentra en la obediencia y el sometimiento la grandeza que le es propia. Rodeado de un mundo de valores consolidados, se somete sumiso y voluntarioso al mandamiento del «tú debes». El camello que se apresura con su carga al desierto experimenta justamente ahí su transformación en león. El idealismo perece a causa de sí mismo, y a fuerza de veracidad acontece la autoeliminación de la moral. La inversión del idealismo se produce por «motivos ideales». El espíritu reverente y sumiso se convierte en «león», es decir, se desprende de los pesos que le agobiaban y oprimían desde «fuera»; lucha contra su «último dios», que es la moral objetiva; se da cuenta de que antes había estado alienado de sí mismo. Y ahora combate contra el dragón milenario, contra los valores que aparentemente existen objetivamente. En la lucha del león contra la moral idealista con su fundamentación trascendente, con su «mundo inteligible» y su voluntad de Dios, el hombre obtiene la libertad, libera la libertad que en él estaba dormida, supera el estado de la falta fundamental de libertad, de la regulación de la vida por un sentido vital previamente dado que hay que asumir. Pero esta libertad del león que dice «no», que niega a Dios, la moral objetiva y la cosa metafísica en sí, que las cala como quimeras de una autoalienación idealista, no es lo último. Es una libertad meramente negativa, una «libertad de», pero no una «libertad para». «Procurarse libertad y una sagrada negativa incluso al deber: para eso, hermanos míos, se necesita el león». Pero la negación de valores venerables, o dicho más exactamente, la negación de la *trascendencia* de estos valores, o escapar de la autoalienación de la existencia humana, no es aún un proyecto nuevo, una nueva productividad creadora y constructiva de la humanidad liberada. El león opone al «tú debes», que domina al camello, su soberano «yo quiero». Pero en este «yo quiero» hay todavía mucha crispación y mucho rechazo, mucha obstinación y mucho empecinamiento en sí mismo. La nueva voluntad todavía se sigue queriendo por sí misma, aún no tiene la verdadera soltura del querer creador, de un nuevo proyecto de nuevos valores. Esa soltura solo la tiene el «niño».

> El niño es inocencia y olvido, un nuevo comienzo, un juego, una rueda que rueda por sí misma, un primer movimiento, un sagrado decir «sí».
> 
> Es más, para jugar a crear, hermanos míos, se necesita un sagrado decir «sí»: el espíritu quiere ahora *su propia* voluntad; quien está perdido para el mundo se gana *su propio* mundo.

Con la metáfora del *juego* se alude a la esencia auténtica y original de la libertad como proyección de nuevos valores y de nuevos mundos de valores. El juego es la naturaleza de la liber-

## 3. La anunciación

tad positiva. Con la muerte de Dios queda manifiesto el carácter de riesgo y de juego de la existencia humana. La creatividad del hombre consiste en jugar. La transformación del hombre en superhombre no es un salto mutante de tipo biológico, en el que más allá del *homo sapiens* aparezca de pronto una nueva raza de seres vivos. Esta transformación es una metamorfosis de la libertad finita, su recuperación desde la alienación de sí misma y la libre eclosión de su carácter de juego.

Señalemos cómo ya en su primer período —tratando de enlazar con Heráclito— Nietzsche toma el concepto de juego y lo pone en el centro, cómo interpreta con él su concepto fundamental de lo dionisíaco. Pero en este parlamento de Zaratustra el juego no es todavía el pleno juego universal dionisíaco, no es el juego del fondo primordial que erige y destruye el mundo de los fenómenos, sino que aquí se entiende como el juego de la valoración al que juega el hombre, como la proyección lúdica de mundos de valores. Pero crear valores a modo de juego hace que se vuelva cuestionable todo el esquema metafísico de mundo sensible y mundo espiritual, de *mundus sensibilis* y *mundus inteligibilis*, de más acá y más allá. La obsesión de la metafísica por los trasmundos se basa, igual que la trascendencia de los valores, en el Dios *viviente*. Pero tras la *muerte* de Dios aquellas distinciones se han vuelto obsoletas. En las metáforas del «camello», el «héroe» y el «niño» no solo se puede ver la transformación *esencial* de la libertad humana que se ha liberado para sí misma, y por tanto la génesis del superhombre, sino que en cierta manera también son estaciones de la vía especulativa que Friedrich Nietzsche siguió. Con la secuencia mencionada se corresponden las figuras en las que él expresó la manera en que se entendía a sí mismo: el genio, como el hombre que más sirve, que se convierte en tránsito hacia un poder superior al hombre, corresponde al camello; el espíritu libre, el crítico, negador y audaz navegante hacia remotas costas por descubrir, corresponde al león; y el propio Zaratustra, el afirmador, el creador de nuevos valores, corresponde al niño que juega. No obstante, el sentido del «parlamento» está muy lejos de ser una presentación autobiográfica. Que la propia vida de Nietzsche recorriera las estaciones y las transformaciones que él exigía para el hombre solo revela la seriedad de su pensamiento y hasta qué punto el filósofo se comprometía con su propia filosofía. Nietzsche existe filosóficamente: vive su pensamiento y piensa su vida.

La transformación radical de la existencia que se expresa en el primer parlamento se asienta como presupuesto para todos los siguientes. La idea de la virtud que estaba en boga *antes* de tal transformación puede caracterizarla Nietzsche desde aquí como un *sueño* de la vida en el que el hombre todavía no ha despertado a sí mismo, en el que está atrapado en la apariencia de la trascendencia, en el que olvida su propia esencia creadora. Los moralistas predican el sueño, exhortan a la libertad que juega olvidándose de sí misma. Y de igual modo, el pensamiento metafísico de un «trasmundo» surge para Nietzsche de un origen terreno; en cierto modo es un mero «sueño» con el que se busca la redención de un sufrimiento. «Fatiga que de *un solo* salto quiere llegar a lo último, de un salto mortal, una pobre fatiga ignorante que ni siquiera quiere seguir queriendo: esa es la que creó todos los dioses y los trasmundos».[16] Y en coherencia con esto, en el desprecio idealista del cuerpo Nietzsche ve una voluntad de hundimiento que no se conoce a sí misma. En esta triple visión de la virtud, el trasmundo y el desprecio del cuerpo se expresa el conocimiento de la muerte de Dios. La misma visión guía la interpretación de la muerte, la guerra, la amistad y el amor: se vuelven a valorar, a examinar y a sopesar todas las relaciones humanas básicas. Al mismo tiempo, la balanza de

---

16  VI, 42 (cf. *Así habló Zaratustra, op. cit.*, p. 74).

## 3. La anunciación

la existencia ya no está en la mano de Dios. Desde la muerte de Dios todo se ve de manera nueva. La tierra es la medida última. Con fidelidad a ella se hace el gran examen de todas las cosas humanas. Considerándolo esencialmente, el hombre es el *creador*. «Del camino del creador» es el título de un parlamento que retoma el tema de la transformación existencial.[17] El camino del creador conduce a un aislamiento extremo, saca de todas las comunidades de vida, de toda alianza y de todo amor y toda compasión. La soledad individualiza aislando en el yo, pero no todo el mundo tiene el derecho a tal búsqueda de sí y a centrarse de tal modo en sí mismo.

> ¿Dices que eres libre? Quiero oír cuál es el pensamiento que te domina, y no que te has escabullido de un yugo. ¿Eres uno de esos a quienes les fue *permitido* escabullirse de un yugo? Más de uno hay que al desprenderse de su servidumbre arrojó de sí su último valor. ¿Libre de qué? ¡Qué le importa eso a Zaratustra! Tus ojos deben anunciarme con claridad: ¿libre *para qué*?

En el último y decisivo parlamento de la primera parte, «De la virtud obsequiante»,[18] se declara cuál es la *auténtica identidad* del hombre, la liberación que se produce con el *conocimiento de la muerte de Dios*. La identidad no es un conservarse ni un aferrarse a sí mismo con fijeza: es un movimiento lúdico que se trasciende a sí mismo. El egoísmo del creador no tiene el carácter del egoísmo pequeño y mezquino, sino que es un puro prodigarse. «En verdad que semejante amor obsequiante tiene que hacerse ladrón de todos los valores, pero yo santifico y bendigo este egoísmo. Hay otro egoísmo, un egoísmo demasiado pobre y hambriento, que siempre quiere robar: aquel

---

17 VI, 91 ss. (cf. *ibid.*, p. 122 ss.).
18 VI, 109 ss. (cf. *ibid.*, p. 140 ss.).

egoísmo de los enfermos, el egoísmo enfermo». El egoísmo rico que se prodiga, que lo que quiere no es conservarse sino precisamente transformarse siempre en una vida cada vez más rica, más plena y más poderosa, en una vida desbordante y que hace participar de su riqueza, ese apremio de la vida a un poder y una supremacía superiores, la vida que se ensancha, la vida creciente, esta manera de buscarse a sí mismo trascendiéndose y empoderándose de forma siempre nueva a sí mismo, es el verdadero modo de ser del hombre que se ha liberado de Dios, del creador.

> Si vuestro corazón borbotea amplio y pleno, igual que el río, que es bendición y peligro para quienes viven a sus orillas, ese es el origen de vuestra virtud.
> Si estáis por encima de la alabanza y la reprobación, y si vuestra voluntad quiere mandar sobre todas las cosas, como la voluntad de un amante, ese es el origen de vuestra virtud.

En el modo fundamental en que se define aquí la identidad creadora del hombre que se prodiga a sí misma y que busca la supremacía de la vida se connota ya el pensamiento fundamental que domina la segunda parte del *Zaratustra*: el pensamiento de la «voluntad de poder». Básicamente, la voluntad de poder se sigue considerando desde el hombre, es decir, como autosuperación creadora de una existencia que juega libremente. La muerte de Dios es la idea conductora de la primera parte de la obra. El idealismo aparece como el gran camino equivocado del hombre: el idealismo moral, el metafísico, el religioso.

> De cien formas probaron y erraron hasta ahora tanto el espíritu como la virtud. Es más, el propio hombre fue un ensayo. ¡Ay, cuánta ignorancia y cuánto error se han hecho carne en nosotros!

### 3. La anunciación

No solo la razón de milenios, sino también su demencia eclosiona en nosotros. Es peligroso ser heredero...

La demencia de los milenios es para Nietzsche la interpretación idealista del hombre y del mundo. Es preciso que revierta la demencia del idealismo, justamente con el conocimiento de que Dios está muerto. Solo entonces destellarán las libres posibilidades del hombre: «Hay mil senderos que aún no han sido recorridos, mil formas de salud y mil islas ocultas de la vida. El hombre y la tierra del hombre siguen sin haber sido agotados ni descubiertos». El margen de libertad es imprevisible cuando Dios ya no limita al hombre, cuando ese muro insuperable deja de bloquear el camino ascendente del hombre, cuando la inmensa sombra del Señor ya no se cierne sobre el país de los hombres. Nietzsche *no* sustituye a Dios por el hombre, no diviniza ni idolatra la existencia finita. En el lugar de Dios, en el lugar del Dios cristiano y del mundo platónico de las ideas, pone la *tierra*. Quizá sea ella también una diosa antiquísima, pero es una diosa amorfa, sin contornos, que «está cerca y es difícil de comprender». Nietzsche concluye el primer libro con el legado que Zaratustra deja a sus discípulos cuando se marcha: «Todos los dioses están muertos: ahora queremos que viva el superhombre. ¡Que cuando llegue el momento del gran mediodía sea esta nuestra última voluntad!».

*La voluntad de poder*

La segunda parte de *Así habló Zaratustra* menciona expresamente lo que, como poder que domina el mundo, aparece también en el juego de la libertad humana. La idea básica será a partir de ahora la doctrina de la voluntad de poder. Pero no se introduce abruptamente. Nietzsche no salta a una idea nueva, sino que la desarrolla a partir de lo precedente. El hombre transformado, el que se ha hecho niño, es el creador. Él es el hombre auténtico, el hombre esencial. Desde luego el «creador» no es el hombre laborioso, sino el hombre que juega creativamente, que crea valores, el volente que con grandeza de voluntad se propone un objetivo y se arriesga a un nuevo proyecto. Para el creador no hay un mundo de sentidos ya terminado que él se limite a asumir ajustándose a él, sino que entabla una relación original con todas las cosas, crea nuevos pesos y medidas, acondiciona de forma nueva la vida humana en su conjunto, existe «históricamente» en un sentido supremo, es decir, fundando. «Y eso que vosotros llamabais mundo debéis crearlo primero: ¡que vuestra razón, vuestra imagen, vuestra voluntad, vuestro amor lleguen a ser ese mundo!».[19] Pero esta postura fundamental creadora y fundante quedaría restringida, limitada, constreñida si Dios existiera y si hubiera dioses. La libertad quedaría coartada en su campo de acción a base de instrucciones, mandatos y prohibiciones. Dios contradice la libertad humana. Si ella se entiende bien a sí misma no puede soportar la idea de Dios. «Si hubiera dioses, ¡cómo soportaría yo no ser un dios!».[20] Estas palabras de Zaratustra no pretenden ser blasfemas. Más bien están pensadas desde la contradicción entre la libertad finita y una voluntad de Dios. La libertad divina no puede causar menoscabo a la libertad del creador. El único límite de su libertad que el creador podría soportar es la tierra, es decir, no el poder de un ser aislado y ajeno, sino la omnipotencia en cuanto que poder del universo. El hombre creador sabe que al crear se identifica y se concilia con la fuerza creadora de la tierra. «Dios es una suposición, pero ¿quién apuraría todo el tormento de esta suposición sin

---

19 VI, 124 (cf. *Así habló Zaratustra*, op. cit., p. 154).
20 Ibid.

## 3. La anunciación

morir? ¿Hay que quitarle al creador su fe y al águila su vuelo suspendido en lejanías aguileñas?».[21] Pero no se trata solo de que la idea de Dios le bloquea a la libertad humana el camino hacia la apertura de posibilidades todavía desconocidas. El crear en cuanto tal, en cuanto que historicidad original, se refiere a la realidad del tiempo, se toma el tiempo en serio, se proyecta hacia futuros remotos, anticipa con su voluntad, sus esperanzas supremas se le adelantan. Pero con la idea metafísica y trasmundana de Dios, se plantea un más allá del espacio y el tiempo ante el cual el tiempo resulta nulo y deviene mero fenómeno: queda devaluado, excluido de la auténtica realidad. Este planteamiento idealista que niega la auténtica realidad del tiempo y que radica en la idea de Dios de la tradición metafísica occidental es para Nietzsche justamente una devaluación mortal de la voluntad de futuro del creador. Si en última instancia el tiempo no es real, entonces la historia carece de sentido, el camino del hombre en el tiempo y los objetivos que él proyecta carecen de significado. Por eso, la muerte de Dios también significa para Nietzsche el ocaso de la negación del tiempo y el reconocimiento del tiempo como la auténtica dimensión de todo ser. Frente al idealismo, que había expulsado el tiempo del ser, Nietzsche quiere retomar en el tiempo el ser entendido como «tierra» y pensar una conexión fundamental de ser y tiempo. «¡Llamo malignas y misantrópicas a todas estas doctrinas de lo Uno y lo Pleno y lo Inmóvil y lo Saciado y lo Imperecedero! Todo lo imperecedero no es más que una metáfora. Y los poetas mienten demasiado».[22] El tiempo real, cuya inexistencia es inimaginable, que nunca se puede superar, el ir y venir de las cosas, el cambio constante, el paso raudo y clamoroso de todo lo fugaz es el único cauce del creador. Su

---

21  *Ibid.*
22  VI, 125 (cf. *Así habló Zaratustra, op. cit.*, p. 155).

patria es la intemperie de lo terrenal y fugaz. Su propio crear consiste en levantar y destruir, en proyectar objetivos finitos y superarlos. El creador, a quien solo la muerte de Dios permite lograr su libertad extrema y que se le revele la tierra, ingresa expresa y voluntariamente en el tiempo y asume la caducidad, y con ella su propio fin. Con su ingreso en el tiempo y con su apego por el margen terrenal de todas las cosas, el superhombre experimenta y conoce su finitud. «Pero las mejores parábolas deben hablar del tiempo y del devenir: ¡deben ser loa y justificación de toda caducidad!».[23] La libertad del creador se realiza en el proyecto de posibilidades futuras, es decir, temporalmente limitadas, o dicho de otro modo, en el querer. Crear es siempre esencialmente superar: no superar el tiempo y la vida a base de ascesis y de huida del mundo, sino superar niveles que siempre son finitos, objetivos de la voluntad que siempre son finitos: el creador cada vez se desarrolla más en el tiempo superándose a sí mismo, destroza lo que él mismo era y busca lo que aún no es. «¡Sí, mucha muerte amarga tiene que haber en vuestra vida, creadores! ¡Por eso debéis ser intercesores y justificadores de toda caducidad!».[24] El creador siempre está en camino, se mueve entre el ocaso y el auge, no se limita a estar en el tiempo, sino que participa en el juego del tiempo universal: es, en palabras de Heráclito, un «niño que juega» *(pais paizon)*. La libertad humanamente sobrehumana del creador se realiza al tomarse en serio el tiempo, al invertir la negación idealista del tiempo, con una voluntad temporal y referida al tiempo de objetivos volitivos finitos que constantemente se superan a sí mismos. «Querer hace libre: esta es la verdadera doctrina de la voluntad y la libertad, así es como os la enseña Zaratustra».[25] Por así decirlo, Nietzsche saca los

---

23  *Ibid.*
24  *Ibid.*
25  *Ibid.* (cf. *Así habló Zaratustra*, op. cit., p. 156).

## 3. La anunciación

rasgos de la vida del modo de ser del creador. El creador se convierte en una perspicaz mirada a la esencia del ser terrenal liberado de todas las nociones trasmundanas y metafísicas. Aquí no se trata en modo alguno de transferir acríticamente categorías humanas a lo existente en cuanto tal. Tenemos que ver esta conexión con más claridad. Solo cuando el hombre se transforma al conocer la muerte de Dios, se manifiesta la «tierra», que demasiado tiempo estuvo tapada y desfigurada por interpretaciones idealistas erróneas. El más acá, el aquí terreno, el mundo espacio-temporal, que es el escenario de nuestra vida, ya no queda devaluado a algo provisional, superficial e inauténtico. El verdadero mundo ya no está más allá del espacio y el tiempo como una cosa en sí únicamente accesible al pensamiento, como el mundo de las ideas, como Dios y su reino celestial. Con la transformación existencial en superhombre, el espíritu y la libertad se resitúan en la tierra, se conocen a sí mismos como parte de la tierra, como idénticos a ella. Nietzsche expresa eso con la parábola, que escandalizará a muchos oídos, de que el espíritu y la libertad no son más que partes del cuerpo. El cuerpo, es decir, la realidad terrenal de nuestra existencia, es también la única realidad. El espíritu y la libertad no nos hacen ciudadanos de un mundo inteligible ni miembros de un reino espiritual. No somos otra cosa que tierra. Es decir, solo con la inversión del idealismo surge para Nietzsche la posibilidad de identificar lo humano con lo existente, de hallar en la esencia del hombre la clave de todo lo viviente, es más, de todo lo que existe. Al mismo tiempo, Nietzsche no obvia las diferencias manifiestas entre los entes heterogéneos que hay en el mundo. La piedra, el animal y el hombre sin duda no son iguales: hay diferencias en la esencia y también en el modo de existir. Nietzsche no elimina estas diferencias. No equipara sin más el guijarro con el hombre creador. Más bien los identifica en una dimensión de profundidad:

pese a la diversidad de sus aspectos, son iguales en cuanto que «productos» o «creaciones» de la tierra. Pero la tierra no es la masa de materia existente, no es la mera suma de todas las cosas finitas. La cosa, el ente individualizado, ha surgido ya de la tierra, ha salido ya de ella, pero de tal modo que al hacerlo la tierra no ha sido abandonada, sino que justamente queda como fondo sustentante sobre el que se asienta todo ente finito. Ella es omnipresente y, sin embargo, nunca está cerca o lejos como las cosas; comparece permanentemente, pero sin ser nunca objeto. Es difícil entender el concepto de tierra tal como aparece en la filosofía de Nietzsche. Solo a modo de indicación podemos decir ahora que Nietzsche no piensa la tierra como algo meramente presente, sino como aquello que hace surgir, como el seno de todas las cosas, como el movimiento de engendramiento del cual proceden los muchos entes que al individualizarse se vuelven finitos, y en el cual asumen contorno, forma y duración. Nietzsche piensa la tierra como poder creador, como *poíesis*. Y del mismo modo, la destinación esencial del hombre se ve en su carácter creador, en su libertad creadora. Por eso, gracias a la figura del hombre creador Nietzsche puede llegar a comprender la esencia creadora de la tierra, y por tanto del principio cósmico de todas las cosas.

La segunda parte de *Así habló Zaratustra* esboza en el capítulo «En las Islas Afortunadas» la imagen del creador, su relación con el tiempo y su forzoso ateísmo. En los capítulos siguientes, desde la óptica del creador, se toma postura contra los compasivos, contra los sacerdotes, contra los virtuosos y contra la chusma. El capítulo «De las tarántulas» aborda esta polémica con mayor radicalidad y prepara la enseñanza decisiva de esta segunda parte. Nietzsche encuentra en las tarántulas una metáfora del espíritu de la venganza, de la venganza de aquellos que se han llevado la peor parte en el reparto de la grandeza y del cumplimiento de la vida. Las tarántulas son los predicadores de la igualdad, en quienes la impotencia vital quiere vengarse de todas las formas de vida poderosa, que por tal motivo se esfuerza por mantener la desigualdad. De este modo, Nietzsche polemiza no solo contra las corrientes modernas, como por ejemplo la Revolución Francesa, Rousseau, los socialistas y la democracia, sino también contra el cristianismo, con su concepción de la igualdad de todos los hombres ante Dios. Nietzsche se enfrenta aquí del modo más acerbo a la tradición occidental, a la concepción tradicional de la justicia. Cuanto más poderosa sea una vida configuradora y creadora, tanto más resueltamente asumirá la desigualdad de los hombres en su nuevo sistema de valores, establecerá una jerarquía y defenderá la nobleza del alma. Y a la inversa: cuanto más débil e impotente sea una vida, tanto más insistirá en la «igualdad» de todos, tanto más tratará de rebajar a los individuos y las excepciones a su medianía y mediocridad, verá en la grandeza un delito contra la igualdad y querrá vengarse de las vidas poderosas y de quienes han prosperado. Por tanto, la voluntad de igualdad no es más que la impotente voluntad de poder de los fracasados. Nietzsche trata de hacer aquí un desenmascaramiento: lo que se hace pasar por idea de la justicia no es más que una voluntad de poder disfrazada y que se esconde, que abusa de la reputación de la virtud y de la honorabilidad de la moral con el objetivo de imponerse. En la noción de justicia de la multitud, de la muchedumbre, anida la venganza, la tarántula venenosa que va tejiendo su telaraña para estrangular en ella a la vida noble. Nietzsche toca ya con esto la temática de «la moral de los amos y la moral de los esclavos», que seguirá teniendo una enorme importancia también después de *Así habló Zaratustra*.

Pero lo esencial ahora no es esta diferencia que subsiste en lo humano, esta concepción distinta de la «justicia», sino el tránsito de Nietzsche desde la lucha de las valoraciones humanas, desde el combate de las ideas sobre el bien y el mal, hasta la lucha dentro de la vida en cuanto tal, es decir: hasta la *voluntad de poder*:

> Bien y mal, rico y pobre, elevado y minúsculo, y todos los nombres de los valores deben ser armas y estridentes signos de que la vida tiene que superarse a sí misma constantemente.
> La vida misma quiere edificarse elevándose a las alturas con columnas y peldaños: quiere contemplar vastas lejanías y lanzar la mirada a bienaventuradas bellezas. ¡*Por eso* necesita altura!
> Y como necesita altura, necesita también peldaños y la contradicción entre los escalones y quienes ascienden. La vida quiere ascender y superarse ascendiendo.[26]

Al hablar de la «vida» se está aludiendo a la tierra en la manera que tiene de no comparecer, en su movimiento de engendramiento. Vida no significa aquí la quintaesencia de lo viviente orgánico, es decir, la planta, el animal y el hombre. Lo viviente en el sentido de lo orgánico no es más que un ámbito parcial de lo existente: en él no pueden verse los rasgos esenciales de todas las cosas. El concepto fundamental nietzscheano de «vida», como puro concepto, está poco desarrollado. Se alude a la vida en una serie de parábolas distintas. La intuición central de Nietzsche no llega a consolidarse en una estructura conceptual totalmente elaborada. Y sin embargo no es vaga ni difusa, como a menudo se le reprocha. Qué sea la «vida» hay que pensarlo también en una multiplicidad de relaciones. Una relación central es, justamente, la de vida y tierra. La tierra vive. La tierra brinda la existencia a todo ente individual. Todas las cosas, ya sean hombres, animales o meras piedras del campo, son creaciones de la tierra, son productos de su

---

26   VI, 149 (cf. *Así habló Zaratustra, op. cit.*, p. 178).

*3. La anunciación*

vida engendrante y obsequiante. Y esta vida de la tierra es para Nietzsche la voluntad de poder. A partir del hombre creador, el pensamiento de Nietzsche regresa a la creatividad, a la voluntad de poder de la tierra.

Nietzsche interrumpe el razonamiento interno, que conduce a la explicación más detallada de la voluntad de poder, intercalando tres canciones: la «Canción de la noche», la «Canción de la danza» y «La canción de la tumba». Lo que estas canciones significan no se puede expresar fácilmente en palabras. ¿Son canciones que revelan emociones y en las que en vano trataremos de hallar un sentido más profundo? La «Canción de la noche» es una canción de amor, una canción de la añoranza que el pensador aislado en la luz solar de su conocimiento siente de la noche, del abismo, del resguardo.

> Es de noche: ahora hablan más fuerte todas las fuentes de chorro. Y también mi alma es una fuente de chorro.
> Es de noche: solo ahora despiertan todas las canciones de los amantes. Y también mi alma es la canción de un amante.[27]

En *Ecce homo* dirá Nietzsche de la «Canción de la noche»:

> Jamás se poetizó, se sintió ni se *padeció* nada semejante: así es como sufre un Dios, un Dioniso. La repuesta a semejante ditirambo del aislamiento del sol en la luz sería Ariadna... ¡Quién sabrá, aparte de mí, quién es Ariadna![28]

La «Canción de la noche» canta la añoranza de noche que siente la luz, y la noche aparece como lo femenino, como Ariadna. La «Canción de danza», por el contrario, canta a la vida: «Hace

---

27   VI, 153 (cf. *ibid.*, p. 185).
28   XV, 100 (cf. *Ecce homo, op. cit.*, p. 130).

poco me asomé a tus ojos, ¡oh vida! Y en ellos creí hundirme en lo inescrutable». La vida se presenta en forma de mujer. «Pero yo no soy sino mutable y salvaje y en todo soy mujer, y no virtuosa». Y también la «sabiduría salvaje» de Zaratustra es una mujer y, de alguna manera, también es por sí misma la propia vida inescrutable.[29] Sin embargo, en «La canción de la tumba» Zaratustra rememora los sepulcros de su juventud, su vida ya pasada, y siente el dolor de la fugacidad, contra el que él invoca ahora a su voluntad, la que «revienta rocas»: «Sí, aún sigues siendo para mí la que reduce a escombros todos los sepulcros: ¡Salve, voluntad mía! Y solo donde hay tumbas hay resurrecciones».[30] Amor, muerte y placer; noche, inescrutabilidad y sepulcro: todo eso resuena en la canción invocadora de lo femenino, de la mujer de todas las mujeres, de la que da a luz a todo, la tierra. Se ha querido ver en estas canciones la expresión de determinadas vivencias personales de Nietzsche. Es posible que tales vivencias dieran tono y color a las canciones de Zaratustra, pero aparecen en un pasaje decisivo de la obra y son más que confesiones existenciales.

En el capítulo «De la superación de sí mismo»[31] queda totalmente claro cuál es el tema fundamental de la segunda parte. Y nuevamente Nietzsche comienza aquí con el hombre: con el pensador y con quien establece valores. Sin embargo, después de todo, parece que el pensar es algo contrario a toda voluntad de poder, que el pensar es la pura liberación del hombre para lo existente, una liberación no enturbiada por ningún interés. Pero precisamente esto, dice Nietzsche, es una voluntad de poder, una voluntad de hacer pensable el ser. Sirviéndose de conceptos, el pensador se compone el ser a su medida, detiene el flujo del devenir, consolida en formas permanentes aquello

---

29  VI, 157 s. (cf. *Así habló Zaratustra*, op. cit., p. 190).
30  VI, 163 s. (cf. *ibid.*, p. 196).
31  VI, 165 s. (cf. *ibid.*, p. 197 s.).

### 3. La anunciación

que en realidad nunca se detiene. Con un armazón de palabras y conceptos, por así decirlo, echa una red al río del tiempo, de modo que solo pesca los peces que previamente había metido en la red con la sustancia, la causalidad, etc.

> Primero queréis *hacer* pensable todo lo existente, pues con justificada desconfianza dudáis ya de si es pensable. [...] Esa es toda vuestra voluntad, sapientísimos, como una voluntad de poder, incluso cuando habláis del bien y el mal y de las valoraciones.

Y una vez más Nietzsche pasa de la voluntad humana de poder a la voluntad de poder universal, que gobierna todo lo existente en cuanto tal.

> Siempre que encontré algo viviente encontré voluntad de poder, e incluso en la voluntad del criado encontré la voluntad de ser amo... Y la propia vida me confió este secreto: mira —me dijo—, yo soy aquello que constantemente se tiene que superar a sí mismo.

La superación de sí mismo no tiene aquí ningún sentido ascético, es más, es exactamente lo contrario de la ascesis. La vida tiene la tendencia del *auge*, crea formas de poder sin descansar jamás. Es esencialmente inquietud, movimiento, pero justamente no un movimiento lineal, que nunca se eleva sobre sí mismo. No se parece al oleaje del mar, donde las formas ascienden para volver a hundirse. Más bien se parece a una torre gigantesca que se eleva cada vez más alta, que crece constantemente. Toda posición alcanzada pasa a ser trampolín para un nuevo impulso. La vida no es una corriente que lo abarque todo, sino más bien una constante lucha y el antagonismo de todos los entes particulares entre sí. Constituye por así decirlo las tensiones polares en las que todo lucha contra todo, y sin embargo lo abarca todo. Pero todas las cosas no desaparecen sin más en la indiferencia de la vida que todo lo abarca, no se disuelven en ella, sino que más bien son azuzadas para que salgan a la oposición y la discordia. En el juego de la vida mora la diferencia, que limita y crea hostilidad entre todos los entes particulares. Pero las fronteras se mueven, lo uno busca someter a lo otro. La voluntad de poder no es la tendencia a detenerse en una posición de poder alcanzada, sino que siempre es voluntad de supremacía y sometimiento.

Y así como lo menor se entrega a lo mayor para disfrutar de placer por lo mínimo y del poder sobre ello, también lo máximo se entrega a la voluntad de poder, y por conseguirla arriesga… la propia vida.

Esta es la entrega de lo máximo, para que haya riesgo y peligro y para que se juegue a los dados con la muerte.

Nietzsche se opone expresamente a Schopenhauer: «En verdad no acertó con la verdad quien trató de alcanzarla formulando el término de "voluntad de existencia": esta voluntad no existe». «Muchas cosas aprecia el viviente más que la vida misma. Pero lo que habla en el propio aprecio es la voluntad de poder». En *Así habló Zaratustra* no se llega a interpretar el significado ontológico fundamental de la voluntad de poder. Como tal caracteriza Nietzsche la «vida». Pero la vida no es una categoría biológica que solo se aplique a lo «viviente» a diferencia de lo «inerte». Sin embargo, como en *Así habló Zaratustra* Nietzsche parte de la vida humana para desde ahí pasar luego a un concepto de vida tan genérico como oscuro, no es fácil ver la envergadura fundamental de la idea de la voluntad de poder. Con esa idea Nietzsche piensa lo que convierte a todas las cosas finitas en tales y las mantiene en movimiento en el antagonismo de la discordia y la lucha. Partiendo del creador, la segunda parte del *Zaratustra* conduce hasta el concepto fundamental de la voluntad de poder. El hombre solo puede ser creador si se toma en serio el tiempo. Con el transcurso del tiempo la vida se alza a formas de poder cada vez más elevadas. Cada nivel prepara ya el siguiente. ¿Pero qué relación guarda con el tiempo la voluntad de poder que asciende y que constantemente se supera a sí misma? Evidentemente, eso es un problema serio. ¿Se puede continuar ilimitadamente el juego de hacerse cada vez más poderoso y del ascenso de niveles? ¿Acaso la torre infinita de la vida que se supera a sí misma no contradice la esencia del tiempo? Al pensar realmente la idea de la voluntad de poder, Nietzsche cae en una gran aporía. Esta aporía se piensa inicialmente desde la voluntad de poder. Al fin y al cabo, la voluntad de poder es el principio de la vida ascendente. Y esta a su vez se examina ahora bajo la figura de la vida humana ascendente. En el capítulo «De la redención»[32] Nietzsche no solo se opone con la mayor acritud a la idea de redención que tienen el cristianismo y la metafísica en general, en la que él no ve otra cosa que un alejamiento del más acá. Ni tampoco le opone solo la redención que él mismo ofrece del hombre a cargo del superhombre. El problema más profundo es la relación del futuro, que se supone que traerá al superhombre, con el ahora, con el presente, y con el ayer, con el pasado. Zaratustra camina entre los hombres «como entre fragmentos y miembros de hombres». El hombre actual y el pasado le resultan lo más insoportable, aquello de lo que se aparta con la voluntad creadora del superhombre. No sabría vivir si no fuera el vidente del futuro, si no pudiera vivir con la esperanza del superhombre. Así pues, vive con la voluntad de futuro, con aquella tensión por el futuro remoto que impulsa hacia delante. Todo lo fragmentario de la humanidad le parece que solo

---

[32] VI, 203 s. (cf. *Así habló Zaratustra, op. cit.*, p. 235 s.).

es justificado y «redimido» por aquel futuro. La voluntad del hombre pleno e íntegro, del superhombre, concentra y unifica lo que por ahora es «fragmento y enigma y espantoso azar». Pero esta voluntad solo puede «redimir» apuntando al futuro, solo puede querer en el margen de lo posible, de lo que aún no ha sucedido. Sus límites son lo que fue y lo que es. Solo puede querer avanzar, no puede querer retroceder. «La voluntad no puede querer retroceder. La más solitaria melancolía de la voluntad consiste en no poder vencer al tiempo ni a la voracidad del tiempo». Toda voluntad de poder finaliza con la inmutabilidad del tiempo ya transcurrido.

¿A la voluntad de poder no le queda otra opción que tener que reconocer el poder superior del tiempo, que queda testimoniado por el hecho de que lo que fue ya no puede ser cambiado, es decir, no le queda otra opción que reconciliarse con el tiempo inflexible? ¿La voluntad solo puede querer avanzar imprevisiblemente, y nunca retroceder? El capítulo «De la redención» termina aludiendo a esta problemática. Nietzsche ve la dimensión de la redención en una relación entre el poder y el tiempo. Una solución que tuviera en cuenta esta dimensión sería lo opuesto a toda redención cristiana y metafísica a cargo de un trasmundo del más allá, mediante una negación de la realidad del tiempo. Evidentemente, hay que pensar más radicalmente la «voluntad de poder» y el tiempo. La creadora y ascendente voluntad vital de poder no solo encuentra su límite en lo pasado, en la inmutabilidad de lo sido, sino que, evidentemente, tampoco puede ascender hasta el infinito, superarse y rebasarse a sí misma una y otra vez hasta lo imprevisible, por toda la eternidad. Diciéndolo en relación con el hombre: evidentemente no puede haber una serie infinita de seres superiores al superhombre que superen respectivamente cada uno al anterior ni un superhombre elevado a una potencia infinita. La vida ascendente y que se eleva no puede continuar su supe-

## 3. La anunciación

ración hasta el infinito. La pregunta es entonces: ¿realmente es el tiempo una sucesión ilimitada de momentos, donde todo lo que fue queda inamovible y el único campo de la voluntad es el futuro? ¿Es el tiempo comparable a una línea infinita a la que el ahora divide en dos partes heterogéneas, que son el pasado y el futuro? ¿Acaso es verdad que todo lo pasado jamás puede ser futuro, y viceversa? ¿O hay un *conocimiento más profundo del tiempo*? Zaratustra alberga este conocimiento, lo adivina, pero aún no dispone plenamente de él: más bien es su pensamiento más íntimo. En el capítulo «La más silenciosa de todas las horas»,[33] con el que concluye la segunda parte, sucede que Zaratustra experimenta la llamada de su verdad más íntima y oculta. La hora más silenciosa es aquella en la que se le revela la esencia del tiempo. Es la hora más silenciosa porque en ella se manifiesta aquello que cede espacio a todas las voces y a todo ruido. Los bosques murmuran y los trenes traquetean, los relojes dan las horas... y quedamente se escurre la arena en el reloj, pero aún más calladamente se escurre el tiempo mismo: él es lo más silencioso. Y la «hora más silenciosa», la terrible dueña de Zaratustra, le dice: «Lo sabes». Pero *qué* es lo que no se atreve a decir, *qué* parece superar sus fuerzas y a causa de lo cual vuelve a recluirse en su soledad y a despedirse de sus discípulos, es el conocimiento nuevo y secreto de la esencia del tiempo, que ya no se aferra a la diferencia inmutable entre el pasado y el futuro. Este *conocimiento del tiempo*, desde el que se puede pensar de una forma nueva la relación de la voluntad de poder con el tiempo, es la idea fundamental de la tercera parte del *Zaratustra* y al mismo tiempo el punto culminante de todo el libro: la doctrina del eterno retorno de lo mismo.

---

33  VI, 213 s. (cf. *Así habló Zaratustra, op. cit.*, p. 247 s.).

## El eterno retorno: «De la visión y el enigma», «Antes del amanecer»

La tercera parte de *Así habló Zaratustra* es la parte central de la obra, su «núcleo». Y no solo en el sentido externo de la composición. Sin duda, la fábula desemboca tras un intencionado incremento dramático en la tercera parte. Tras la predicación de la doctrina en el mercado con el tema fundamental del superhombre, y tras aquellas enseñanzas a los compañeros que versaban sobre la muerte de Dios y la voluntad de poder, en esta tercera parte no se produce ninguna auténtica situación de adoctrinamiento. Zaratustra se dirige a su caverna en las montañas, se dirige a una soledad última y suprema, donde se enfrentará a su pensamiento más inescrutable, que acarreará su última transformación. Es verdad que habla con los navegantes que lo llevan por el mar, pero su parlamento queda velado bajo la forma del enigma. Le habla al bufón de la «gran ciudad», por la que «pasa de largo» en más de un sentido. Pero todas las cosas que dice no van dirigidas en realidad a otros, sino que en realidad constituyen un soliloquio: el decir más extremo como un diálogo del solitario consigo mismo. Pero los elementos estilísticos de la composición no son irrelevantes ni arbitrarios. Nietzsche no los emplea para darle a la obra un incremento dramático, un impulso. La fábula no cumple la mera función de dar vida a una concatenación de enseñanzas que fácilmente resultarían monótonas. Tiene un sentido más serio. Zaratustra habla del superhombre a *todos*; de la muerte de Dios y de la voluntad de poder habla a unos *pocos*; y del eterno retorno de lo mismo solo habla en realidad *consigo mismo*. Evidentemente eso significa también una jerarquía de sus ideas fundamentales. En *Ecce homo* se dirá sobre el *Zaratustra*:

## 3. La anunciación

Paso a explicar ahora la historia del *Zaratustra*. La concepción fundamental de la obra, *el pensamiento del eterno retorno*, esta máxima formulación de la afirmación que se puede alcanzar en general, se produjo en agosto de 1881.[34]

Así pues, el eterno retorno se caracteriza aquí con énfasis y determinación como el centro esencial. La fábula de Zaratustra subraya esto con su composición. El orden en el que se suceden los pensamientos fundamentales de Nietzsche no es arbitrario. Aunque todos ellos están relacionados entre sí y se esclarecen mutuamente, su secuencia no se puede invertir. El superhombre, que inicialmente solo se proclamaba como una exigencia al hombre, está referido en su posibilidad interna a la muerte de Dios. Solo cuando se advierte que lo sobrehumano (los dioses, la moral y el trasmundo) tiene una dimensión de autoalienación del hombre puede producirse la inversión del idealismo, y solo entonces puede decir Zaratustra: «*Todos los dioses están muertos: ahora queremos que viva el superhombre*». Y la propia muerte de Dios, comprender que toda idealidad es nula, solo es posible a su vez porque Zaratustra pregunta a todo lo viviente y llega hasta el corazón de todo lo vivo, descubriendo ahí la voluntad de poder.

La voluntad de poder es para Nietzsche la esencia de lo existente. Pero aquí no hay que entender «esencia» en el sentido de *essentia*, como la estructura estable del aspecto, de la apariencia, de la *idea* en sentido griego, sino que más bien se refiere al «campar» en sentido verbal, a la *movilidad* de lo existente. Todo lo existente es voluntad de poder: eso es algo que, por así decirlo, no se puede ver en ello. Las cosas existentes ofrecen múltiples aspectos diversos. Estamos habituados a diferenciar distintos ámbitos en función de la diversidad de aspectos: las

---

34   XV, 85 (cf. *Ecce homo, op. cit.*, p. 115.).

piedras inertes, las plantas vivas, los animales, los hombres. O a distinguir entre las cosas que existen por sí mismas y los productos (como las herramientas, las viviendas, los Estados). Y a su vez distinguimos cosas tales como números y figuras. Mientras se atienda a la diversidad de las cosas que tienen aspectos distintos nunca se llegará a ver la voluntad de poder desde esa perspectiva. Lo único que conduce al *conocimiento* de la voluntad de poder es prestar atención a la *movilidad* de todo ente que viene y va, que asciende y se hunde, movilidad a la que Nietzsche apunta con el concepto de «vida». Todo ente es voluntad de poder en la medida en que está en el tiempo. Estar en el tiempo como lucha y disputa por el poder, como creciente empoderamiento y superación, es lo que constituye el cauce de la voluntad de poder, la cual se proyecta hacia el futuro. La voluntad de poder quiere esencialmente lo futuro, lo posible, lo aún abierto. La voluntad de poder en cuanto que el modo en que todo lo existente está dinámicamente en el tiempo, concretamente en la dinámica de una contienda, está en manos del poder del tiempo, que en cuanto que futuro concede margen a la voluntad de poder, mientras que en cuanto que pasado inamovible restringe su poder. La voluntad no puede querer regresar. Está encadenada al paso del tiempo. Tiene que acompasarse a él, querer ir siempre hacia delante, y nunca regresar. La voluntad de poder se basa en el paso del tiempo.

Así pues, mirándolo en conjunto, encontramos aquí una peculiar conexión de fundamentación entre las cuatro ideas fundamentales de Nietzsche. La posibilidad del superhombre se basa en la muerte de Dios; esta se basa en la comprensión de la voluntad de poder, la cual se basa a su vez en el paso del tiempo. La filosofía de Nietzsche tiene el carácter de un peculiar remontarse hacia atrás con el pensamiento, de un extraño viraje hacia atrás. Quizá lo que más lo lleva a apartarse de la metafísica tradicional es que pasa de *reflexionar sobre lo que existe dentro del mundo a hacerlo sobre el mundo abarcador y de amplitud universal.* Partiendo del hombre y de Dios, y pasando por el dinamismo todas las cosas, retrocede hasta la *totalidad universal*. Pero la totalidad universal la piensa con la idea del eterno retorno de lo mismo.

Esta idea está más bien aludida que realmente desarrollada. Nietzsche casi tiene miedo de expresarla. El centro nuclear de su pensamiento recela de la palabra. Es un saber secreto. Nietzsche vacila y constantemente levanta nuevas murallas en torno a su secreto, porque es con su intuición suprema con lo que más rezagado se queda del concepto. El secreto de su pensamiento fundamental sigue envuelto para él mismo en las sombras de lo inquietante. Quizá de este modo se sale por primera vez del cauce de la metafísica y se queda sin camino, desconcertado en una nueva dimensión.

En una lectura superficial es fácil no darse cuenta de que la tercera parte del *Zaratustra* se centra en el pensamiento del retorno, de que ese es su auténtico tema. Parece que eso sea solo un motivo particular, del mismo modo que puede parecer igual de importante la idea de la nueva tasación de los valores («De las tablas viejas y de las nuevas», «De los tres males»). Pero en verdad aquí se trata exclusivamente de la idea del eterno retorno de lo mismo, es más, la esencia de la nueva tasación de los valores se ve ahora *desde la perspectiva del eterno retorno*, y con este enfoque es concebida de una forma nueva. Hay que tratar de entender el hilo del razonamiento interior de la tercera parte. En primer lugar nos encontramos con algunos anuncios y presagios singulares. Si la segunda parte había concluido con la hora más silenciosa, en la que con voz queda pero perceptible interpeló a Zaratustra su pensamiento inescrutable, su conocimiento de la esencia del tiempo, ahora este movimiento prosigue: Zaratustra regresa, sube montañas cada vez más elevadas, traza círculos cerrados y límites sagrados en torno a sí mismo, está en camino hacia su «cumbre última», tiene que convertirse en «el más solitario» para llegar a ver el corazón del mundo:

> Pero tú, Zaratustra, quisiste ver el fondo y el trasfondo de todas las cosas, de modo que ahora tienes que ascender por encima de ti mismo: ¡hacia ahí, hacia arriba, hasta que tengas *por debajo* de ti incluso tus estrellas!
> ¡Sí! ¡Mirar hacia abajo para verme a mí e incluso a mis estrellas! Eso es lo único que para mí podría llamarse mi *cumbre*, y eso es lo que me quedaría como mi cumbre última.[35]

La cima del pensamiento de Zaratustra está ahí donde se asciende incluso por encima de la superación de sí mismo, es decir, más allá de la voluntad de poder, donde se piensa lo que hace que la propia voluntad de poder sea posible. Pero, paradójicamente, el ascenso de Zaratustra hasta su cumbre última es a la vez el descenso a lo más profundo. Al pensar lo más profundo Zaratustra llega hasta su altura suprema.

> ¿De dónde vienen las montañas más altas?, pregunté una vez. Entonces aprendí que vienen del mar.
> Este testimonio está inscrito en sus rocas y en las paredes de sus cumbres. Lo supremo tiene que alcanzar su altura viniendo de lo más profundo.[36]

Esto significa que la última transformación de Zaratustra, su grandeza más sobrehumana, consiste en el pensamiento del fondo que todo lo abarca. La altura del superhombre se basa en el conocimiento del piélago del tiempo. En el capítulo «De

---

35  VI, 224 s. (cf. *Así habló Zaratustra, op. cit.*, p. 257).
36  VI, 226 (cf. *ibid.*, p. 258).

## 3. La anunciación

la visión y el enigma»[37] aparece la primera expresión metafórica del eterno retorno. Zaratustra describe la «visión del más solitario» a los «osados buscadores y ensayadores», los navegantes, aquellos a quienes les gustan los enigmas. El más solitario vislumbra y adivina el eterno retorno. El más aislado piensa lo más universal. El hombre solitario es el único que se asoma a la amplitud y lejanía del universo y se relaciona con él en la forma del gran anhelo. Esta relación de tensión entre la soledad y el conjunto del universo define el pensamiento supremo de Zaratustra.

Zaratustra describe su visión a los navegantes. Narra una vivencia a modo de parábola: en cierta ocasión ascendió a una montaña, llevando sentado sobre sus hombros al espíritu de la pesantez, que era mitad enano mitad topo. A pesar de este peso y haciendo frente a sus plomizos pensamientos, sigue ascendiendo. Esta ascensión de Zaratustra es el camino del hombre, el ascenso hasta la humanidad suprema, hasta el superhombre. La ascensión se logra realizar a pesar del espíritu de la pesantez, que arrastra hacia abajo. El camino es la senda del creador, el cauce de la voluntad creadora, que constantemente construye más allá de sí misma. ¿Pero puede esto proseguir así, cada vez más adelante, cada vez más alto? ¿Puede el creador ascender constantemente por encima de sí mismo, o llega a un final? Durante el ascenso, el espíritu de la pesantez susurra al oído del Zaratustra, que está ascendiendo, el pensamiento que oprime y que coarta toda voluntad de futuro:

> ¡Oh Zaratustra, piedra de la sabiduría, piedra de honda, destructor de estrellas! ¡Te lanzaste a ti mismo tan alto! Pero toda piedra arrojada... tiene que caer.

---

37  VI, 228 ss. (cf. *ibid.*, p. 260 ss.).

Todos los proyectos del hombre tienen que acabar hundiéndose de nuevo, no es posible un ascenso infinito, pues el tiempo ilimitado lo impide. En él se extenúa toda fuerza. Él pasa a enseñorearse de la voluntad más fuerte, incluso acaba con las esperanzas más poderosas. El espíritu de la pesantez vuelve a recoger todo lanzamiento y lo comba en una caída. La visión del abismo del tiempo, y por tanto de la banalidad de todo proyecto, resulta paralizante, le causa «vértigo» al pensador que piensa las posibilidades supremas del hombre. En vista del tiempo infinito todo sentido se vuelve evidentemente absurdo, todo riesgo resulta vano, toda grandeza empequeñece. El espíritu de la pesantez, aquí como el conocimiento de la infinitud del tiempo, impide que la existencia llegue realmente a asomarse a la apertura de la amplitud universal. La infinitud vacía provoca rechazo. Igual que la gravedad agota y consume toda la fuerza finita de quienes arrojan hasta que la acaba destruyendo, así hace también la fuerza infinita del tiempo con todas las fuerzas finitas de las autosuperaciones humanas que transcurren *dentro* de su cauce. Pero frente al pensamiento paralizante del enano, Zaratustra evoca el coraje, la valentía de atreverse a su «pensamiento más inescrutable», un coraje que incluso acaba venciendo a la muerte y que, en vista de la vida, manifiesta su voluntad de repetición. Al pensamiento plúmbeo del enano contrapone el pensamiento humano más audaz. El enano salta de sus hombros. Zaratustra es liberado del espíritu de la pesantez. Y ahora empieza el diálogo entre ambos acerca del tiempo.

Recordemos que la voluntad de poder topó con su límite cuando se evidenció que el cauce de su camino era el tiempo. Solo se puede querer lo futuro. No se puede querer el pasado, que está fijado y es inmutablemente estático: es inasequible a toda injerencia de la voluntad. Como mucho puede ser «reconocido», se puede afirmar expresamente su inmutabilidad.

En este sentido también es posible un cierto posicionamiento de la voluntad respecto del pasado. Uno puede cambiar su libre albedrío, asumir en él lo inmutable, querer quitarle a la coerción el carácter de lo que fuerza desde fuera reconociéndola voluntariamente, puede reconciliar la necesidad y la libertad sometiéndose libremente a lo necesario. Schiller formuló este pensamiento como una reconciliación de la libertad con el destino. Pero básicamente puede decirse que este tema de Schiller no basta para aclarar, ni siquiera de forma aproximada, la nueva concepción del tiempo que tiene Nietzsche. En el diálogo con el enano Zaratustra habla desde un conocimiento distinto del tiempo: habla *contra* el enano, que, como hemos visto, también representa justamente una determinada concepción del tiempo. Y Zaratustra parte precisamente de ella. El pórtico llamado «instante» es la confluencia de dos largos callejones: estos callejones discurren infinitos hacia lo inabarcable, respectivamente hacia detrás y hacia delante. Primero se describe con la mayor agudeza la diversidad de estos dos callejones temporales: en el instante chocan entre sí, se contradicen. Lo pasado es lo fijado e inmutable, el futuro es lo todavía abierto. Pasado y futuro son totalmente distintos entre sí y guardan una oposición mutua. Y sin embargo lindan entre sí en el instante, colindando con lo inconmensurable. Y a partir de ese límite evanescente y fugaz los callejones, que son esencialmente distintos, discurren al infinito: son respectivamente una «eternidad pasada» y una «eternidad futura».

Con este planteamiento queda claro que Zaratustra arranca inicialmente *desde dentro del tiempo intramundano*. El tiempo se concibe como una sucesión, como una serie de ahoras: a partir de un ahora dado se extiende tras él una serie infinita de ahoras pasados y ante él una serie igualmente infinita de ahoras futuros. Pero la cuestión decisiva en este momento es si esta serie se prolonga realmente al infinito, si estos dos callejones del tiempo realmente divergen entre sí ilimitadamente, si tras todo pasado, por muy remoto que sea, se alza un pasado todavía más remoto, y así sucesivamente por toda la eternidad. Y lo mismo respecto del futuro. ¿Tras toda lejanía del futuro, incluso la más remotamente proyectada, hay siempre un futuro todavía más lejano? ¿Al pensar en tales lejanías el pensamiento humano no se acaba desgastando finalmente hasta desfallecer? ¿Se puede pensar realmente esta infinitud del tiempo? Zaratustra plantea al enano la pregunta de si los dos callejones divergentes del tiempo se contradicen eternamente. Esta pregunta significa: ¿el planteamiento intramundado del pensamiento de tiempo, que parte de la diferencia entre los dos callejones temporales, es la verdad última y decisiva sobre el tiempo? ¿Qué significa lo «eterno» en la eternidad e inabarcabilidad del pasado, y lo mismo del futuro? ¿Acaso se ha pensado realmente lo eterno? ¿O esto no es más que la mala infinitud de la iteración proseguida? La respuesta del enano es correcta desde el punto de vista de Nietzsche, pero demasiado simple. «Todo lo recto miente, murmuró despectivamente el enano, toda verdad es curva, pero el tiempo mismo es un círculo». ¿Con qué se lo pone demasiado fácil a sí mismo el enano? El tiempo es un círculo. Pasado y futuro están ahí ilimitadamente entrelazados, como la serpiente que se muerde la cola. El ciclo del tiempo se piensa por tanto como un circuito intramundano, como un anillo de momentos temporales, de ahoras. Pero con ello se falsea el sentido decisivo de la idea del retorno.

El propio Nietzsche recae constantemente en el modo de pensar del enano: expresa el eterno retorno de lo mismo con metáforas tomadas de la *serie temporal*, con la imagen del anillo. Pero quizá no sea posible hacerlo de otro modo, ya que en principio no tenemos conceptos ni nociones que *pertenezcan al propio tiempo*. Todos nuestros conceptos temporales se orientan en función de lo *intramundano*. No pensamos el *conjunto del tiempo*, pues eso es un rasgo esencial de la totalidad universal. Quizá pensar la totalidad universal del tiempo, por así decirlo, solo sea posible en un permanente *rechazo* de nociones intramundanas. En este capítulo «De la visión y el enigma» no se desarrolla por completo la idea del retorno: de momento solo se formula de una manera provisional y anticipativa. Lo esencial es que el problema se plantea en el horizonte de la comprensión habitual del tiempo, que Zaratustra muestra desde ahí la heterogeneidad y la contradicción de ambos callejones del «pasado» y del «futuro» y que indica la ilimitación, la infinitud de ambas vías temporales divergentes, para finalmente considerar que esta divergencia y oposición de ambas eternidades es digna de ser cuestionada.

¿Qué significa eternidad del tiempo, eternidad del tiempo pasado y eternidad del tiempo futuro? A partir de la doble eternidad del tiempo, Zaratustra extrae una conclusión que contradice toda concepción habitual. Si tras el ahora hay una eternidad, entonces «todas aquellas cosas que pueden discurrir habrán tenido que haber recorrido ya este callejón», o dicho con otras palabras, un pasado infinito no es posible como una cadena infinita de acontecimientos siempre nuevos; si hay un pasado infinito, entonces todo aquello que puede suceder en general tiene que haber sucedido ya. A un pasado infinito no le puede faltar nada, ni nada puede estar aún pendiente para él ni ser mero futuro. Una eternidad pasada no puede estar incompleta. Si en las profundidades del pasado el tiempo es una eternidad ya transcurrida, en cuanto que tiempo ya no le puede quedar nada fuera, todo lo que podría suceder tiene que haber sucedido ya en él. La eternidad del pasado exige que todo lo que puede suceder haya sucedido ya, que el tiempo *entero* haya transcurrido ya. Del mismo modo, un futuro infinito y eterno exige el futuro transcurrir de todos los acontecimientos intratemporales. Si pasado y futuro se piensan como eternidades, entonces ambos tienen que pensarse respectivamente como el tiempo entero con todo *contenido temporal* posible. ¿Dos veces el tiempo entero? ¿No es eso un sinsentido? Para Nietzsche/Zaratustra resulta de ahí justamente la doctrina del eterno retorno de lo mismo. Suponiendo que el tiempo como pasado y como futuro es en ambos casos el tiempo entero, entonces todas las cosas, todo lo intramundano, todo lo que transcurre *en* el tiempo, tiene que haber transcurrido ya y volverá a transcurrir reiteradamente en el futuro. El retorno de lo mismo se basa en la eternidad del transcurso del tiempo. Todo tiene que haber sucedido y todo tiene que regresar.

> Y esta araña que se arrastra lentamente a la luz de la luna, y esta misma luz de luna, y yo y tú en el pórtico susurrando juntos, susurrando sobre cosas eternas, ¿acaso no hemos tenido que haber sido ya todos? ¿Y acaso no hemos de regresar y correr por aquel otro callejón, afuera, por delante de nosotros, en este largo y tétrico callejón? ¿Acaso no tenemos que regresar eternamente?

Cuando Zaratustra hubo llevado hasta aquí sus inquisitivos pensamientos escuchó un grito, y halló un pastor a quien se le había metido una serpiente por la garganta. Eso significa que el pensamiento del retorno, que es lo que en la parábola simboliza la serpiente, se desliza por la boca del hombre como algo asqueroso que lo estrangula. Es un pensamiento asfixiante. Si todo regresa, entonces, evidentemente, toda progresión del hombre es inútil, y el escarpado camino hacia el superhombre es una necedad absurda, pues entonces también retorna constantemente el hombre pequeño y miserable. Toda osadía es en vano. Más tajantemente aún que como antes había hecho el espíritu de la pesantez, la idea del retorno contradice ahora la voluntad de poder y la autosuperación de la vida. Pero

## 3. La anunciación

solo lo parece. Zaratustra exhorta al pastor a que arranque de un mordisco la cabeza de la serpiente que tiene metida en la boca. Cuando el pastor lo hace, sucede su transformación: «¡Ya no era pastor, ya no era hombre, sino un transformado, un iluminado que *reía*! Jamás hombre alguno rio en la tierra como él reía». Soportar y resistir el pensamiento del eterno retorno conlleva la transformación esencial de la existencia, conlleva la transformación de toda seriedad y de toda pesantez en la levedad, en la sobrehumana ligereza de la risa. El pensamiento del eterno retorno tiene en cierto modo dos aspectos. Se puede considerar predominantemente desde el pasado o desde el futuro. Si todo suceso no es más que la repetición de algo anterior, entonces evidentemente también el futuro está fijado y lo único que sucede es que se repite lo que ya aconteció. Entonces, realmente, no hay nada nuevo bajo el sol. El futuro fijado de antemano se desarrolla en una inmutabilidad. Todo hacer, todo arriesgarse es absurdo e inútil, pues todo está ya decidido. Pero también se podría decir, a la inversa, que todavía hay que hacerlo todo, que igual que nos decidimos ahora tendremos que decidirnos reiteradamente en el futuro, que todo momento tiene una relevancia que trasciende la vida individual, y que no solo marca el futuro que podemos abarcar, sino también todo el futuro de futuras repeticiones. El enorme peso de la eternidad descansa sobre el instante. Así como en la concepción cristiana la existencia terrena decide sobre el destino ultraterreno del alma, también así la decisión terrenal del momento decide todas las inabarcables repeticiones de la existencia terrenal. Nietzsche maneja de muchas formas esta idea de que el instante es decisivo para la eternidad, que con la doctrina del eterno retorno se le está dando un nuevo y enorme peso a la existencia humana.

Pero pensándolos estrictamente, *ambos* aspectos se han vuelto cuestionables: el aspecto fatalista y el del peso de la eternidad asentado sobre la decisión actual. El pensamiento del retorno elimina la oposición entre pasado y futuro, o mejor dicho, da al pasado el carácter abierto de posibilidad que tiene el futuro, y al futuro la fijación del pasado. Ambas cosas se traspasan extrañamente una a otra: el tiempo es lo fijado y a la vez lo abierto, lo ya decidido y lo aún por decidir, el pasado tiene características del futuro y el futuro las tiene del pasado. Ahora la voluntad ya no solo puede querer ir hacia delante: al querer ir hacia delante, también quiere retroceder. El tiempo pierde la dirección unívoca. Las marcas fijas de la comprensión ordinaria del tiempo entran en movimiento.

En un primer momento todo esto nos resultará forzosamente confuso. Todavía no alcanzamos a ver si a Nietzsche solo se le ha ocurrido una idea delirante y fantasiosa que imposibilita toda comprensión del tiempo o si tiene un conocimiento más profundo del tiempo y de su totalidad universal; si piensa la esencia del tiempo al hilo conductor del movimiento intramundano y de dirección unívoca de lo existente o si se sale más allá de este campo. El razonamiento de la tercera parte del *Zaratustra* está construido de forma singular. Al parecer se interrumpe la anunciación del eterno retorno que se había hecho en el capítulo «De la visión y el enigma». Pero esta interrupción solo tiene el carácter de una indicación cada vez más marcada. Zaratustra pronuncia la promesa en varios capítulos: «¡Mirad, el gran mediodía se acerca!». Pero el «mediodía» es la anunciación del eterno retorno: es el centro del tiempo, donde él mismo desvela su esencia, donde él mismo, el omniabarcador que depara el terreno a todo ente, se manifiesta en lo abierto. El capítulo «Antes del amanecer»[38] tiene la mayor importancia. Uno podría ver en él mera verborrea lírica, el júbilo arrobado de un alma que se queda encandilada con la belleza

---

38  VI, 240 s. (cf. *Así habló Zaratustra, op. cit.*, p. 273 s.).

recóndita del cielo matinal. Pero eso sería un enorme malentendido. Las imágenes poéticas de Nietzsche son siempre metáforas de su pensamiento. Lo que Zaratustra encuentra antes del amanecer es el *abismo de luz*, la abierta y resplandeciente amplitud del universo, *ouranos* en todo su esplendor, que da visibilidad a todas las cosas que quedan bajo él, que las recubre con su bóveda y que une y congrega lo mucho disperso. «Arrojarme a tus alturas es *mi* profundidad. Resguardarme en tu pureza es *mi* inocencia». El pensador es quien está abierto al amplio cielo luminoso. La profundidad de su pensamiento depende de cuánto es capaz de soportar en la apertura de la luz, que queda incluso más allá de todas las cosas iluminadas y brilla más lejos que ellas. La «inocencia» del ser es para él la luz del mundo que envuelve todas las cosas. Cuando se piensa el mundo, desaparecen la «culpa» y el «castigo», palabras humanas que manchan el cielo puro cual nubes errantes; desaparece la cólera de los dioses, su gobierno del mundo. «Sobre todas las cosas se alza el cielo de la contingencia, el cielo de la inocencia, el cielo del acaso, el cielo de la arrogancia». El cielo que se alza por encima de todas las cosas es el espacio temporal y el tiempo espacial del universo. Cuando se revela al pensamiento el universo que cede espacio y deja tiempo, se disuelve el reino fantasmagórico del trasmundo suprasensible y se desmorona la interpretación moral y metafísica de lo existente. «Pues todas las cosas están bautizadas en el manantial de la eternidad y más allá del bien y del mal. Pero el bien y el mal mismos no son más que sombras intermedias, lacrimógenas melancolías y nubes errantes». Sin embargo, si se dice que todas las cosas están bautizadas en el manantial de la eternidad no es porque más allá del significado terreno, más allá de su ser pasajero, tengan aún un reino supraterrenal ni porque sean «cosas en sí». Eternidad y temporalidad no son dos cosas distintas: en realidad son lo mismo. En cuanto que eterno retorno, *el tiempo es lo eterno.* Ver lo existente a la luz del universo significa retirar del transcurso de las cosas en el tiempo todas las categorías tales como «providencia divina», relevancia moral, racionalidad, y tomar este transcurso como una «danza», como un corro en el que todo da vueltas y se alinea.

> ¡Oh cielo sobre mí, tú, puro, elevado! Eso es para mí tu pureza: que no existe ninguna araña ni telaraña eterna de la razón; que eres para mí una pista de baile para azares divinos, que eres para mí una mesa divina para dados divinos y jugadores divinos de dados.

El juego del ser mismo se concibe ahora como lo divino, y el pensador que se asoma a las amplitudes del cielo luminoso, a las amplitudes universales, está así «más allá del bien y del mal», está en las cercanías de la totalidad, e incluso puede preguntarle al cielo: «¿No eres la luz para mi fuego? ¿No eres el alma gemela de mi conocimiento?». La apertura universal de Zaratustra no es un mero estado de ánimo que se apodere de él por casualidad: es una disposición anímica fundamental, el modo en que el propio mundo interpela al pensador, el modo en que se le revela y le concierne, el modo en que se revela al pensar —que de ordinario siempre está referido a «objetos»— la gran región desde la que aquellos objetos aparecen enfrente. Pero quizá esta sintonización con la apertura universal sea un prerrequisito para concebir con mayor originalidad el eterno retorno. Y a la inversa, quizá se pueda decir en el sentido de Nietzsche que cuanto más ciego para el universo sea un entendimiento humano, cuanto más saturado quede de la afluencia de cosas existentes, cuanto menos salga y se asome al cielo luminoso que se tiende por encima de todas las cosas, tanto más pronto y en tanta mayor medida sucumbirá al espíritu de la pesantez y de las formas que él crea, que son la moral, la metafísica y la religión; tanto más gravemente desconocerá la esencia del tiempo y lo tomará como una doble forma lineal con una diferencia fija entre el pasado inmutable y un futuro todavía indeciso. En esta tercera parte, todo el problema de la nueva tasación de los valores queda bajo la dirección del problema básico conductor, que trata de pensar la esencia del tiempo como eterno retorno de lo mismo.

*El eterno retorno: concepción cosmológica del problema moral. Retorno de lo mismo*

El «eterno retorno de lo mismo», el pensamiento más inescrutable de la filosofía de Nietzsche, tiene una peculiar ambigüedad. Parece carecer de la elaboración y el cuño conceptuales nítidos, y más parece una oscura profecía, el desvelamiento divinatorio de un misterio, que una rigurosa demostración conceptual. Zaratustra es el «maestro del eterno retorno», pero en realidad no lo enseña, sino que solo alude a él. Su «visión» del abismo del tiempo se expone como un «enigma». Pero lo que seduce a Nietzsche para hablar en enigmas no es el equívoco placer por la máscara, por el velo y el encubrimiento. Con la concepción del eterno retorno Nietzsche está en el límite de lo que para él es decible, está en una frontera del logos, la razón y el método. En su incapacidad para desarrollar *conceptualmente* la doctrina del retorno no queda de manifiesto una limitación individual, sino las limitaciones de la tradición filosófica en la que Nietzsche se encuentra. Aunque se opone a la metafísica tradicional, en esa oposición sigue ligado a ella. La invierte, piensa de modo antiidealista, pero al hacer eso sigue operando todavía con las herramientas conceptuales de la metafísica. Sin embargo, Nietzsche es una figura jánica, de doble rostro. Su lucha retrospectiva contra el platonismo, el cristianismo y la moral de los esclavos, es decir, contra la interpretación de lo existente atrapada en la autoalienación del hombre, opera en amplia medida con las categorías y los modos de pensamiento de la metafísica, aunque sea «invirtiéndola». El enfoque directivo sigue siendo la interpretación de lo existente, es decir, de las cosas *intramundanas*. Pero con el eterno retorno la totalidad del universo se convierte en un problema para Nietzsche. Él lo concibe temporalmente: la totalidad del universo se plantea como totalidad del tiempo, como la eternidad del tiempo, como eternidad del imperio temporal del universo. Pero de este modo Nietzsche mira hacia delante, se abre a algo indecible y que todavía carece de nombre. Que todavía no tenga conceptos para ello, que penda del abismo en el sentido más literal del término, solo significa que es un precursor. «Hermanos míos, quien es un precursor acaba sacrificado».[39] Nietzsche es el iniciador de un pensamiento que trata de concebir el *mundo* más allá y aparte de todas las cosas. Pero como él quiere evocar el mundo trascendiendo las cosas y saliéndose de los entes intramundanos, su pensamiento del mundo se queda todavía enredado en el ámbito que quiere trascender. Cuando el mundo se plantea como «lo que trasciende las cosas», lo que supera y a la vez abarca todo lo existente, se lo sigue pensando aún desde las cosas, aunque esto suceda en forma de un rechazo expreso de ellas.

La doctrina nietzscheana del eterno retorno parte del tiempo lineal, de la sucesión intratemporal basada en la firme distinción entre pasado y futuro, y luego continúa superándolo, destruyendo su orientación y su distinción al reparar en la infinitud del tiempo, en la eternidad, en un sentido nuevo y extraño. La doctrina del eterno retorno de Nietzsche gira sobre este gozne del concepto de eternidad. Habrá que pregun-

---

39  VI, 292 (cf. *Así habló Zaratustra, op. cit.*, p. 327).

## 3. La anunciación

tar y que examinar si con «eternidad» se refiere a una mera línea temporal prolongada hasta el infinito o si en su concepto de eternidad está operando ya un conocimiento original del mundo. En *Así habló Zaratustra* no se termina de definir el eterno retorno.

El pensamiento del eterno retorno domina toda la tercera parte del *Zaratustra*. Pero solo en dos de los dieciséis capítulos se trata temáticamente de él. Primero en «De la visión y el enigma» y luego otra vez en «El convaleciente». No obstante, todos los demás capítulos giran en torno al tema del eterno retorno. Todos los motivos (el superhombre, la muerte de Dios y la voluntad de poder) se abordan y se piensan a partir de ahora desde la perspectiva de la idea del eterno retorno. El sentimiento cósmico y la actitud cósmica de la existencia pasan a ser la balanza en la que desde ahora se pesa todo. La grandeza de la humanidad se decide en función del grado de la *apertura al mundo*. El rango supremo lo tiene la vida más abierta al universo. El superhombre es aquel hombre que más se asoma a la totalidad del universo, que entiende esta totalidad como infinitud temporal, es decir, como el eterno retorno de lo mismo. Cuanto más cerca del superhombre está una existencia, tanto más ha sido arrancada de lo que solo existe en el presente y tanto más abierta está al abismo de luz. Solo así se entiende que justo después del capítulo «Antes del amanecer», que describía el éxtasis ante la amplitud universal con el símbolo del cielo de luz, pueda seguir ahora un capítulo titulado «De la virtud empequeñecedora». Al hacer eso Nietzsche no salta del tren del problema, no abandona el cauce del pensamiento cósmico, no se pasa al problema de la moral, como quizá podría pensarse. Sino que aquí concibe cosmológicamente el problema moral: en lo que se suele llamar virtud él ve una pérdida de mundo. El hombre, que es el ser que tiene la posibilidad de asomarse a la amplitud cósmica y de experimentar y pensar la infinitud, también puede cerrarse a ellas, puede por así decirlo atrofiarse y empequeñecerse. La mediocridad se concibe como una disminución de la referencia al mundo. Si el hombre se instala en lo cercano y en lo inmediato, si se restringe a lo finito y a lo presente, si ya solo quiere la pequeña dicha de la complacencia y la satisfacción, si se conforma y se sitúa en un rincón manejable, si se vuelve dócil y débil, eso se debe a que la amplitud del cosmos ya no hace vibrar su vida, a que ningún anhelo lo arrebata y lo arrastra a lo inmenso. La «virtud empequeñecedora» es un signo de la pobreza de mundo que padece la existencia.

Y nuevamente opone Nietzsche al hombre pobre de mundo la imagen contraria del hombre abierto al universo. En el capítulo «En el Monte de los Olivos»[40] Zaratustra alaba el cielo invernal, el cielo callado: es una metáfora del gran hombre, que es magnánimo, que no busca calidez arrimándose al «prójimo» ni se resguarda en la caridad mutua, como hacen los delicados, sino que soporta el espacio amplio y gélido que rodea toda cálida cercanía. Lo que las gélidas lejanías espaciales son a la calidez limitada y finita, lo que el silencio es al ruido, es el hombre grande, que participa del aliento del mundo, al hombre pequeño, que ya no está fuera en el infinito abierto, que se doblega y se encoge, que se refugia en el cuarto, en la casa, en la ciudad, en el gentío de la calurosa compañía: «¡Tú, silencioso cielo hibernal de nívea barba, cabeza blanca de redondos ojos que te alzas sobre mí! ¡Oh, metáfora celeste de mi alma y de su temeridad!». Zaratustra se ve a sí mismo como la alternativa opuesta a las «almas sahumadas, caldeadas, consumidas, marchitas, amargadas». Zaratustra se expone al viento del mundo. El abierto al mundo es también el hombre verdaderamente autónomo, el hombre auténtico. Asomarse a las

---

40 VI, 253 ss. (cf. *Así habló Zaratustra, op. cit.*, p. 286 ss.).

amplitudes cósmicas no destruye al yo, sino todo lo contrario: ambas cosas están originalmente vinculadas.

En el capítulo «Del pasar de largo»[41] no solo tenemos el rechazo de Zaratustra de las grandes ciudades. La gran ciudad es en cierto modo un mero ejemplo de una carencia extrema de mundo. Ante tal carencia de mundo lo único que le queda al gran hombre es «pasar de largo». Alejándose resueltamente de todos los modos de humanidad pobre de mundo, Zaratustra regresa a la libertad de sus montañas, a esa *patria* suya que es la soledad. La patria del hombre no está en el gentío humano de la gran ciudad, entre los mediocres y los dóciles, entre los alienados y los pobres de mundo. Solo hay patria —esto lo comprende Zaratustra a fondo— donde campa el mundo. Casi siempre nos quedamos muy cortos con nuestro concepto de patria, como cuando pensamos que la patria es solo el pequeño distrito, la casa y el jardín de la infancia, eso que más tarde nos suele parecer tan pequeño y diminuto. Pero si pensamos así es porque desconocemos qué son realmente la patria y la infancia. La patria es el fundar arraigado, la familiar cercanía a la tierra en lo abierto del mundo. Por la vida del niño no solo pasan las cosas cercanas y asibles, la pelota y la muñeca, sino también el soplo de la lejanía, las nubes del cielo y el escalofrío de la noche. Nietzsche llama a la soledad de Zaratustra su patria. La patria es la cercanía esencial a todas las cosas, y la existencia tiene un amor confiado a la tierra cuando la amplitud del mundo le brinda cercanía. En la soledad de las montañas Zaratustra se siente rodeado del gran «silencio bendito». En él vibra el mundo. Pero abajo entre los hombres mora el ruido, que todo lo comenta y lo destruye a base de comentarlo, que nunca permite que surja ese silencio cósmico en el que una existencia se concentra para cumplir su misión. «Cuando se

---

41  VI, 258 ss. (cf. *ibid.*, p. 291 ss.).

vive entre hombres uno se olvida de cómo son los hombres: en todos los hombres hay demasiada superficialidad. ¿Qué pintan *ahí* los ojos que ven de lejos y que añoran la lejanía?». Zaratustra tiene la mirada añorante de lejanía, la mirada del gran anhelo que alcanza la totalidad, que busca al hombre de la suprema apertura al mundo, al hombre que conoce el eterno retorno.

En el capítulo «De los tres males»,[42] que inicialmente parece abordar una problemática moral, se hace un examen crítico de las tres cosas que hasta ahora más se habían maldecido: la voluptuosidad, el afán de poder y el egoísmo. Pero lo que dirige ocultamente y en secreto este examen ponderador es el *problema del mundo*. Para ver esto hacen falta ojos que, por así decirlo, «añoren la lejanía». Se trata de examinar el capítulo desde la perspectiva del razonamiento que recorre la tercera parte. El problema conductor de toda la tercera parte es el problema del mundo. ¿Qué tienen que ver con el mundo la voluptuosidad, el afán de poder y el egoísmo? Podría decirse que estos tres males se consideran desde antiguo elementos de una «mentalidad mundana», lo opuesto a una ascesis que busca superar el mundo. Pero de este modo solo se estaría entendiendo el «mundo» como una tendencia humana, como una propensión y una ofuscación causada por instintos, pero no como la totalidad que abarca todo lo existente. Se estaría tomando el mundo existencialmente, se lo estaría interpretando como un modo de la existencia humana. Pero Nietzsche examina la voluptuosidad, el afán de poder y el egoísmo para ver cuál es su referencia al mundo. Examina si son modos como la existencia se abre al mundo o modos como se cierra a él. Nietzsche no solo tasa de nuevo los valores cristianos tradicionales de la castidad, la humildad y el altruismo confrontándolos con sus

---

42  VI, 274 ss. (cf. *ibid.*, p. 308 ss.).

## 3. La anunciación

opuestos, sino que más bien le guía la pregunta de si y de en qué medida se muestra en ello una apertura al mundo, un asomarse a la totalidad. «Voluptuosidad, tiranía y egoísmo: estas tres cosas han sido hasta ahora las más maldecidas y las más denigradas y calumniadas. Quiero dar a las tres una buena valoración humana». Y resulta que en las tres, si no se consideran como lo hace la chusma, se revela para Nietzsche una referencia esencial al mundo. La voluptuosidad es para él «la felicidad del jardín terrenal, la rebosante gratitud de todo futuro por el ahora». En la voluptuosidad la existencia individual se eleva por encima de sí misma hasta la infinita cadena de las generaciones, y se sume en la totalidad del tiempo, aunque dé la impresión de que lo hace en la ebriedad del instante. La voluptuosidad es, por así decirlo, el ser natural en la totalidad del tiempo, el agradecimiento desbordante por *todo* futuro, es decir, por la totalidad del tiempo. En el instante finito está misteriosamente el tiempo infinito. Por el contrario, a Zaratustra le parece que el afán de poder es el poder histórico que aspira a trascender toda estancia y todo demorarse, el principio de la agitación que azuza a los individuos y a los pueblos lanzándolos por la senda de su historia. El despotismo es lo que azuza e impele, es el tiempo como historia. En el afán de poder toda época impulsa a ir más allá de ella, hacia futuros y lejanías cada vez más remotos. Pero las ansias de poder no se agotan en lo próximo ni en lo ya alcanzado, nunca se detienen, y por tanto remiten a lo abierto, a lo inabarcable, siendo lo contrario de toda «virtud empequeñecedora», de toda modestia y de toda conformidad. Esta egolatría no es el mezquino egoísmo de una vida miserable, sino la virtud obsequiante de un alma que se prodiga de pura abundancia, del alma que necesita mundo, que solo encuentra estabilidad y base cuando se ve rodeada de las amplitudes más extremas. En todos estos tres males palpita una referencia expresa al mundo. Pero si aquí se quiere hablar ya de una «nueva tasación de los valores», entonces tiene que quedar claro que el único criterio para esta nueva tasación es la grandeza o la mezquindad de la relación con el mundo.

Esto resulta todavía más claro en el capítulo siguiente, «Del espíritu de la pesantez».[43] En cierto modo Nietzsche compila aquí de forma condensada todo lo que hasta ahora se había caracterizado negativamente como existencia cerrada al mundo. Zaratustra sabe de sí mismo que él es lo opuesto al espíritu de la pesantez, para lo que él mismo representa el «archienemigo, el enemigo mortal, el enemigo primordial». El talante de Zaratustra es la naturaleza del pájaro, que alza el vuelo y sobrevuela, que se asoma a la totalidad: él es el hombre de la euforia cósmica. Lo que antes era quizá el entusiasmo, la enajenación en Dios, el perderse al modo idealista en un ultramundo meramente soñado, pasa a ser ahora para Nietzsche la profunda y auténtica referencia de la existencia al mundo. La intimidad suprema de la vida es la intimidad del mundo. El espíritu de la pesantez es aquella tendencia que encierra a la humanidad en lo limitado, que la ata y encadena a lo existente, a las cosas intramundanas, que hace que se olvide del mundo. Pero la pérdida del mundo nunca puede producirse en un sentido absoluto, pues en su esencia el hombre está abierto al mundo. Sin embargo, esta mundanidad de la existencia puede pervertirse de modo peculiar, en un alejamiento del mundo que solo le es posible a un ser mundano. La piedra no es ciega, pues carece por completo de la posibilidad de ver. La ceguera es un modo privativo, de modo que solo puede haber ceguera para el mundo ahí donde la visión del mundo forma parte de la constitución ontológica de un ser. La existencia ciega para el mundo es al mismo tiempo la que carece de identidad personal. El mundo y la identidad personal se correlacionan como un arco

---

43   VI, 281 ss. (cf. *Así habló Zaratustra*, op. cit., p. 315 ss.).

tensado: cuanto más abierto al mundo sea el hombre, tanto más marcada será su identidad personal y tanto más auténtico será él. Ser sí mismo es derrochar existencia, tener la libertad del creador. Pero la vida y la tierra le resultan leves al creador. El hombre se libera creadoramente de las otras cargas y pesos que lo oprimen. Nietzsche ve conexiones esenciales entre la ligereza, el derroche creador, la identidad personal y el mundo: el espíritu de la pesantez es lo contrario de todo eso, mantiene al hombre atrapado en la alienación de sí mismo, lo carga con los pesos de un dios trascendente y de una moral asimismo trascendente, lo encadena a lo intramundano. La fuerza de la gravedad, la gravitación, pasa a ser la metáfora de una vida oprimida, agobiada, a la que todo resulta pesado, que —como el camello— se carga de pesos, de moral, de trasmundo y de religión, que se hunde gravitatoriamente bajo su carga y que mira serio y huraño el mundo. Olvidarse del mundo y carecer de identidad personal se correlacionan ahora igual que, a la inversa, se correlacionan la identidad personal auténtica y la apertura de la existencia al mundo. Zaratustra contradice apasionadamente al espíritu de la pesantez. Contradice, como hace la tormenta, a la existencia que se ha olvidado del mundo. «Quien algún día enseñe a volar al hombre habrá removido todos los mojones fronterizos. Todos los mojones fronterizos volarán para él por los aires, él rebautizará la tierra... con el nombre de "la Ligera"». Volar pasa a ser una metáfora del paroxismo cósmico, del lanzarse a los vastos espacios y amplios tiempos de la totalidad. La superación de todas las divisiones y delimitaciones intramundanas sucede en una referencia expresa al mundo. Los mojones fronterizos que separan entre sí las cosas finitas, la oposición entre bien y mal que procede del espíritu de la pesantez, todo eso entra en el remolino de un movimiento cuando el hombre siente el universo, cuando su existencia se amplía y se expande hasta lo ilimitado, cuando yendo más allá de todas las finitudes se asoma a lo infinito. Pero no nos referimos a aquella infinitud que la metafísica piensa como trasmundo, como cosa en sí, como Dios. La infinitud metafísica es la negación de lo finito. Pero el mundo es lo que abarca infinitamente todo lo finito. Las cosas hacen su aparición en el espacio y en el tiempo y a la luz del mundo. La infinitud del mundo no está tras las cosas ni más allá de ellas, sino dentro de ellas y en torno a ellas. La oposición entre ligereza vital y pesadez vital, entre identidad personal y alienación, entre apertura al mundo y olvido del mundo, pasa a convertirse ahora en el principio de una división entre «las tablas viejas y las nuevas». Zaratustra concibe ahora la diferencia entre dos sistemas de valores primariamente a partir de la referencia de la existencia al mundo. Pero este capítulo titulado «De las tablas viejas y las nuevas»[44] es aún más: en él se hace la exposición esencial de la relación del hombre con el mundo. La sabiduría de Zaratustra es una «sabiduría salvaje», un «gran anhelo de bramantes alas». Y su sabiduría abierta al mundo medita sobre la danza del devenir, en la que el propio mundo se libera, se desinhibe y busca evasión retornando a sí mismo. Las tablas nuevas son las del amor a lo más remoto, las del creativo anhelo del superhombre, tablas de valores que son engendradas por la euforia, por el anhelo, por el amor al mundo. Como forma suprema de lo existente se considera el alma, «que tiene la escalera más larga y puede bajar más hondo [...]; el alma más abarcadora, la que más lejos puede correr y extraviarse y vagar dentro de sí misma; la más necesaria, que de puro placer se abandona al azar; el alma que con su ser se sume en el devenir; el alma posesora que busca querer y demandar [...]; el alma amantísima de sí misma, en la que todas las cosas tienen su flujo y reflujo y su pleamar y bajamar». Esta

---

44  VI, 287 ss. (cf. *Así habló Zaratustra, op. cit.*, p. 322 ss.).

alma no es solo la forma suprema de lo existente, por ser más poderosa y rica que todos los demás seres vivos. También es la más abarcadora, porque se ha abierto al imperio del mundo, porque conoce el eterno retorno. Por eso todas las cosas tienen en ella su flujo y su reflujo.

En el capítulo «Del gran anhelo» Nietzsche esboza de forma profundizada la esencia de la existencia abierta al mundo. Pero antes viene aun el segundo tratamiento temático de la doctrina del retorno, en el capítulo «El convaleciente».[45] También aquí encontramos una forma velada de expresión: no es Zaratustra quien pronuncia las auténticas tesis, sino sus animales. Por así decirlo, lo propio existente, que gira en el círculo del tiempo, habla a través de los animales. En plena soledad Zaratustra quiere enfrentarse finalmente a su idea inescrutable: la evoca, y el abismo debe hablar. Pero el parlamento *no* se produce. Un profundísimo asco ahoga al pensador de la idea del retorno. Zaratustra yace siete días como muerto. En este suceso quizá podría verse solo un gesto patético de Nietzsche, que trata de subrayar por todos los medios la relevancia de lo que sucede. Pero aquí no se trata solo de un momento de tensión puramente estilístico. En efecto, Nietzsche no puede expresar directamente su pensamiento fundamental: solo puede insinuar, hablar indirectamente y por alusiones. Según el relato bíblico de la creación, Dios creó el mundo en siete días. En siete días Zaratustra, el hombre sin dios, ha llegado a conocer el mundo. Y ahora todo se transforma para él: la tierra es para él un jardín. ¿Qué puede significar esto? Al estar todas las cosas a la luz del mundo se transforman, los mojones fronterizos se han removido. Todo cuanto existe, cuanto está ahí y hay dado, queda por así decirlo redimido de la pesantez de la facticidad que no se reitera, aparece a la luz de las repeticiones, como la constante

---

[45] VI, 314 ss. (cf. *ibid.*, p. 350 ss.).

reiteración del eterno retorno. Lo que fue y lo que será y lo que es, todo eso deja de estar tan inapelablemente dividido y separado. Mientras el tiempo se piense como eterno retorno tendrá carácter de levitación, de ligereza, de danza. Lo que será ha sido ya, y lo pasado es a la vez lo futuro. En el ahora está también el tiempo entero, por cuanto que es el ahora infinitamente repetido. El hombre está suspendido en el tiempo levitante: vuela, ha aprendido a volar. Se ha vencido el poder del espíritu de la pesantez. Sin embargo, al dialogar con sus animales Zaratustra insiste en la soledad del hombre, aunque conozca el eterno retorno. Este conocimiento no lo disuelve en una sensación universal, no elimina su individualidad, al contrario: solo con ese conocimiento alcanza su identidad más auténtica.

> A cada alma le corresponde un mundo distinto. Para cada alma toda otra alma es un trasmundo.
> Es justamente entre lo más similar donde más bellamente miente la apariencia, pues lo más difícil de franquear es la grieta más pequeña.

El eterno retorno les está manifiesto a los animales de Zaratustra de forma distinta que al hombre: ellos están sumidos en la transformación y no enfrente de ella. Ellos están *dentro* del juego del ser, pero no son contrincantes de ese juego, como sí lo es el hombre. Lo que los animales dicen del eterno retorno está dicho desde la perspectiva de lo *existente*:

> Todo se va, todo regresa; eternamente rueda la rueda del ser. Todo muere, todo vuelve a florecer, eternamente transcurre el año del ser.
> Todo se rompe, todo se recompone; eternamente se construye la misma casa del ser. Todo se separa, todo vuelve a saludarse; eternamente permanece fiel a sí mismo el anillo del ser.

## 3. La anunciación

En todo momento comienza el ser. La esfera del ahí rueda en torno a todo aquí. El centro está en todas partes. Curvo es el sendero de la eternidad.

¿Qué dice este parlamento de los animales? ¿A qué se refiere? No habla del tiempo mismo, sino de su «sendero». El *camino del tiempo* se observa como el camino de las cosas *en el tiempo*. El tema es ahora la relación de lo *intratemporal con el tiempo*, el modo en que las cosas que transcurren temporalmente están dentro del espacio del tiempo. Todo cuanto viene y va, cuanto muere y florece, cuanto se rompe y se recompone, este «todo» se piensa *como finito*. Lo múltiple existente es inabarcable, y sin embargo no es infinito. Lo intratemporal es finito, pero el tiempo *dentro* del cual las cosas discurren no lo es, y por eso, una vez que han transcurrido todas las cosas, el curso tiene que empezar de nuevo, tiene que repetirse, y tiene que haberse repetido ya un número infinito de veces, y se tendrá que repetir aún infinitas veces más.

Un año del ser es cada vez que las cosas han transcurrido *una vez* a lo largo del tiempo. Pero estos años tienen que haber transcurrido innumerables veces, y también están pendientes de volver a hacerlo otras innumerables veces. Justamente porque el conocimiento del tiempo que está transcurriendo ahora, del tiempo en que vivimos, que se nos escurre de las manos y en el que sabemos que nuestra existencia es «irrepetible», justamente porque el conocimiento de nuestra evanescente fugacidad *no* es para Nietzsche el verdadero conocimiento del tiempo, puesto que para él tras semejante experiencia de la caducidad despunta un presagio de la eternidad, por eso, en sentido estricto, para él no existe un tiempo irrepetible y fáctico. Al fin y al cabo, no es que solo a partir de ahora nuestra vida y el curso de todas las cosas hayan de repetirse durante una eternidad futura, sino que nuestra vida actual es ya una vida repetida, y no hay ninguna vida primera que no sea ya repetición, que por así decirlo sirva de modelo original para todas las repeticiones. El carácter de lo repetible no se va configurando solo en el curso del tiempo, por ejemplo a base de repetirse un suceso original, sino que más bien es la esencia oculta y escondida del propio transcurso del tiempo. O dicho de otro modo: la repetición no surge en el tiempo, sino que *es* el tiempo. La doctrina nietzscheana del eterno retorno de lo mismo encierra grandes dificultades intelectuales. Por así decirlo, Nietzsche da al tiempo una dimensión de profundidad más allá de su carácter fenoménico de irrepetibilidad y facticidad. Trata de pensar conjuntamente la eternidad y el tiempo, de darle al tiempo rasgos de eternidad: la irrepetibilidad no es más que apariencia, lo que parece ser un suceso único es ya una repetición infinita, y lo que parece ser una dirección unívoca del tiempo es un ciclo. Lo que para una visión superficial parece estar disgregado, es decir, justamente las diferencias del presente con el pasado y el futuro, la diferencia entre aquí y ahí, para la mirada más profunda de Zaratustra es en realidad lo mismo: «El centro está en todas partes».

Pero el tiempo no es solo es el lugar y el cauce donde las cosas comienzan y terminan, donde se rompen y se recomponen: es lo que comienza y termina, lo que rompe y recompone. El tiempo es el poder de hacer ser, es a la vez lo que construye y destruye, es el juego dionisíaco del mundo. Nietzsche ha liberado ahora el pensamiento del retorno del esquema de la metafísica. Zaratustra acepta *bajo condiciones* la descripción del eterno retorno que hacen sus animales: «¡Oh, bufones y organillos!, respondió Zaratustra, [...] ¡qué bien sabéis lo que tuvo que cumplirse en siete días!». Y sin embargo, hay una diferencia esencial entre él y sus animales. A diferencia del hombre, estos se mueven en el flujo del tiempo y no tienen ningún objetivo. Aunque también el hombre, igual que todas las de-

## 3. La anunciación

más cosas que existen, está en el curso del tiempo, sin embargo entabla una relación con él, tiene objetivos, proyectos, es para sí mismo una tarea. La tarea del hombre es el superhombre. El horror que sobrecoge al hombre cuando piensa la eterna repetición como esencia del tiempo cósmico, viene del presentimiento de que también todo lo ya superado se repetirá pese a todo y habrá que volver a superarlo constantemente, que el destino del hombre se parece al destino de Sísifo. La cumbre de Zaratustra, su reconciliación de libertad y necesidad, consiste nada menos que en conservar la voluntad de voluntad incluso en vista de la eterna repetibilidad de toda existencia. Los animales lo llaman el maestro del eterno retorno, y son ellos, y no él mismo, quienes exponen su enseñanza:

> Mira, sabemos lo que enseñas: que todas las cosas se repiten eternamente, y también nosotros mismos con ellas; y que nosotros ya hemos existido innumerables veces, y todas las cosas con nosotros.
> Enseñas que hay un gran año del devenir, un monstruo del gran año al que, como si fuera un reloj de arena, contantemente hay que darle la vuelta para que discurra y se vacíe de nuevo, de modo que todos estos años son iguales entre sí, tanto en lo más grande como en lo más pequeño, y de modo que nosotros mismos somos en cada gran año iguales a nosotros mismos, tanto en lo más grande como en lo más pequeño.

Estas frases no solo expresan la repetición, sino que apuntan a la repetición de lo *mismo*. Con ello, el razonamiento de Nietzsche aún se vuelve más difícil y opaco, o, por así decir, aún más paradójico, ¿pues qué entendemos habitualmente por una repetición de lo mismo? Por ejemplo repetimos el mismo ruego. Eso significa que lo pronunciamos varias veces. No son los mismos sonidos, sino que cada vez son distintos. Pero estos sonidos que cada vez son distintos, estas palabras tienen el mismo sentido. Empleamos el mismo modismo para formular nuestros ruegos. Sin embargo, los múltiples ruegos con el mismo sentido se distinguen entre sí: uno es el primero, el otro es la primera repetición, el siguiente es la segunda repetición de lo «mismo». Que los ruegos tengan igual sentido no significa lo mismo que su identidad numérica. Esta repetición de lo igual presupone la diversidad real, la diversidad de los momentos temporales. Uno es el primero, por así decirlo, el original, y los restantes son repeticiones. El modo en que entendemos habitualmente la «repetición» presupone la dirección unívoca del tiempo. Distinguimos el antes del después. Pero el pensamiento de una eterna repetibilidad elimina justamente el antes y el después, de modo que ya no queda ninguna diferencia entre los tres horizontes temporales, y por tanto tampoco la repetición de lo mismo se puede pensar ya en un tiempo que transcurre linealmente. Cuando Nietzsche emplea la metáfora del reloj de arena, esa imagen está tomada inicialmente de la comprensión habitual del tiempo. El escurrimiento de la arena es un proceso intratemporal que se puede repetir todas las veces que se quiera, pero solo en distintos momentos temporales. Es decir, la propia serie de las reiteradas veces que le damos la vuelta al reloj de arena necesita tiempo, es un suceso dentro de un tiempo abarcador que se compone de los segmentos temporales que el propio reloj de arena mide. ¿Quiere decir Nietzsche que las repeticiones del gran año cósmico, es decir, el recorrido de las cosas a lo largo del tiempo, se desarrollan en un tiempo abarcador? ¿Acaso quiere decir que hay un tiempo en el que transcurren los años cósmicos? La respuesta a esa pregunta no es sencilla. La dificultad decisiva consiste en que un pensamiento que trata de escapar de la dimensión del tiempo intramundano y de apuntar a un tiempo del mundo únicamente puede plantear esto, por así decirlo, *apartándose* permanentemente de conceptos temporales *intramundanos*, solo evadiéndose constantemente de ellos. Pero no es casualidad que, cuando en el razonamiento de la tercera parte del *Zaratustra* se declara reiteradamente la referencia al mundo de la existencia humana y su sintonización cósmica, eso se haga empleando un lenguaje que en cierto modo se estremece de pasión por la lejanía. Y sobre todo en el capítulo que acaso sea el más hermoso de toda la obra: «Del gran anhelo».

*El eterno retorno: «Del gran anhelo»*

En el *Zaratustra*, la enseñanza del eterno retorno de lo mismo no va más allá de un desarrollo precario de los conceptos fundamentales. La base de la que parte Nietzsche es la comprensión habitual del tiempo: parte del instante dado en cuanto que pórtico situado entre dos largos callejones temporales de carácter opuesto. Al definir la longitud de estos callejones como eternidad, y esta a su vez como tiempo ilimitado, la problemática se plantea con la cuestión de la relación de un contenido temporal finito con el propio tiempo. Si todo lo que puede transcurrir en el curso del tiempo es finito, entonces un pasado infinito tiene que haber superado ya el transcurso entero de las cosas, todo lo que puede suceder en general tiene que haber sucedido ya, y entonces eso que está sucediendo justamente ahora es esencialmente «repetición», y además una repetición infinita. Y todo lo futuro solo puede recorrer el futuro eterno e infinito como algo que siempre se repite. Pero no quedan dos eternidades distintas, una pasada y una futura, pues con la concepción de la eternidad como repetición infinita del contenido temporal desaparece la diferencia fenoménica entre pasado y futuro. El transcurso de todas las cosas en el tiempo se designa como el gran año. Con la repetición del gran año regresa lo mismo, sucede el retorno de lo mismo. Pero no solo se repite el decurso, la marcha de los acontecimientos, la ruptura y la recomposición, el venir y el ir, la muerte y el florecimiento de lo existente. También se repite la repetibilidad del gran año. Estos años no se pueden «contar». El año que está transcurriendo ahora no es una repetición en un nivel n + 1. ¿Una eterna repetibilidad no se acaba eliminando al final a sí misma? ¿Puede hablarse entonces aún de repetición?

Lo que hace que la doctrina nietzscheana del eterno retorno en el *Zaratustra* sea tan equívoca y cuestionable es la opacidad de los conceptos: eternidad, repetición, curso del tiempo y lo que transcurre en el tiempo. No se elabora explícitamente el concepto de tiempo. Más bien se tiene la impresión de que Nietzsche quiere dar expresión inmediata a una tremenda visión interior que lo agobia: una expresión inmediata en la que retiemblan los horrores de la vivencia. La eternidad está en pleno tiempo, y no más allá de él. Pero como Nietzsche, a fin de cuentas, a pesar de su inversión del platonismo se sigue aferrando a la noción fundamental antigua del ser como lo *permanente*, y como todo ser amenaza con desvanecerse para él en la fugacidad del tiempo evanescente, solo puede pensar la permanencia como eterna repetición del desaparecer y el surgir. Acaso lo más cuestionable sea la interpretación, que guía todos sus razonamientos, de la relación entre el contenido temporal y el propio tiempo. ¿No se produce aquí una conclusión errónea, cuando a partir de la finitud de todo cuanto existe en el tiempo Nietzsche concluye la limitación de todo el contenido temporal? Todos los acontecimientos y hechos comienzan y terminan en el tiempo. Todo suceso tiene su duración. «Todo cuanto puede transcurrir» comienza en un ahora y recorre una serie de ahoras. Pero si tiene que comenzar, entonces a este ahora le tiene que anteceder ya un pasado. El propio tiempo siempre está por encima de todo contenido temporal dado.

## 3. La anunciación

Por así decirlo, el tiempo siempre es mayor que lo que sucede dentro de él. Pero si todo acontecimiento es limitado y si el tiempo siempre supera todo contenido temporal, ¿se sigue de ahí necesariamente que la serie de contenidos temporales, el conjunto de los sucesos intramundanos, es también limitado? Para Nietzsche «todos los acontecimientos posibles» tienen un sentido finito. Lo que puede suceder en general es un número enormemente grande, pero no obstante finito de coyunturas. El gran año es la suma finita de todos los sucesos. Pero una serie finita de acontecimientos dentro de un tiempo ilimitado solo puede existir como repetición. Los contados granos en el reloj de arena solo pueden escurrirse permanentemente si constantemente se le vuelve a dar la vuelta al reloj.

> Las almas son tan mortales como los cuerpos.
> Pero el nudo de causas, en el que estoy atrapado, regresará y volverá a crearme. Yo mismo soy una de las causas del eterno retorno.
> Yo regresaré, igual que este sol, igual que esta tierra, igual que esta águila, igual que esta serpiente, *no* para una nueva vida, ni para una vida mejor ni para una vida similar: regresaré eternamente para vivir igual esta misma vida, tanto en lo máximo como en lo mínimo, para enseñar de nuevo el eterno retorno de todas las cosas.[46]

Nietzsche potencia aquí la repetición hasta convertirla incluso en una repetición de la concreción, y por tanto en una paradoja total, pues lo concreto, esto que hay aquí, lo singular e individual que hay justo en este momento temporal y en este punto espacial, parece ser después de todo lo irrepetible por antonomasia. Por retomar nuestro ejemplo anterior, yo puedo

---

46  VI, 322 (cf. *Así habló Zaratustra, op. cit.,* p. 358).

reiterar el mismo ruego, las mismas palabras, la misma pronunciación, pero precisamente no puedo repetir los mismos sonidos, que siempre son irrepetibles. Todo cuanto acontece tiene el carácter de la singularidad, del paso irretornable en el flujo del tiempo. La existencia en el tiempo y en el espacio, es decir, en lo abierto del mundo, siempre es para una sola vez. Nacimiento y muerte son los hitos del camino singular y único que recorremos sobre la tierra. Eso hace que el hombre sabedor de la fugacidad viva su vida con una intimidad llena de interés. Estamos aquí y ahora, en esta vida única e irrepetible, que tan breve es en comparación con la inmensa vastedad de los tiempos. Sin embargo, Nietzsche trata de pensar la eternización de lo pasajero, no planteando una eternidad por detrás del tiempo y degradando así el tiempo a mero fenómeno, ni planteando una eternidad después del tiempo (tras la muerte), sino que, más bien, piensa el tiempo como lo eterno, lo pasajero como lo permanente, lo singular como lo repetido. A la vez, la repetición no debe contradecir la singularidad, sino que justamente debe eternizarla y dar a la concreción y facticidad de la existencia una hondura infinita. No se captará lo paradójico de la concepción de Nietzsche mientras el pensamiento del eterno retorno se siga concibiendo como una mera repetición incesante, como si, por así decirlo, el gran disco de todos los acontecimientos posibles se volviera a hacer sonar una y otra vez desde el principio, como un *perpetuum mobile* de una monotonía y un aburrimiento infinitos. Todos los conceptos con los que Nietzsche opera en la exposición de la doctrina del retorno se anulan: una eterna repetición en la que no hay ningún primer modelo original que luego sea repetido es un concepto tan paradójico como la repetición de lo singular con su carácter de unicidad.

El eterno retorno de lo mismo es la doctrina de Nietzsche de la totalidad de lo existente. En casi todos los capítulos de

## 3. La anunciación

la tercera parte se evidencia y resalta claramente que cuando se habla de la eternidad que está infinitamente por encima de todos los procesos, acontecimientos y sucesos temporales, por encima de todo contenido temporal finito, en el fondo se está aludiendo al *mundo*. En todas partes palpita el sentimiento de amplitud y lejanía, solo a partir del cual se revela toda cercanía esencial de la existencia a los entes. El capítulo «Del gran anhelo»[47] da fe de cómo toda palabra, toda expresión del *Zaratustra* es significativa, de cómo el lenguaje metafórico de Nietzsche está siempre lleno de ideas esenciales. No se ha leído bien el *Zaratustra* si solo se ha escuchado una voz ampulosa, altisonante, ebria de imágenes y locuaz, si no se es capaz de traducir las metáforas a pensamientos. Por lo general, el estilo intuitivo y visionario de Nietzsche no se puede asimilar por connaturalidad. Si queremos leer la vehemente escritura figurativa de su pensamiento, tenemos que ir deletreando trabajosamente. El capítulo del que queremos ocuparnos ahora versa sobre el gran anhelo. ¿Qué es eso? Todos conocemos los anhelos. Todos conocemos este sentimiento del corazón humano. El anhelo es, obviamente, un deseo. Un deseo de algo ausente. Evidentemente no anhelamos aquello que tenemos delante de los ojos y a mano, aquello que podemos ver y agarrar. Podemos ansiar lo que tenemos presente, quizá incluso podemos ansiarlo vehemente y apasionadamente, pero no añorarlo. De la añoranza forma parte impulsarse anhelantemente hacia la lejanía. Sentimos añoranza de la amada que está lejos, de los días de la infancia, de la muerte. El anhelo nos arrebata de la situación actual y de sus objetivos y metas limitados. Estamos muy lejos de todo lo cercano que nos importuna. En cierto modo estamos absortos, como cuando Ifigenia llena de añoranza contempla el horizonte allende el mar en las playas de

---

[47] VI, 324 ss. (cf. *Así habló Zaratustra, op. cit.,* p. 360 ss.).

Táuride y busca con el alma la tierra de los griegos. Del anhelo forma parte estar expectante de la lejanía espacial y la lejanía temporal. Todos nosotros conocemos también el anhelo de algo indefinido y la añoranza sin objeto, la «nostalgia» del alma, la mirada a los mares abiertos. El anhelo no quiere llegar a lo añorado: de forma misteriosa tiene también la tendencia oculta a mantener lo añorado en la distancia. Del *desiderium* forma parte mantener alejada la propia lejanía presagiándola.

«*Inquietum cor nostrum...*», dice San Agustín. Dios es para él la finalidad de la añoranza. El *desiderium* no se satisface con objetivos finitos. Para el creyente, Dios infinito es la única respuesta al gran anhelo del corazón humano. El pequeño anhelo es aquel deseo de algo existente que se lanza a las lejanías. Pero el gran anhelo es la actitud que deja que las lejanías sigan siendo lejanas: no solo se mueve *por* las lejanías, sino que las busca expresamente en cuanto tales. Para Nietzsche, la gran lejanía no es el Dios creador del cristianismo, que mora más allá de todo el mundo creado y visible, sino la lejanía cuya palpitación envuelve todo lo visible y asible, como la lejanía espacial y la lejanía temporal del mundo que brindan toda cercanía. El gran anhelo es el asomarse del hombre al espacio y al tiempo, es su apertura cósmica.

No obstante, el capítulo versa sobre esta apertura cósmica en cuanto que ya ha asumido la forma del conocimiento del eterno retorno de lo mismo. Zaratustra conversa con su alma. «¡Oh alma mía! Te enseñé a decir "hoy" como se dice "un día futuro" o "en aquel tiempo", y a bailar tu danza circular alejándote de todo aquí y ahí y allá». La comprensión ontológica habitual del hombre entiende lo existente en el horizonte del tiempo, de modo que «hoy» y «en un futuro» y «en aquella época» están diferenciados y separados. Si algo es hoy, entonces ya no fue en aquel tiempo ni es todavía en un futuro. El presente se distingue del pasado y del futuro. Es cierto que una cosa puede ser y haber sido y seguir siendo en el futuro. Un peñasco dura, persiste durante mucho tiempo, está en el tiempo de forma distinta a como lo hace un acontecimiento breve, por ejemplo, un rayo. Pero al margen de estos modos distintos de estar en el tiempo, de lo que aquí se trata es de que pasado, presente y futuro están firme y fijamente separados entre sí. Son las tres dimensiones temporales. No pueden perder su recíproca diversidad. Y también el espacio se orienta de modo similar al tiempo: aquí, ahí y allá son las diferencias entre sus regiones. Todo lo existente está disperso en las regiones espaciales y tiene en ellas sus sitios. Es cierto que la diferencia entre aquí y allí se relativiza en función de la situación de quien dice «aquí». Lo que para uno es su aquí, para el otro es su ahí. Pero que «aquí» y «ahí» se pueden decir intercambiándolos no se debe a la referencia a la situación, sino a una diferencia real de los sitios en el espacio. En la medida en que el alma está atrapada en el conocimiento habitual del espacio y el tiempo, se encuentra en cada caso en una situación ya determinada, está fijada al yo, está localizada en medio de las cosas, siendo ella misma una especie de cosa. Tiene su ubicación en el cuerpo. Pero, justamente con la enseñanza del eterno retorno de lo mismo, Zaratustra ha enseñado a su alma a no tomarse en serio las diferencias fijadas de tiempo y espacio, las diferencias entre «hoy», «en un futuro» y «en aquella época», entre aquí, ahí y allá. Le ha enseñado a no sucumbir más al espíritu de la pesantez, que creó todas estas fronteras. Le ha enseñado a equiparar el «hoy» con el «en un futuro» y el «en aquella época».

¿Pero *cómo* son iguales? Son iguales para el pensamiento del retorno. Si la esencia del tiempo es el eterno retorno, entonces desaparece la diferencia entre lo pasado y lo futuro. Entonces lo futuro siempre es también lo ya sido, y viceversa. El alma se encuentra en la totalidad del tiempo cuando toma con «indiferencia» las baladíes diferencias entre los sucesos.

Entonces tiene en cierta manera una omnipresencia, se asoma al presente del universo, donde desaparecen todas las diferencias entre las dimensiones temporales. El alma a la que le han enseñado esto también puede danzar alejándose de las diferencias internas al espacio entre los sitios espaciales y las regiones espaciales, porque habita en el espacio del universo. «Oh alma mía, te he redimido de todos los rincones, te he barrido de polvo, arañas y penumbra...». El alma que se amplía hasta la totalidad universal, la añorante del gran anhelo, está desde ahora en la apertura de la luz, está bajo el cielo de «la inocencia y el azar». Solo mientras el alma del hombre, por así decir, cerrándose al mundo, se atenga únicamente a lo próximo y lo dado, solo mientras por así decirlo se arrastre, el oscuro conocimiento de la supremacía del mundo podrá disfrazarse de veneración de un dios. De algún modo, Dios es la sombra del mundo ahí donde la existencia se ha hecho pequeña y no se atreve a asomarse afuera. Cuando ya no se trasciende propiamente, la sombra aparece bajo la figura de un Dios trascendente que está más allá del mundo, y con ello viene toda la interpretación de la vida en términos de culpa, pecado y vergüenza. Según Zaratustra, el hombre debe estar «desnudo» ante el sol. El espíritu, el verdadero espíritu del hombre, se parece a la tormenta que barre todas las nubes. Las nubes tapan la luminosa amplitud del cielo. Como nubes, como sombras que ocultan son todos los conceptos fundamentales de la tradición cristiana, que, como piensa Nietzsche, se basan en una actitud fundamental del hombre ciega para el mundo y apartada de él. Cuando acontece el asomarse a la apertura cósmica, el anhelante impulsarse a las profundas lejanías cósmicas del espacio y el tiempo, entonces sopla el viento tempestuoso del espíritu humano, el hombre se libera de Dios y del trasmundo y se produce la liberación para el mundo. «Oh alma mía, te di el derecho a decir que no, como la tormenta, y el derecho a decir que sí, como el cielo abierto dice "sí": silenciosa como la luz te encuentras y caminas por tormentas de negación».

Y Zaratustra le sigue hablando a su alma. Le muestra que la enseñanza del eterno retorno no destruye la libertad, sino que la libera del límite que hasta ahora la constreñía con la inmutabilidad de lo pasado. Pero si todo lo pasado es al mismo tiempo todo lo futuro, entonces el alma tiene libertad «sobre lo creado y lo increado». La creación del creador, es decir, del hombre creativo, tiene vía libre como jamás la tuvo, es más, tiene una alianza secreta con la esencia creadora y soberana del mundo, que da el ser a todo lo que es... en un eterno retorno de lo mismo. Y Zaratustra habla del desprecio, del desprecio «que no viene como una carcoma, sino del gran desprecio, del desprecio amoroso, que ama sobre todo aquello que más desprecia». Este desprecio no es un desdeñoso obviar las cosas: el hombre encadenado a lo existente puede tomar conciencia de su encadenamiento y despreciarse a sí mismo por ser el siervo de las cosas. El sabedor del eterno retorno, por el contrario, está elevado por encima de todo vínculo y de todo extravío en lo existente intramundano, y sin embargo desde la apertura cósmica retorna de nuevo a las cosas. Al trascenderlas las reencuentra de una manera más original. Desprecia al hombre tal como es ahora, ese fragmento, esa lamentable cosa intermedia entre la nada y el infinito. El hombre es el existente finito en el que anida un presagio de lo infinito. Pero como casi siempre se arrastra, como no se atreve realmente a asomarse al infinito y en lugar de eso se mantiene a distancia de ello, es más, lo acaba fijando en la imagen tallada del dios trascendente, como no es lo que puede ser, por eso es para Zaratustra objeto de desprecio, pero al mismo tiempo también de amor: él ama al hombre por ser imagen del superhombre. Como camino hacia el superhombre, el hombre es lo más amado y lo más despreciado. Pero el superhombre no es otra cosa que la existencia humana en el modo del gran anhelo. «¡Oh alma mía! He retirado de ti toda obediencia, toda genuflexión y todo decir "señor". Te di a ti misma el nombre de "giro de la necesidad" y de "destino"». Cuando al conocer el eterno retorno el hombre se transforma en superhombre, en aquella existencia que vive anhelante en la totalidad del mundo, entonces se desvanece para él el espejismo de un dios ante el que se tenga que prosternar, al que le diga "Señor", y entonces termina toda servidumbre humana. Se ha hecho libre, porque mora y tiene su casa en lo libre y en lo abierto del propio juego cósmico. El hombre representa un giro de la necesidad porque la diferencia entre voluntad y necesidad se ha vuelto obsoleta, porque lo que la voluntad quiere libremente, después de todo, tendrá que venir como una eterna repetición. La propia alma se llama para Zaratustra «destino». La voluntad última y máxima es querer lo necesario. Pero para Nietzsche esto no significa rendirse a un destino impuesto. Mientras se entienda así el destino, el hombre no puede equipararse con él. El hombre piensa un concepto de destino totalmente propio. Al ser sabedora del eterno retorno, la existencia se aviene por completo al juego del mundo, pasa a participar en el gran juego, la distinción entre necesidad y libertad se supera, y de modo similar a como el pasado asume rasgos de futuro y el futuro rasgos del pasado, también así en la libertad hay necesidad y en la necesidad hay libertad.

Aquí volvemos a encontrar la propensión de Nietzsche a la conceptualidad paradójica. Evoca el mundo con la superación paradójica de opuestos intramundanos. «¡Oh alma mía! Te di nuevos nombres y juguetes multicolores, te llamé "destino" y "abarcamiento de los abarcamientos" y "cordón umbilical del tiempo" y "campana azul"». ¿A qué viene este lenguaje de imágenes? La transformación de la existencia que lleva a cabo la idea del eterno retorno transforma también toda la compren-

## 3. La anunciación

sión humana del ser. Ya no es primariamente una comprensión del ente en su ser, sino una comprensión de todo lo existente *a la luz del mundo*, a la luz del abarcamiento universal, a la luz del juego que impera sobre todo, en el que se atribuye a cada ente límite, aspecto y duración. Al asomarse a este juego omniabarcador del mundo, la propia alma se hace universal, se vuelve similar al universo, y en cierto modo pasa a ser, igual que él, «abarcamiento de los abarcamientos», quedando vinculada ella misma al imperante tiempo universal como el niño a la madre: es el «cordón umbilical del tiempo», es como la azul bóveda celeste por encima de todas las cosas. Y así como bajo el azul celeste que rodea todo lo existente también está la tierra cerrada que sustenta todas las cosas, así como el padre éter aboveda en un eterno abrazo a la madre tierra, también así la propia alma, a la que el gran anhelo arrastra hasta este desposorio cósmico, es dual, es a la vez cielo y reino terrenal. Nietzsche evoca aquí nociones fundamentales míticas que son tan antiguas como el género humano. «¡Oh alma mía! Vertí sobre ti todo sol y toda noche y todo silencio y todo anhelo: creciste para mí como una vid». Cielo y tierra, esta primordial oposición y alianza de la que proceden todas las cosas que conforman la tierra y que sobresalen a la luz, cielo y tierra son los extremos y las lejanías más remotos, a los que el alma tiende anhelante. No son extremos finales. En el espacio intermedio entre el cielo y la tierra está el alma humana, el alma del hombre transformado por el conocimiento del eterno retorno. Esa alma se parece a la vid que se alza de la tierra hacia la luz, que da frutos, que es una obra común del cielo y la tierra, antigua ofrenda sacrificial y el antiguo sacramento. El alma, cargada de añoranza, se parece a la vid. Profunda como el cosmos, el alma se parece a la vid cargada de los ocres racimos de uva de vino dorado. Esta alma se ha hecho demasiado rica, ya no puede soportar la sobreabundancia de su riqueza ni su contenido universal en un estado reposado. Tiene el universo en un anhelo eufórico: «¡Oh alma mía! ¡En ninguna parte existe alma más amorosa y más abarcadora y más amplia! ¿Dónde mejor que en ti se juntarían futuro y pasado?». Pero, pese a toda la agitación de su anhelo, el alma tan universalmente abierta descansa en una «nostalgia». «Tu plenitud mira más allá de los bramantes mares y busca y aguarda». En todo anhelo del mundo se encierra una espera, un aguardar en el espacio y en el tiempo. La existencia, igual que todas las demás cosas, está *dentro* del mundo, es *intramundana* como todas las demás cosas, y sin embargo es capaz de anhelar y de asomarse a aquello que está mucho más afuera de lo que ninguna cosa podrá estar jamás. Pese a haber sido llamado a la totalidad, el hombre se queda en medio de las cosas. Sabedor de lo infinito, se queda atrapado en lo finito. Gracias a la infinitud de la amplitud universal llega a conocer su propia finitud. La euforia abierta al universo es justamente la que más ásperamente lo arroja de nuevo a las cosas. De este sufrimiento nace la oda al mundo, el canto meditativo y poético. El alma de Zaratustra tiene que cantar si no quiere hundirse en el sufrimiento del gran anhelo. Tiene que

> cantar un canto bramante, hasta que todos los mares se apacigüen y guarden silencio para escuchar atentamente tu anhelo, hasta que sobre mares en calma y añorantes se balancee la barca, el áureo milagro en torno a cuyo oro dan saltos todas las cosas buenas, malas y prodigiosas; también muchos animales grandes y pequeños, y todo lo que tiene prodigiosos pies ligeros para poder correr por senderos violáceos hasta el áureo milagro, la barca voluntaria y su dueño: pero este es el vendimiador, que aguarda con la podadera diamantina.

Debe darse cumplimiento al gran anhelo humano, que sabe que la esencia del mundo es el eterno retorno y que se asoma

## 3. La anunciación

expectante. Lo comprendido en un impulso añorante debe venir por sí mismo. *El eterno retorno no es lo último.*
La doctrina del retorno concibe el tiempo como una eterna repetición. Pero qué es la propia repetición eterna, Nietzsche/Zaratustra solo quiere decirlo cantando. La barca que flota en las aguas del devenir se encuentra con el alma que mira expectante más allá de mares añorantes y en calma: la barca es lo último, el centro de todo ser. En torno a esta barca dan saltos todas las cosas, igual que los delfines en torno al barco. «El corazón de la tierra es de oro», se decía en un capítulo anterior. Con la metáfora del áureo milagro se alude al centro del ser. Pero el señor de la barca es Dioniso, el dios de la embriaguez, del amor y de la muerte… y el dios del juego. Él es el señor de la tragedia y de la comedia, el señor del teatro trágico y a la vez jovial del mundo. Pero no es un dios que se aparezca *en* el mundo bajo una figura intramundana delimitada. Su epifanía no tiene contornos fijos. Es el formador informe, el juego mismo del ser. Y es el señor del viñedo, el Dioniso Baco: él libera la vid de su anhelo del vendimiador redentor, que poda con el cuchillo más duro, con la podadera diamantina. Es el corte del propio tiempo, que se lleva todo cuanto ha traído, que otorga y roba, que construye y destruye, que compone y rompe. Dioniso es lo que el eterno retorno tiene de obsequiante y de raptor.

¡Tu gran liberador, alma mía, es el sin nombre, para el que solo cantos futuros encontrarán un nombre! ¡Ya ardes y sueñas, ya bebes sedienta de todas las profundas y sonoras fuentes de consuelo, ya descansa tu nostalgia en la bienaventuranza de futuros cantos!

Dioniso es la respuesta al gran anhelo del hombre. Él es lo que hace que todo ente comparezca y se ausente. Es quien rige todo cambio, quien rige el curso de las cosas en el tiempo. La *venida del mundo* ha acontecido ahí donde se manifiesta por sí mismo lo dionisíaco, que guía y rige todo cambio. El alma de Zaratustra, añorante de amplitudes cósmicas, ha encontrado el camino a casa. *Dioniso* es la última palabra de Nietzsche. Aunque aquí no se pronuncia el nombre de Dioniso, sin embargo la podadera delata al señor del viñedo. No obstante, es muy significativo que aquí Nietzsche se muestre reservado. Lo que se anuncia es más el adviento de Dioniso que su estar ya aquí. Él sigue siendo el sin nombre de los cantos futuros. Zaratustra, el hombre abierto al universo, debe salir cantando al encuentro de su ultimidad: «¡Oh alma mía, ahora sí te he dado todo, incluso lo último que tenía, y todas mis manos se han vaciado para ti! Mira, *que te mandara cantar* fue lo último que me quedaba».

En los últimos dos capítulos de la tercera parte del *Zaratustra* se entona el canto dionisíaco. «La otra canción de la danza»[48] es un cántico de alabanza particularmente ambiguo a la vida en su ocultamiento e impenetrabilidad: la vida se presenta con los rasgos seductores de una mujer que es bruja y serpiente, remolino de viento y noche inescrutable. Lo decisivo es aquí el laberíntico abismo: «¡Hace poco miré en tus ojos, oh vida! Vi fulgurar oro en tus ojos nocturnos, y mi corazón se paralizó de pura voluptuosidad». Zaratustra entona lo que podríamos llamar un canto de ménade a la vida. Quizá el estilo no esté tan logrado como Nietzsche se imagina. Molestan sobre todo los esfuerzos por rimar en el primer tercio del capítulo. Pero la vida le dice a Zaratustra: «No me eres lo bastante fiel. Sé que estás pensando en abandonarme pronto», y Zaratustra le susurra al oído a la vida, esa bruja seductora, «por entre las enmarañadas greñas amarillas y ridículas». No se nos comunica *qué* es lo que dice. Pero nos lo podemos imaginar:

---

[48] VI, 328 ss. (cf. *Así habló Zaratustra, op. cit.*, p. 364 ss.).

### 3. La anunciación

no es de ningún modo posible abandonar la vida en un sentido absoluto. Si Zaratustra está pensando en morir próximamente, entonces, al fin y al cabo, tendrá que retornar siempre, innumerables veces en el anillo del retorno. «¿Tú lo sabes, Zaratustra? —responde la vida—. Eso no lo sabe nadie».

Pero tras esta conversación suena doce veces la campana del tiempo. Lo que Zaratustra sabe del tiempo se va enunciando con una creciente intensificación al compás de las campanadas. Casi siempre estamos atrapados en el tiempo, vivimos en él como si estuviéramos dentro de un sueño: es el cauce de nuestra existencia, el medio de nuestra vida, el aire que respiramos, pero la mayoría de las veces no lo conocemos. Sin embargo, es posible despertar de este sueño, despertarse de un susto a medianoche. El sueño se desvanece y el tiempo se convierte en un problema, de tal modo que, a causa de ello, tomamos conciencia de la *profundidad del mundo*. Cuando reparamos en el tiempo, cuando reflexionamos sobre él en estado de vela y no seguimos dormidos en el sueño universal al que el tiempo nos conduce, entonces el mundo nos tiene que parecer más profundo, más cuestionable, más enigmático. Por así decirlo, en la noche silenciosa escuchamos cómo el tiempo va transcurriendo sin hacer ruido, cómo se disipa quedamente, mientras que con el ruido del día, donde nos aturde la colorida visión de las múltiples cosas, sabemos menos del inquietante soplo de viento de la caducidad. Conocer la caducidad es conocer el profundo sufrimiento del mundo: todo transcurre, nada parece permanecer. Apenas comienza a despuntar algo ya acecha la muerte. Todo se convierte en presa suya, el sufrimiento del mundo es profundo. Pero Nietzsche contrapone a la profundidad del sufrimiento la profundidad aún mayor del placer. El sufrimiento solo ve la fugacidad del tiempo, el desvanecimiento de todo ser en el tiempo, mientras que el placer ve más profundamente, y no solo enfatiza un factor opuesto al tiempo que transcurre, sino que en la propia esencia del tiempo advierte el eterno retorno de lo mismo, es decir, la eternidad. Sufrimiento, placer, mundo, tiempo y eternidad se piensan aquí en su correlación. «La otra canción de la danza» termina con las graves campanadas:

> ¡Oh hombre, presta atención!
> ¿Qué dice la profunda medianoche?
> Estaba dormido, estaba dormido,
> pero ahora he despertado de un profundo sueño:
> el mundo es profundo,
> más profundo aún de lo que el día se piensa.
> Hondo es su dolor.
> Pero más profundo aún que el sufrimiento es el placer.
> El sufrimiento invita a transcurrir.
> Pero todo placer quiere eternidad.
> Quiere profunda, profunda eternidad.

*El eterno retorno: «Los siete sellos». Zaratustra y los «Hombres superiores»*

La marcha de nuestra interpretación provisional del eterno retorno ha estado guiada por la pregunta de si la concepción nietzscheana del tiempo se rige por el tiempo intramundano, por la distancia temporal o por el propio tiempo universal. Nuestro intento de interpretación quizá haya dejado claro que el mundo se connota a lo largo de toda la tercera parte del *Zaratustra*, que el pensamiento de Nietzsche gira aquí en torno a lo indecible y aún innombrado que concurre como abierta y luminosa amplitud del cielo y como oclusión de la tierra, cediendo espacio y dando tiempo a todo lo existente. Según Nietzsche, el tiempo se muestra de un modo doble. Un modo es la visión que el sufrimiento tiene del tiempo. Sufrimiento o dolor no significan aquí el hecho de que uno tenga una pena o le suceda una desgracia, sino que designan una estructura fundamental de la existencia humana. El sufrimiento es la elegíaca experiencia fundamental de la caducidad. La cosmovisión del budismo y la del cristianismo, así como la metafísica pesimista de Schopenhauer, están pensadas desde el sufrimiento. El sufrimiento es también para Nietzsche una experiencia fundamental de la esencia del tiempo. Lo que se experimenta con ello es la fugacidad, la nulidad de todo ser en el tiempo. El tiempo liquida, devora a sus hijos, es aniquilación. Nada puede hacerle frente, las cordilleras rocosas se acaban desmoronando y el fuego celeste se acaba extinguiendo. Nada puede permanecer, todo está sometido al cambio que consume. La mirada sufriente al tiempo no ve en él más que lo irrepetible e irrecuperable, la partida de lo existente, la desaparición, el camino hacia la nada. Nietzsche no obvia ni pasa por alto el conocimiento elegíaco que el sufrimiento tiene del tiempo. Se da cuenta de él y lo reconoce, pero lo toma como un conocimiento limitado y coartado del tiempo. Para él, la visión más profunda es la que tiene el placer. Evidentemente, placer no significa aquí el pequeño regocijo, el cosquilleo, la excitación sensible. El placer es una forma de apertura universal de la existencia, un modo de comprensión eufórica. La *hedone* es la dicha del polvo, la felicidad del hombre fugaz que se disipa y se desvanece en el tiempo; la dicha del hombre que al ser abrazado siente la existencia pura, plena y rotunda, irrefutable e indiscutible; la dicha del hombre que al probar el pan degusta la tierra, la sosegada y constante, que hace que el trigo madure al viento y a la intemperie y que brinda fiable estabilidad a todas las cosas. El placer del hombre no es solo el disfrute de sus sensaciones, el estímulo de sus sentidos y su sensibilidad, sino la experiencia del ser corpóreo y carnal de las cosas, de la firme fundamentación de lo existente en la tierra. Aunque la cosa desaparezca en el vertiginoso paso del tiempo, la tierra permanece. No comemos el pan ni bebemos el vino como si fueran cosas aisladas, sino que continuamente celebramos el sacramento de nuestra incorporación a la tierra. El pan y el vino son el cuerpo y la sangre de la Gran Madre, y nos inician en la silenciosa paz de Deméter. La antigua sabiduría mistérica conocía el simbolismo del pan y el vino, y el modo en que estas cosas fugaces remitían a la tierra imperecedera. El placer de la comida y el placer del amor sexual se consideraban experiencias simbólicas de la perseverancia de lo constante en medio de lo fugaz y lo transitorio, igual que la tierra se mantiene inamovible en el viento del tiempo, e igual que pese a toda la fugacidad de la vida se conoce también su indestructibilidad. En Nietzsche es el placer lo que tiene la visión más profunda del tiempo. El placer conoce, siquiera a modo de presagio, la repetición infinita, el eterno retorno de lo mismo. «Pero todo placer quiere eternidad, quiere profunda, profunda eternidad». Tiene que quedar irresuelta la cuestión de si Nietzsche, al atribuir al placer el conocimiento más profundo del tiempo, se guiaba por el conocimiento de la tierra imperecedera, que es escenario y margen de todo transcurso, es decir, si el carácter de eternidad que tiene el eterno retorno se puede pensar *desde la tierra*, o si únicamente ha quedado sentenciado, con un veredicto paradójico, que la eternidad está en el tiempo.

Pero qué entiende Nietzsche por «placer» se aclara en el último capítulo de la tercera parte. Lleva por título «Los siete sellos» (o la «Canción del sí y del amén»).[49] Los siete sellos con los que Nietzsche quiere sellar su libro, y con los que le da un carácter esotérico, son todos ellos invocaciones del mundo,

---

49  VI, 334 ss. (cf. *Así habló Zaratustra, op. cit.*, p. 370 ss.).

invocaciones de la eternidad del mundo. El placer es el placer cósmico, la estremecedora experiencia de la eternidad. El placer cósmico es el talante básico del pensador cuando está «lleno de aquel espíritu profético que camina por un paso elevado entre dos mares». Incluso en el modo torpe y obtuso de nuestra vida cotidiana estamos constantemente en la estrecha divisoria entre dos mares. Vivimos en el momento actual: tenemos ante nosotros el futuro imprevisible y tras nosotros el pasado infinito. Pero nosotros no estamos en un «paso elevado», como Zaratustra. Él se eleva por encima de ambos mares. Sabedor del eterno retorno, ambos mares no son distintos para él. Y sin embargo, para él no todo confluye en lo mismo. Precisamente porque conoce el significado eterno del instante puede experimentarlo más profunda y resueltamente. No vive solo en el curso del tiempo, sino que configura el tiempo, es el volente de una gran voluntad, pero no con una fe ciega en un futuro remoto que todavía está indeciso. La voluntad suprema busca lo necesario. No quiere lo que le place: quiere lo que tiene que venir. «¡En verdad que mucho tiempo tiene que apegarse a la montaña, como una borrasca, quien quiera encender un día la luz del futuro!». Pero justamente cuando se tiene una voluntad duradera y firme de futuro, este no se entiende como lo factible, sino como lo necesario. En el modo supremo de la voluntad, en el modo de la creación de una nueva humanidad, anida y se estremece el eterno placer cósmico: en la voluntad creadora de futuro arde la pasión por el eterno retorno.

Y con el segundo sello, la muerte de Dios se pone en relación con la idea del retorno. «Dios» era la quintaesencia de todos los intentos de desplazar lo eterno para situarlo fuera del tiempo terrenal. Solo cuando este Dios eterno y ultramundano muere, cuando es asesinado, puede resplandecer el brillo de lo eterno en el más acá, incluso en la propia fugacidad.

> Si alguna vez estuve sentado con júbilo donde yacen enterrados antiguos dioses, bendiciendo el mundo, amando el mundo junto a los monumentos de antiguos calumniadores del mundo, pues amo incluso las iglesias y las tumbas de dioses cuando el cielo de puros ojos se asoma por sus techos derruidos. Me gusta estar sentado, como la hierba y la roja amapola, en iglesias derruidas.

En estas palabras no habla un odio furibundo y fanático contra Dios, ni la indignación de la humanidad prometeica contra la tutela de los dioses. Los dioses eternos tienen que morir para que el hombre fugaz pueda conocer justamente su fugacidad como lo eterno, como la eterna repetición. La eternidad de hombre y mundo no puede tolerar a su lado ninguna otra eternidad de los dioses. El placer cósmico mata a los dioses.

Y el tercer sello comienza con la semejanza divina del hombre, con la creación del creador, con aquella «necesidad celeste que obliga incluso a los azares a bailar en corros de estrellas». Es como si al hacerse creador el hombre se hubiera convertido en Dios. Como ya no hay dioses, el creador se ha divinizado, y puede decir: «pues una mesa divina es la tierra, trémula de nuevas palabras creadoras y jugadas divinas». Pero este impulso creativo del creador también tiene su fundamento más profundo en el placer cósmico.

Y el cuarto sello nombra la jarra mezcladora, en la que todas las cosas están bien mezcladas. Pero la jarra mezcladora es un antiquísimo símbolo del mundo. El mundo lo mantiene todo unido y unificado, liga todos los opuestos, sazona el bien con el mal y viceversa. Cuando el pensamiento se remonta hasta antes de la fijación de las oposiciones, cuando se entiende que los opuestos se comportan entre sí como la tensión entre opuestos del arco o de la lira (por mencionar el gran símbolo de Heráclito), entonces impera el mundo, entonces se está

## 3. La anunciación

pensando más allá de todo lo finito y diferenciado y se llega a la totalidad abarcadora, a la gran juntura a la que se pliega incluso toda oposición.

Los tres últimos sellos son los que expresan más poderosa y bellamente la apertura universal del placer. En el quinto sello el mundo aparece bajo la imagen del mar, y el placer cósmico como el «placer que busca y que despliega velas rumbo a lo no descubierto», como un «placer de navegante». El impulso de la existencia anhelante de universo se expresa con una precisión de la imagen metafórica que casi asusta: «si alguna vez mi júbilo exclamó: "la costa se perdió de vista y ahora me he desprendido de la última cadena, lo ilimitado brama a mi alrededor, allá lejos resplandecen para mí el espacio y el tiempo"». Casi siempre vivimos de modo que la amplitud universal nos queda oculta. Vivimos con lo limitado dentro de los límites, estando nosotros mismos limitados. Por todas partes la amplitud que nos rodea está demarcada, recorrida y atravesada de líneas fronterizas. Y si alguna vez nos arriesgamos a salir a lo abierto, entonces no vamos demasiado lejos y nos quedamos cerca de la costa. El mar abierto solo es para nosotros el lejano horizonte. El espacio es para nosotros lo demarcado y distribuido, y lo mismo sucede con el tiempo. Normalmente no pensamos el espacio y el tiempo mismos, que son más originales que sus distribuciones, ni pensamos la abierta amplitud universal, donde la costa y la limitación desaparecen y donde el espacio y el tiempo resplandecen muy a lo lejos. En el esplendor, en la apertura luminosa, la esencia del espacio y del tiempo se revela de forma más original que en las líneas limitadoras de las cosas intratemporales e intraespaciales. En el esplendor universal del espacio y el tiempo palpita el estremecedor placer de la lejanía, el estremecedor placer de la eternidad. En el sexto sello Zaratustra habla de la levedad de la existencia que habita en la apertura universal, que al igual que el pájaro revolotea por encima de todas las fronteras, que no conoce arriba ni abajo, y para la cual las cosas bailan porque ella misma se aleja danzando de todo lo existente en el amplio margen del mundo. «Y si mi Alfa y mi Omega es que todo lo pesado se vuelva ligero, que todo cuerpo se haga bailarín, que todo espíritu se convierta en pájaro: en verdad esto es mi Alfa y mi Omega». Nietzsche no ensalza el temperamento feliz que vive al día alegre y contento. La levedad de la que él habla solo se alcanza mediante una transformación de la vida en el pensamiento del mundo, en un arrebato de placer cósmico. Y en el séptimo sello se menciona expresamente el apego de la existencia al mundo:

> Si alguna vez desplegué cielos silenciosos por encima de mí y volé con mis propias alas a mis propios cielos, si nadé jugando en profundas lejanías luminosas y me llegó la sabiduría de pájaro de mi libertad.

El desplegarse de la existencia por los cielos propios y las profundas lejanías luminosas es el modo de volverse al mundo. Pero el estar vuelto al mundo es siempre para Nietzsche amor a la eternidad. No a una eternidad más allá del mundo, no a una eternidad transmundana, sino a la eternidad del propio mundo. Los siete sellos se cierran:

> Oh, ¿cómo no iba a tener yo un ardiente celo por la eternidad y por el anillo nupcial de los anillos, el anillo del retorno? Jamás encontré la mujer con quien quisiera tener hijos, salvo esta mujer a la que amo. ¡Pues yo te amo, eternidad!

El amor a la eternidad se compara con el ardor amoroso. Se llama a la eternidad mujer, y al anillo del retorno el anillo nupcial. ¿Es esto mera casualidad? ¿Emplea Nietzsche una imagen que podría reemplazarse tranquilamente por otra? ¿O el amor a la eternidad tiene algo en común con el amor sexual? ¿No se revela en esta imagen empleada —igual que antes en la «Canción de danza», la «Canción nocturna» y la «Canción de la tumba»— que cuando Nietzsche habla de eternidad está pensando en la mujer de todas las mujeres, en la maternal tierra? ¿No alude a mitos antiquísimos al pensar sus ideas supremas y más extremas? ¿El eterno retorno de lo mismo únicamente puede esclarecerse, por así decirlo, con una meditación sobre la esencia del tiempo, o este problema remite a la relación problemática y oscura del tiempo con el espacio, del cielo con la tierra, del claro iluminado con el fundamento cerrado? ¿Remite a la dimensión mítica de los esponsales de *Ouranos* y *Gaia*? ¿Se puede encontrar ahí originalmente el anillo nupcial de los anillos, el anillo del retorno? No se puede dar una respuesta rápida y rotunda a esta pregunta. El concepto filosófico todavía no ha asumido toda esta dimensión a la que alude el antiquísimo mito. Quizá eso sea una tarea futura. Podría ser que la enseñanza nietzscheana del eterno retorno tuviera un sentido muy alejado de la hipótesis del tiempo infinito y de un contenido temporal limitado que solo retorna reiteradamente en el tiempo como repetición. La enorme pasión con la que Nietzsche sostiene esta idea y la convierte en el verdadero centro del *Zaratustra*, poniéndola así como la enseñanza fundamental de su filosofía positiva, forzosamente nos resultaría muy chocante si con ello no se presentara ya como una concepción temporal que está en tajante contradicción con todas las experiencias preteóricas del tiempo y también con la interpretación conceptual tradicional del tiempo, pero que aún no ha sido elevada a un concepto riguroso. Nietzsche fundamenta en la idea del eterno retorno todos los demás temas principales de su pensamiento: las enseñanzas de la voluntad de poder, de la muerte de Dios y del superhombre. El

*Zaratustra* ha alcanzado su culminación en la tercera parte. Con ello concluye el desarrollo gradual de las ideas centrales de Nietzsche. Este sería también el final natural de la obra. Quizá Nietzsche también lo pretendiera así en un comienzo. El capítulo «El convaleciente» había terminado con que los animales de Zaratustra veían el final de su amo justamente en la proclamación del eterno retorno: «así acaba el hundimiento de Zaratustra». Si Nietzsche hubiera concluido la obra con la tercera parte, ella conservaría una rigurosa unidad de estilo: el discurso en parábolas como la forma de proclamar nuevas enseñanzas filosóficas fundamentales.

Pero en la cuarta parte aparecen nuevos elementos estilísticos. En las tres primeras partes la fábula no parece ser más que un ligero lazo de cohesión, cuya única intensificación consiste en que la predicación va dirigida primero a todos, luego a unos pocos, para ser finalmente el soliloquio de Zaratustra y, por último, el canto de su alma. Pero ahora la fábula resalta con más fuerza, incluso de forma muy llamativa. Se producen salidas de tono penosas y lamentables. Toda la cuarta parte es una decaída. En cierto modo, parece haberse agotado la visión poética y filosófica. A modo de sátira maligna y perversa, esta cuarta parte se agrega como un apéndice a la obra que revelaba una nueva visión trágica del mundo. La cuarta parte debería servir para mostrar la inconmensurabilidad de la grandeza de Zaratustra en comparación con las formas anteriores de grandeza humana, para exponer su sublimidad por encima de todos los tipos del «hombre superior». Pero justamente eso no se logra y todo queda en mera pose. Zaratustra es descrito como el magnánimo, el victorioso, el bondadoso, el seguro de sí mismo en medio de los extraños fragmentos que representan los hombres superiores. Su superioridad sobre los hombres superiores no aporta esencialmente profundidad ni concreción existencial a la figura de Zaratustra. Nietzsche no logra mostrar cómo vive la existencia que está definida por el conocimiento de la muerte de Dios, de la voluntad de poder y del eterno retorno. Su arte de exponer talantes y posturas vitales ya no alcanza para eso. Como pensador de las nuevas ideas, Zaratustra está más allá de la psicología de Nietzsche.

La cuarta parte comienza con una situación al cabo de muchos años y muchas lunas. Zaratustra ha estado viviendo en soledad durante mucho tiempo, y entre tanto su cabello se ha vuelto «blanco». Y sin embargo solo está aguardando su hora, la hora de su última y definitiva bajada a los hombres. No disfruta de la soledad ni de la dicha que ella trae, sino que aspira a realizar su obra. Pero él, «el más maligno de todos los pescadores de hombres», todavía sigue aguardando en la cima de su montaña. Lanza la miel de su dicha solitaria y recluida y de su libertad en las montañas como cebo para los peces humanos. Existe Zaratustra, el solitario que soporta la soledad, el impío que sabe vivir sin Dios, y porque él existe suben hasta él los «hombres superiores», los hombres de la gran náusea que ya no pueden vivir entre el gentío de sus semejantes mezquinos e impertinentes, que no pueden sentirse contentos en la lejanía y el abandono de Dios que caracterizan la existencia moderna. Todos ellos buscan a Zaratustra y le gritan sus penurias. El grito de auxilio del hombre superior saca a Zaratustra de su cueva, y al recorrer su territorio y su reino encuentra múltiples tipos de hombres superiores. Les manda a todos ellos subir a su cueva. Se reúne un extraño grupo: el adivino del gran cansancio, los dos reyes, el concienzudo de espíritu, el mago, el viejo Papa que perdió su ministerio al morir Dios, el hombre feo, el mendigo voluntario y la sombra de Zaratustra. Estos hombres superiores son el «residuo de Dios» en la tierra. Si en tiempos pasados, cuando aún creía en Dios, el hombre proyectaba su fervor, su anhelo, su intimidad más allá de sí, ahora con la muerte de Dios no ha muerto el añorante y fervoroso corazón humano. Aún sigue queriendo trascenderse, pero la dirección en la que antes se arrojó está ahora vacía. Todo lanzamiento cae ahora en el vacío. Donde antes estaba Dios calla ahora la nada. Pero estos hombres superiores siguen estando embelesados con la nada. Todavía no han consumado su giro, todavía no se han transformado verdaderamente como Zaratustra. Siguen atrapados en la alineación de sí mismos, solo que ahora esta alienación tiene un carácter siniestro y negativo. El adivino del gran cansancio es el profeta del nihilismo venidero. El mago es el artista convertido en actor, que ya no vive realmente nada, que no tiene autenticidad, sino que se limita a imitarla, que vive una existencia rellenada de las despojadas máscaras de una existencia antaño henchida. Los dos reyes ya no pueden soportar que su reinado solo sea mera apariencia. Ya no son gobernantes ni guerreros, ya no tienen voluntad de poder, son los nietos tardíos de los guerreros. Desprecian la falsa representación de un poder que ya no es realmente poder, y por tanto están aquejados también de la inautenticidad de la vida, de los falsos conceptos de poder y dominación que rigen en la vida moderna. Pero se quedan en el desprecio a lo inauténtico y no logran alcanzar una nueva autenticidad propia. Buscan a Zaratustra, que enseña a guerrear y concibe la voluntad de poder como la esencia de la vida. Y también el concienzudo de espíritu está aquejado de inautenticidad. Desprecia la inautenticidad del presunto saber, toda la cultura alejandrina de la formación que disfruta del saber, lo apila y sabe cosas que son transmitidas de muchas maneras, pero que justamente ya no conoce nada de manera original. El concienzudo de espíritu desprecia el saber que no procede del auténtico sacrificio y riesgo del conocimiento, que se limita a investigar una sola cosa, algo muy específico, incluso algo específico en su especificidad: se limita a investigar al cerebro de la sanguijuela. Él es para Nietzsche el símbolo de la ciencia positiva, que aunque ha

## 3. La anunciación

perdido el contexto general y se ha sumido en una especialización extrema, sin embargo renuncia expresamente a pretender saber cuando solo se sabe presuntamente. En esta postura unilateral se encierra aún un enorme respeto. El concienzudo desconfía de todas las tesis teológicas y metafísicas que solo fingen un contexto de lo cognoscible. Antes prefiere ser unilateral y preciso que sucumbir al engaño de un presunto saber superior. Por tanto, Nietzsche valora la unilateralidad de la ciencia positiva como un desistimiento, como una renuncia, y por tanto como la referencia a un saber necesario y auténtico de la totalidad. El concienzudo prefiere la ignorancia a un saber presunto e inauténtico. Deja que la sanguijuela le sorba la sangre en el brazo. Todo saber auténtico menoscaba la vida. Y el viejo papa es el hombre reverente, de cuyo propio carácter forman parte la veneración y la bendición, aunque sabe que aquel en cuyo nombre bendecía ha muerto. Sigue amando al dios muerto y añorándolo en su tristeza. En esta tristeza su existencia tiene grandeza, aunque él no llegue a transformarse en el hombre que se ha liberado de Dios. Este hombre que guarda luto por Dios tiene un rango superior al de aquel gusano vulgar que enseguida se aviene a la muerte de Dios y solo se dedica a buscar los pequeños placeres. Por su parte, el hombre más feo significa el asco que el hombre siente de sí mismo. Mientras se tenga conciencia de lo fragmentario y de la deformidad del hombre, mientras el hombre siga sufriendo a causa de sí mismo, mientras siga queriendo abandonarse y superarse, todavía tendrá una noción de la grandeza. El hombre perdido es solo el satisfecho de sí mismo, al que ya no estimula ningún acicate, ninguna esperanza y ninguna insatisfacción. Y algo similar se puede decir del mendigo voluntario y de la sombra de Zaratustra. El mendigo que se desprende voluntariamente de toda posesión y que vaga cual evangelista en la montaña predicando la mansedumbre y la ternura es también un inquiriente y un anhelante. Y la «sombra» de Zaratustra es el espíritu libre que, tan audaz que llega a resultar temerario, abandona todas las seguridades, niega y ataca, vive experimentando, va también en busca de lo maligno y lo peligroso, pero no tiene ninguna base última sobre la que asentarse, ninguna posición tras todas sus negaciones, ninguna consistencia ni ningún suelo firme, que no tiene hogar ni patria en ninguna parte. Este eterno negador no es más que la sombra de Zaratustra, en quien incluso los ataques más acerbos y las negaciones más ásperas e inapelables proceden de una visión original propia de la existencia. Zaratustra tiene arraigo, su sombra no: ella es la apátrida, la inconstante y voluble, que acaba sucumbiendo a causa de su propia apatridia: «¿Qué me ha quedado al final? Un corazón cansado y procaz, una voluntad voluble, alas para aletear, un carácter doblegado».[50] Lo que Nietzsche caracteriza aquí como sombra de Zaratustra es un riesgo constante de su propia naturaleza: el librepensamiento temerario, el siniestro placer del desarraigo.

Toda la serie de los «hombres superiores» muestra un rasgo común: todos ellos son desesperados. Buscan a Zaratustra, que ha superado la desesperación del hombre, para quien Dios ha muerto. El conocimiento que Zaratustra tiene de la muerte de Dios no es melancolía, no es un lóbrego duelo por el sentido perdido de la vida. Su saber es jovial, porque sabe del superhombre, conoce la voluntad de poder y el eterno retorno. En la cueva de Zaratustra, en presencia de un hombre cabal que ha superado la muerte de Dios, los hombres superiores aprenden un poco de esperanza y de orgullo. Zaratustra les habla, los invita a comer, pero no los acoge como suyos. Honra en el hombre superior el puente que conduce al superhombre. Pero lo que es un nivel y un comienzo provisional no es aún lo auténtico. Zaratustra honra aún a los hombres superiores

---

50  VI, 398 (cf. *Así habló Zaratustra, op. cit.*, p. 432.)

distinguiéndose de ellos. Todos ellos son anhelantes y añorantes, pero él está en la tierra. El hombre superior lo es porque se distingue de la plebe. Zaratustra lo ama porque ya no sabe vivir hoy, en esta época de la plebe. «Es preferible que desesperéis —dice a los hombres superiores— a que os rindáis. Y en verdad que os amo porque hoy ya no sabéis vivir, hombres superiores».[51]

> Cuanto más elevada sea la especie, tanto más raramente se logra lo que pertenece a ella. Vosotros, hombres superiores que estáis aquí, ¿acaso no sois todos vosotros malogrados?
> ¡Tened ánimo, qué importa lo demás! ¡Cuántas cosas son posibles aún! Aprended a reíros de vosotros mismos, que es como hay que reír.[52]

La grandeza humana aparece como algo malogrado. Los hombres superiores en la cueva de Zaratustra están todos ellos malogrados. Pero están malogrados si se los compara con el superhombre. Si se los compara con la plebe, entonces son grandes hombres. Lo que Zaratustra recomienda a estos malogrados es reírse: aquella risa liberadora que ve la comicidad de la vida humana a la luz de la belleza del superhombre. «Esta corona del riente, esta corona de rosas: ¡a vosotros, hermanos míos, os arrojo esta corona! He santificado la risa. Vosotros, hombres superiores, *aprended* de mí... a reír!».[53] El consejo de Zaratustra solo se entiende a medias. Los hombres superiores aprenden a burlarse de sí mismos solo a base de mucho trabajo y tormento. El viejo mago canta una canción lóbrega, una canción melancólica, con la que intenta burlarse de sí mismo. Pero el tema aquí no es solo lo tragicómico del arte, que se haga

---

51 VI, 419 (cf. *ibid.*, p. 453.)
52 VI, 426 (cf. *ibid.*, p. 460.)
53 VI, 430 (cf. *ibid.*, p. 462.)

pasar por verdad y en el fondo no sea más que la beatitud de un chalado, de un poeta que ha sido «proscrito de toda verdad y no es más que un chalado, un poeta».[54] Con esta melancólica canción también recorre una oscura sombra el alma de Zaratustra. Nietzsche pone en boca de los hombres superiores algunas cosas que él mismo declara y que también son aplicables a él. Zaratustra no es el único que representa a Nietzsche, sino que también los hombres superiores son figuras tras las que se oculta el propio Nietzsche. No en vano estos hombres superiores son el «último pecado» de Zaratustra. Su compasión por ellos es su pecado. Pero esto solo es posible porque, en cierta manera, Zaratustra se compadece de los hombres superiores, porque el sufrimiento de ellos es también en cierto modo el suyo propio... o al menos el sufrimiento de Nietzsche. Por tanto, no son meros personajes antitéticos cuya única función sea perfilar por contraste la figura de Zaratustra: todos ellos son en conjunto «sombras» de Zaratustra, posibilidades de su alma, quizá posibilidades superadas. Al superar Zaratustra la compasión por los hombres superiores alcanza su madurez última y suprema. Llega su símbolo: el león riente con la bandada de palomas. Y se pone manos a la obra: abandona su cueva «fervoroso y fuerte como un sol matinal que viene de montañas oscuras».[55] Así acaba la obra. No sabemos si Zaratustra se pone en camino para una nueva predicación de sus enseñanzas o para una gran hazaña.

Es un final extraño. Deja un vacío peculiar. Nietzsche escribió diversos esbozos para diseñar otro final, pero no llegó a desarrollarlos. El *pathos* de la obra se ha agotado, tras la cuarta parte no permite ya un final contundente y consecuente. Mientras Nietzsche filosofa, es decir, mientras desarrolla sus

---

54   VI, 437 (cf. *ibid.*, p. 471).
55   VI, 472 (cf. *ibid.*, p. 510).

ideas del superhombre, de la muerte de Dios, de la voluntad de poder y del eterno retorno, el *Zaratustra* es una obra muy contundente y tiene una original fuerza lingüística y filosófica. Pero cuando Nietzsche quiere ofrecer una imagen existencial, como en la cuarta parte, cuando quiere ilustrar el tipo que representa Zaratustra, la obra pierde su altura. Por así decirlo, Nietzsche es poderoso mientras habla, piensa y enseña *como* Zaratustra. Pero se debilita cuando habla *sobre* Zaratustra. No es lo bastante poeta como para eso.

# 4. La destrucción de la tradición occidental

*La proyección transcendental de los valores.*
Más allá del bien y del mal

Nietzsche, que piensa contra la metafísica occidental, contra las formas tradicionales del concepto, pero que no llega a alcanzar una forma de pensar extrametafísica y que supere la metafísica, escoge como vía de salida la expresión «existencial» de *Así habló Zaratustra*. Hay filosofía existencial ahí donde la filosofía tiene un rango elevado y no consiste en un mero parloteo *sobre* el filosofar, lo cual es síntoma de la aguda indigencia conceptual de un pensamiento que camina por sendas nuevas. El *Zaratustra* de Nietzsche es filosofía existencial como proclamación provisional de unas ideas que rehúsan ser pensadas con los conceptos tradicionales. Pero en Nietzsche el rodeo a lo largo de una vida que está llena de estas ideas y que las vive a fondo viene condicionado también por su reinterpretación de todos los *problemas ontológicos* como *problemas axiológicos*. Nietzsche nunca llegó a superar el *Zaratustra*. Esta obra es, como se dice en *Ecce homo*, la «parte afirmativa de mi misión».[1]

En la época posterior a *Así habló Zaratustra,* Nietzsche no se dedicó de ningún modo a pensar teóricamente a fondo los temas de este libro, de manera que después se definieran más

---

1   XV, 102 (cf. *Ecce homo, op. cit.*, p. 133).

nítida y profundamente la muerte de Dios, la voluntad de poder y el eterno retorno. Ni siquiera en la obra póstuma que lleva por título *La voluntad de poder* la nueva concepción nietzscheana supera de forma decisiva el *Zaratustra*. La época posterior al *Zaratustra* corresponde a la «mitad negadora y destructiva» de la misión de Nietzsche. Si *Así habló Zaratustra* representa la parte constructiva de su filosofía, las obras de la época posterior representan la parte destructiva. En ellas practica la filosofía del martillo. Asesta los martillazos de su crítica contra la filosofía tradicional, la religión y la moral. Quiere destrozar y triturar estas formas para abrir una nueva vía al proyecto existencial creativo. Y así como el cincel del artista se ensaña con la piedra cuando quiere liberar la figura que dormita en el bloque de mármol, así se ensaña el martillo de la crítica con el hombre tal como es y como se entiende a sí mismo. En el hombre dormita la imagen del superhombre. La crítica devastadora del hombre actual es el amargo camino hacia el futuro.

> ¡Ay, hombres! En la piedra dormita para mí una imagen, la imagen de las imágenes. ¡Y que tenga que dormir precisamente en la piedra más dura y más fea!
> Mi martillo estraga ahora su prisión. De la piedra saltan pedazos, ¿qué me importa a mí eso?
> Quiero consumar esa imagen, pues una sombra vino a mí, la más silenciosa y leve de todas las cosas vino una vez a mí.
> La belleza del superhombre vino a mí como sombra, ¿qué me importan ya a mí los dioses?[2]

Básicamente este planteamiento de Nietzsche es coherente. Si ha de venir el superhombre como el sabedor de la muerte de

---

2   XV, 101; según VI, 126 (cf. *Ecce homo*, op. cit., p. 132; según *Así habló Zaratustra*, op. cit., pp. 156).

Dios, de la voluntad de poder y del eterno retorno, si el superhombre debe ser el futuro hombre —como «nuestro gran Hazar», como «el imperio de Zaratustra que habrá de durar mil años»—,³ entonces es necesario aniquilar y destruir la humanidad que está marcada por la tradición occidental, hace falta una lucha inapelable contra el platonismo y el cristianismo.

Pero el peculiar *cómo* en que Nietzsche lleva esta lucha es sumamente discutible. Lucha psicológicamente. Su psicología refinada y astuta que indaga en los trasfondos destruye la tradición. Eso significa que Nietzsche no supera realmente a su adversario, no supera la metafísica, porque no examina en absoluto especulativamente la verdad de sus ideas, sino que se limita a sospechar de ellas. No supera el cristianismo, pues lucha contra una caricatura suya, contra una ficción psicológica de él. Suponiendo que, movida por su propio asunto y por su propia manera de pensar ontológicamente, la filosofía se viera obligada a combatir la metafísica anterior, la moral anterior y el cristianismo, entonces esta lucha tendría que librarse a cuerpo descubierto y no debería consistir en una sospecha psicológica del adversario, sino en demostrar la falsedad de la concepción metafísica y cristiana del mundo. Lo discutible no es que Nietzsche ataque el cristianismo, sino únicamente el modo en que lo hace. Si el cristianismo es la propia revelación de Dios, entonces ninguna filosofía puede hacerle daño. Si sobre el cristianismo jamás «prevalecerán las puertas del infierno», entonces toda sabiduría humana y finita sucumbirá ante la palabra del Hijo de Dios. La «parte negativa y destructiva» de la tarea de Nietzsche se realiza esencialmente como sofística. Pero esta todavía tiene en él un rango elevado, y eso la hace tanto más peligrosa. Su sofística, es decir, su arte de desenmascaramiento psicológico, se integra en su reinterpretación

---

3   VI, 347 (cf. *Así habló Zaratustra*, *op. cit.*, p. 383).

filosófica de todas las cuestiones ontológicas como cuestiones axiológicas. Negar y destruir tienen la forma de una «nueva tasación de todos los valores», que a su vez se realiza como una consideración psicologizante. Nietzsche cree consolidar y reforzar su nuevo planteamiento al disolver el sistema de valores imperante hasta entonces, provocando así un desengaño. Cree que de este modo se vuelve posible un cauce para proyectar valores, un nuevo comienzo de la vida.

Quizá en la historia haya habido muchas nuevas tasaciones de los valores, derrocamientos de antiguas tablas de valores e instauraciones de nuevas. Pero Nietzsche piensa la nueva tasación de forma más radical. Él piensa sobre todo en una transformación del propio valor. Cuando la existencia vive firmemente encuadrada en un sistema de valores, considera los valores como algo que existe por sí mismo. Cuando los valores son fija e inamoviblemente vinculantes para *todos*, entonces son «objetivos». Los sujetos respectivos solo perciben la relatividad de los valores una vez que dentro de un sistema axiológico se produce la disolución de la comunidad y aparecen los procesos tardíos de individualización extrema. Lo que hasta entonces había sido el fundamento indiscutido de la vida común queda ahora amenazado de caer en el escepticismo y la subjetividad. Pero para Nietzsche justamente la llamada objetividad de los valores no es otra cosa que un proyecto *esbozado* por la existencia, pero luego *olvidado*. La vida humana consiste en instaurar valores. Pero casi nunca tiene conciencia de la propia instauración. Lo que el propio hombre ha instaurado le sale al encuentro desde fuera, como el poder vinculante de la ley moral. El hombre se trasciende a sí mismo instaurando valores, y coloca enfrente de sí lo que él mismo ha proyectado como si fuera un objeto externo que está dotado de todo el venerabilísimo carácter de lo que existe por sí mismo. Lo que Nietzsche quiere erradicar totalmente es el dogmatismo axiológico. Pero el hombre no despierta de este sueño dogmático si se convierte en un sujeto individual que escoge y vive a su «gusto» y que «valora» de forma sumamente individual. La reflexión axiológica de Nietzsche va más allá: busca la *proyección trascendental de valores* por parte de la existencia, que normalmente se lleva a cabo de manera «inconsciente». Nietzsche quiere desvelar la productividad inconsciente de vida valoradora, que instaura la tabla de valores. La existencia humana se trasciende a sí misma proyectando previamente afuera los enfoques axiológicos desde los que luego encuentra después todas las cosas y se encuentra a sí misma. Así pues, Nietzsche no examina los respectivos actos aislados de valorar, sino las orientaciones fundamentales que preceden a todos los actos valorativos particulares. Un mundo humano, un pueblo, una cultura, tiene su «*a priori* de valor», su valoración fundamental con arreglo a la cual se organiza en medio de lo existente y desarrolla su vida. Sin embargo, este «*a priori*» de la valoración fundamental no es un saber axiológico inmutable y nativo, sino que tiene su historia, su dinamismo. Nietzsche ve los auténticos puntos de inflexión de la historia universal en las mudanzas de la proyección transcendental de valores. Su filosofía es en este punto la cesura de las cesuras, el centro del tiempo, el gran mediodía, porque, a su parecer, aquí se ha calado a fondo por primera vez la aparente objetividad de los valores y se ha visto que tras ella hay una vida que proyecta valores, y porque de este modo se ha conjurado el sueño dogmático, que de ordinario envuelve a la más profunda fuerza creadora de la existencia. La doctrina nietzscheana de la subjetividad de los valores está muy por encima del relativismo vulgar que se basa en la arbitrariedad del individuo. Incluso se podría decir que su doctrina de la subjetividad no niega la objetividad fenoménica de los valores, pero los evidencia como una proyección trascendental de la existencia que ha sido olvidada. De este modo, la nueva tasación de los valores significa la superación de la alienación de sí misma de la existencia. Significa la huida de un cautiverio para llegar a una autoconciencia superior de la vida, el despertar del sueño del dogmatismo axiológico. Para contrarrestar la alienación de sí misma de la vida, y retrocediendo hasta la proyección olvidada en la que se basan todos los sistemas de valores, Nietzsche alcanza la visión de la «*vida misma*». Y esta se le aparece como voluntad de poder, que discurre en el círculo del tiempo en un eterno retorno.

Una crítica universal de los sistemas de valores que ha habido hasta ahora solo podría consistir en remontarse con el pensamiento hasta la proyección de valores que los creó, es decir, en que de las valoraciones anteriores solo se someta a crítica la forma de la ingenuidad, de la alienación de sí mismas. Detrás de todos los mundos de valores está la «vida» como la gran jugadora. ¿No tienen ahí todos los valores el mismo rango, no son todos ellos meras formas como la vida experimenta consigo misma durante un tiempo? ¿O existe aquí una posibilidad de valorar los propios sistemas de valores? Aquí se produce un salto decisivo de Nietzsche. No se queda en la reflexión filosófica sobre la proyección trascendental de valores por parte de la existencia, donde la vida aparece como lo que en última instancia arriesga y juega en todas las valoraciones, sino que *pasa* a interpretar la vida «materialmente» y en su «contenido». Este paso quizá sea el punto más discutible de la filosofía de Nietzsche. Se podría pensar en una crítica, por ejemplo, del cristianismo o de la moral cristiana que criticara de ellos la fundamentación de todo valor en la existencia de Dios, en la medida en que, de este modo, los valores asumirían el carácter de algo dado, de algo que con sus exigencias agobia a la existencia. Se podría pensar en una crítica de esta moral que la evidenciara como una forma de vida que se aliena de sí misma. Pero una reflexión así, que se remontara hasta la *ins-*

## 4. La destrucción de la tradición occidental

*tauración* de valores, no tendría por qué llevar a una negación de los valores cristianos en cuanto tales. Lo único que sucedería entonces es que los valores tendrían una fundamentación distinta. Pero Nietzsche no solo rechaza el objetivismo de los valores cristianos, sino también su contenido. El remontamiento hasta la vida que valora se constituye en él en principio de una nueva valoración, pues ocultamente valora también la propia vida, tasándola según su «fortaleza» o «debilidad».

Pero con estos conceptos, que conocemos de la biología, Nietzsche opera en un nivel básicamente distinto. Le parece que la fortaleza y la salud de la vida están ahí donde se conoce a la vez lo terrible y lo bello de la existencia, donde ambas cosas se afirman de consuno, donde el imperio constructor y destructor, el juego dionisíaco de la vida, se experimenta como voluntad de poder y como eterno retorno, donde el hombre se aviene valientemente a la situación trágica y está heroicamente dispuesto a la grandeza y el hundimiento. Por el contrario, hay debilidad y enfermedad ahí donde el hombre esquiva la mirada terrible, escalofriantemente bella de la Gorgona de la existencia, donde mira hacia otra parte, donde elude la lucha y la guerra, donde busca la paz y la tranquilidad, la caridad y la seguridad. Así pues, la fortaleza de la vida consiste en el conocimiento de la voluntad de poder, y la debilidad consiste en apartar la vista de ella. Lo peligroso del método de Nietzsche es la confusa equivocidad de los conceptos que aquí se emplean. Por ejemplo, por un lado entiende la voluntad de poder en un sentido general como la tendencia fundamental en el dinamismo de todo ente finito. Entendiéndola así, *todo* es voluntad de poder, tanto la valoración heroica y trágica como la moral cristiana. Pero luego, en cierto modo, toma la «voluntad de poder» en un sentido material conocido, como la forma de existencia heroica. Él no supera esta equivocidad. Por eso puede distinguir luego, por así decirlo, fijándose en su contenido, entre sistemas de valores que son conformes a la esencia de la vida y aquellos otros que la contradicen: morales que surgen de la debilidad, de la enfermedad, de la decadencia de la vida. Es decir, la distinción entre sistemas de valores, según si se basan en la alienación de sí misma de la vida o en su autoempoderamiento, se entrecruza con la otra distinción heterogénea entre sistemas de valores en función de si surgen de la fortaleza o de la debilidad de la vida.

Este cuestionable y equívoco planteamiento domina las obras de la época posterior al *Zaratustra*. Nietzsche pasa al ataque. Desde siempre fue un maestro del ataque, pero ahora hace acopio de todas sus fuerzas para asestar el golpe más duro. Lucha con todas las armas, lucha en un arrebato de pasión, con un odio que resulta diabólico. En un primer momento sorprende que después del *Zaratustra*, después de aquella mirada a la lejanía del futuro humano, Nietzsche retorne al presente y a lo demasiado actual, a una crítica de la modernidad. Pero lo que comienza como una crítica de la modernidad acaba siendo mucho más, acaba siendo el rechazo de todo el pasado, la lucha contra la metafísica y el cristianismo. Nietzsche contrapone su visión de futuro al camino que el hombre ha recorrido hasta ahora, y en comparación con aquella, el pasado es un camino equivocado. Pero Nietzsche no trata de demostrar el error del camino equivocado examinando expresamente las «verdades» que ahí se afirman, sino que emprende la vía indirecta a través de la destrucción psicológica. «Se maneja la psicología con una dureza y una crueldad declaradas»,[4] dirá él mismo de esta última fase de su creación. Esta fase comprende las obras *Más allá del bien y del mal*, *La genealogía de la moral*, *Crepúsculo de los ídolos*, *El anticristo* y *Ecce homo* (así como otros dos pequeños escritos en los que vuelve a ocuparse de Wagner).

---

4   XV, 103 (cf. *Ecce homo*, op. cit., p. 134).

## 4. La destrucción de la tradición occidental

*Más allá del bien y del mal* es la primera obra después de *Así habló Zaratustra*. Sale publicada en 1886. En cierto modo, significa la reanudación del tema de *Humano, demasiado humano*. Si ahí el espíritu libre era la figura, la máscara que Nietzsche escogía, ahora es un espíritu libre acrecentado, un desenfreno más temerario, una experimentación más audaz de los acasos que ofrece la vida. En *Ecce homo*, Nietzsche designa esta obra como una «crítica de la modernidad», como una crítica de las ideas modernas, como una crítica de la objetividad, del sentido histórico, de la cientificidad, etc. Pero eso es cierto solo en parte. Lo esencial es que Nietzsche retoma de nuevo la temática fundamental de *Humano, demasiado humano*, pero en un nivel superior: desarrolla una crítica de la filosofía, de la religión, de la moral. La filosofía es para él un síntoma. La ve desde la óptica de la vida, es decir, como signo de una determinada tendencia vital. A Nietzsche le parece que todos los filósofos, sin saberlo, están guiados por determinadas decisiones morales.

> Poco a poco se me ha ido manifestando qué es lo que ha sido hasta ahora toda gran filosofía, a saber: la autoconfesión de su autor y una especie de *mémoires* [memorias] no queridas y no advertidas; asimismo, que las intenciones morales (o inmorales) han constituido en toda filosofía el auténtico germen vital del que ha brotado siempre la planta entera.[5]

Nietzsche atribuye a todas las filosofías anteriores lo que él mismo hace: reducir la problemática ontológica a una problemática axiológica. Las examina buscando las valoraciones tácitas que las motivan. Y por todas partes ve operar en filosofía el instinto de la vida decadente. Para él, la filosofía anterior es

---

[5] VII, 14 (cf. *Más allá del bien y del mal*, Madrid, Alianza, 2018, p. 33).

esencialmente evasión a un «mundo verdadero» más allá del mundo real y terreno, un signo de la difamación del mundo, y eso también incluso en las formas modernas de la filosofía kantiana, del positivismo y del intento cartesiano de remontarse a una certeza primera. Nietzsche polemiza con sarcasmo contra la creencia supersticiosa en el yo y contra otras llamadas «certezas inmediatas», contra la lógica y su presunto rigor. Detrás de los fenómenos ante los que se detienen los teóricos del conocimiento, tales como el yo, la voluntad, la capacidad de síntesis, etc., Nietzsche ve «situaciones de dominio de la vida», es decir, formas de la voluntad de poder. «La fuerza de los prejuicios morales ha penetrado a fondo en el mundo más espiritual, en el mundo aparentemente más frío y más libre de presupuestos, y, como ya se entiende, ha tenido efectos nocivos, paralizantes, ofuscadores, distorsionantes».[6]

Nietzsche se vuelve contra esta tergiversación y contra este detrimento de la vida: se opone a la filosofía anterior porque esta sigue bajo el influjo de prejuicios morales incluso cuando aparenta ser conocimiento puro. Pero el instrumento del que se sirve Nietzsche es la psicología. Su filosofía de las anteriores filosofías y los anteriores filósofos es sofística, porque erige la psicología en instancia decisiva, que opera con conceptos equívocos de fortaleza y debilidad, de salud y enfermedad de la vida. Al final del apartado «De los prejuicios de los filósofos» dice:

> Nunca antes se había revelado *un mundo más profundo* de conocimiento a los viajeros y aventureros temerarios: y al psicólogo [...] le será lícito aspirar al menos a que la psicología vuelva a ser reconocida como señora de las ciencias, para cuyo servicio y preparación existen todas las otras ciencias. Pues a partir de

---

6  VII, 36 (cf. *ibid.*, p. 57).

## 4. La destrucción de la tradición occidental

ahora la psicología vuelve a ser el camino que conduce a los problemas fundamentales.[7]

No se puede decir con mayor rudeza que esta psicología de Nietzsche ocupa el puesto de la metafísica. Frente a los filósofos de toda la tradición que están bajo la tutela de la moral, Nietzsche exige «filósofos del futuro» que admitan que «lo erróneo del mundo» es aún «lo más seguro y firme»[8] que podemos tener y que, a diferencia de Descartes, no necesiten la veracidad de Dios para conocer las cosas que hay en el mundo externo. Llama «tentadores» a aquellos a quienes repugna que su verdad haya de ser aún una verdad para todos, que se atreven a correr el riesgo de saber y que pueden ser depositarios de misterios.

> En última instancia, las cosas tienen que ser tal como son y tal como han sido siempre: las grandes cosas están reservadas para los grandes; los abismos, para los profundos; las delicadezas y estremecimientos, para los sutiles; y en general, y dicho brevemente, todo lo raro, para los raros.[9]

Nietzsche concibe ahora un espíritu libre esencialmente más oculto, más misterioso, más laberíntico que en *Humano, demasiado humano*. El *pathos* de la veracidad ya no se proclama ahora de forma tan ingenua e incondicional. Ahora se ha suscitado una desconfianza mayor y más fuerte justamente contra los prejuicios morales de la voluntad de verdad. El espíritu libre se ve ahora de forma más inescrutable y nocturna. «Todo lo que es profundo ama la máscara. Las cosas más profundas de todas sienten incluso un odio por la imagen y el símil».[10]

---

7   VII, 36 s. (cf. *ibid.*, p. 58).
8   VII, 54 (cf. *ibid.*, p. 74).
9   VII, 63 (cf. *ibid.*, p. 85).
10  VII, 60 (cf. *ibid.*, p. 82).

En el apartado «El ser religioso» encontramos una crítica al cristianismo que ya toca todos los temas que luego serán potenciados en *El anticristo* con una ferviente elocuencia del odio: el cristianismo es la orientalización del mundo antiguo, la inversión por antonomasia de todos los valores nobles de Grecia y de Roma. Es el alzamiento del esclavo oriental contra sus amos. Es una neurosis religiosa, una enfermedad de la vida. Nietzsche niega el cristianismo a causa de su carácter plebeyo, a causa de los valores plebeyos que en él predominan. El punto de vista del espíritu libre sobre la religión es que ella es un mero instrumento que se usa como medio de poder. Las religiones son para él instrumentos con los que juega de manera soberana e impía. Las toma como «métodos de disciplinamiento y educación». Experimenta con ellas cuando, guiada por su voluntad de poder, forma y educa a los hombres. En este aspecto, Nietzsche ve algunas cosas buenas en la religión: «Ascetismo y puritanismo son medios casi ineludibles de educación y ennoblecimiento cuando una raza quiere superar su procedencia plebeya».[11] Pero son fatídicas cuando no son medios en manos de filósofos, sino que operan autónomamente. Las dos religiones mayores, el budismo y el cristianismo, son religiones de los sufrientes, de los enfermos, de los débiles. Según Nietzsche, los dieciocho siglos de cristianismo han tenido el efecto de convertir al hombre europeo en una sublime criatura deforme.

En el apartado «Sobre la historia natural de la moral», Nietzsche interpreta la moral como un «lenguaje de signos de las pasiones». Todo sistema moral de valores es una jerarquización encubierta de los instintos que dominan la vida, de los instintos llenos de vida o de los instintos de vida débil. Nietzsche distingue sobre todo entre la moral de individuos y de

---

11  VII, 87 (cf. *ibid.*, p. 110).

## 4. La destrucción de la tradición occidental

unos pocos y la moral de rebaños. Luego distingue entre moral como reverencia y moral como autodisciplina de una voluntad audaz y poderosa. De este modo, valora la aparición de Napoleón como una «obra benéfica», como la «liberación de una presión que se estaba volviendo insoportable»: alguien «que ordenaba incondicionalmente» en medio de los «europeos-animales de rebaño».[12] Del mismo modo, Alcibíades, César y Federico II, de la dinastía de los Hohenstaufe, eran para él modelos de la vida grande. A modo de conclusión dice Nietzsche: «*La moral es hoy en Europa una moral de animal de rebaño*».[13]

Finalmente, en el apartado «¿Qué es aristocrático?» Nietzsche esboza la distinción esencial entre la moral de amos y la moral de esclavos. Con frecuencia se han denunciado estos conceptos como síntomas de una arrogancia insoportable, de una injusticia que aún tiene las agallas de denominarse a sí misma una moral. Pero a base de indignación y de repugnancia no se comprende nada. Con las dos formas opuestas de moral que hemos mencionado, la noble y la innoble, no solo se alude a la diferencia entre la valoración que potencia la vida y la que la debilita. A esto se añade ahora un nuevo factor. La noble moral de los amos ha surgido del *pathos de la distancia*, de los estados anímicos soberbios y sublimes. Es una moral de la *jerarquía*. Por el contrario, la moral de los esclavos se basa en una tendencia a la nivelación, en la revuelta contra la jerarquía, en la voluntad de igualdad. La moral de los amos opera con la oposición entre «bueno» y «malo»: bueno es todo lo que eleva al individuo, lo que lo devuelve a lo auténtico de su vida, a su autenticidad. Bueno es lo que ennoblece y da «grandeza» a la existencia. Bueno es el héroe, el guerrero. La moral de los amos es sobre todo una moral de las virtudes guerreras, es una moral

---

12  VII, 130 (cf. *ibid.*, p. 162).
13  VII, 135 (cf. *ibid.*, p. 167).

caballeresca. Estima a los miembros de una comunidad reducida, donde el hombre sublime está entre sus semejantes, entre los de su mismo rango, mientras que desprecia a todos los inferiores, a los que piensan mezquinamente, que viven en función del provecho común y que ya no se prodigan. Lo inferior es lo malo. Distinta es la moral de los esclavos. Ella está llena del instinto de venganza contra la vida superior, quiere igualarlo todo. Estigmatiza la excepción por ser contraria a la moral. Glorifica lo que hace la vida soportable a los pobres, a los enfermos y a los pobres de espíritu: la gran fraternidad de los hombres, la caridad, la apacibilidad. La moral de los esclavos opera con la oposición entre bien y mal. La vida señorial, que es consciente de su poder y de su poderío, es para los esclavos justamente lo peligroso y lo maligno. El mal no se desprecia como lo exiguo, sino que se teme y se odia como un peligro. Nietzsche traza la imagen de las dos morales opuestas entre sí señalando muchos rasgos particulares. Un rasgo importante es que la moral noble es creadora e instauradora de valores. Por el contrario, la moral de los esclavos encuentra valores que ya están dados previamente. Es decir, la primera moral es activa y la segunda pasiva. Por tanto, toda esta diferencia se acaba proyectando retroactivamente a la distinción entre la alienación de sí mismo y el autoempoderamiento de la existencia en la proyección del sistema de valores. Aunque este entrelazamiento no se pronuncia expresamente, sin embargo, se sigue connotando y constituye un equívoco más en las ambiguas obras de Nietzsche posteriores al *Zaratustra*. Para terminar, Nietzsche expresa la esencia de la vida noble y señorial, la existencia sumamente poderosa y que se desborda prodigándose, con una alusión metafórica: lo llama el «genio del corazón».

> El genio del corazón, tal como lo tiene aquel gran oculto, el dios tentador y el demagogo nato de las conciencias, cuya voz sabe

descender hasta el inframundo de cada alma, que no dice una palabra ni lanza una mirada en las que no haya un propósito y un guiño de seducción, de cuya maestría forma parte el saber aparentar... Igual que le ocurre, en efecto, a todo aquel que desde la infancia ha estado siempre de camino y en el extranjero, también yo me he cruzado con algún que otro espíritu extraño y no inofensivo, pero sobre todo con ese de quien acabo de hablar, y con ese me he cruzado una y otra vez, nada menos que con el dios *Dioniso*, ese gran dios ambiguo y tentador, a quien en otro tiempo, como sabéis, ofrecí mis primicias en secreto y con toda veneración. [...] Entre tanto he aprendido muchas más cosas, demasiadas cosas sobre la filosofía de este dios y, como ya he dicho, de boca a boca, yo, el último discípulo e iniciado del dios Dioniso...[14]

## *Genealogía de la moral*

Todas las obras posteriores al *Zaratustra* están dominadas por la idea de la «nueva tasación de todos los valores». Eso significa, por un lado, que el pensamiento de Nietzsche discurre por una vía inquiriente fijada y que ya no se cuestiona a sí misma. Todos los problemas de la filosofía son para él problemas de valores. El propio ser del valor ya no se problematiza. Siempre que la filosofía del pasado reflexionó sobre el ser queda ya, a juicio de Nietzsche, bajo la dirección secreta de puntos de vista axiológicos, quiere escapar del «devenir», valora lo constante y permanente como lo superior, lo más valioso, lo auténtico. Nietzsche supera la pregunta por la verdad del valor —pregunta que queda irresuelta— con la otra pregunta por el valor de la verdad, que a él le parece más radical. Sin

---

14  VII, 271 s. (cf. *Más allá del bien y del mal*, op. cit., pp. 309-310).

embargo, al mismo tiempo es decisivo que él opera con un concepto restringido de verdad, que se orienta primariamente por el saber objetivo y científico. Es decir, la verdad cuyo valor él cuestiona es la *verdad sobre lo existente*, la verdad de las ciencias y la verdad de la metafísica, que concierne a la estructura básica de lo existente. Pero la verdad como aquella apertura de la vida a raudales, como voluntad de poder y como eterno retorno es, al fin y al cabo, la base de la perspectiva axiológica universal de Nietzsche, y por tanto no puede ser un mero fenómeno axiológico. La naturaleza de aquella verdad que sustenta su propia filosofía no alcanza nunca una claridad última. Esto no es un hecho casual, una limitación que se pueda explicar biográficamente. Al cabo, en la falta de claridad acerca de la esencia de la verdad de la «vida», es decir, acerca de la verdad de la voluntad de poder y del eterno retorno, se esconde la postura contradictoria de Nietzsche hacia la metafísica, se esconde el profundo problema de si él se sigue encuadrando en la metafísica o si ya la ha superado. Es un espectáculo curioso contemplar cómo Nietzsche reduce todas las nociones anteriores de verdad a la voluntad de poder y a los puntos de vista axiológicos que ella establece, sin ser por otro lado capaz de esclarecer el descubrimiento de la voluntad de poder en su peculiar modo de verdad.

Según Nietzsche, el rango de una moral se decide por su nivel de verdad, es decir, según hasta qué punto mide *en función de* la voluntad de poder y la reconoce como principio de la instauración de valores. Esto significa que, en último término, también para Nietzsche el problema moral es un problema de la verdad, de adecuación a la voluntad de poder en cuanto que la esencia de la vida. Sin embargo, el concepto de «voluntad de poder» se mantiene al mismo tiempo en una *equivocidad* peculiar que Nietzsche nunca superó por completo. La voluntad de poder es primariamente un concepto ontológico que de-

## 4. La destrucción de la tradición occidental

signa el modo del dinamismo de todo ente en cuanto tal: todo ser de lo existente es un impulso a la supremacía. El modelo óntico para este concepto ontológico lo encuentra Nietzsche en la naturaleza orgánica: en ella impera por todas partes el impulso al autodesarrollo, a anexionarse y someter lo distinto; ahí encontramos la lucha por el poder y la supremacía. Todo lo orgánico es en su movimiento *auxesis* y *phthisis*, crecimiento y mengua, nacimiento de lo uno como perecer de lo otro. Pero la voluntad de poder no se restringe al campo de lo orgánico: el vegetal, el animal y el hombre. Sino que para Nietzsche significa el ser dinámico de todo lo existente. Pero en relación con la moral Nietzsche se mueve en la equivocidad causada por emplear un concepto cambiante de «poder», por un lado en el sentido de la universalidad ontológica y por otro lado, al mismo tiempo, en el sentido del modelo óntico. Todas las morales son constructos del poder: aquí la voluntad de poder se entiende ontológicamente. Hay morales de la vida en auge, es decir, poderosa, y morales de la vida que se hunde, es decir, impotente: poder e impotencia se piensan aquí más bien desde el modelo ontológico.

Al superar la alienación de sí misma de la existencia humana, Nietzsche alcanza el conocimiento de la vida como fundamento último de todos los valores. Los valores solo son tales en la medida en que han sido instaurados por la vida misma. La instauración de los valores de la vida en el hombre y a cargo del hombre es una expresión de la voluntad de poder. Esta se comporta consigo misma o bien verazmente (en la moral de los amos) o bien falazmente (en la moral de los esclavos). La voluntad de poder tiene, por así decirlo, dos formas de manifestarse: el poder y la impotencia. Cuando dentro de la voluntad de poder se habla de esta oposición, el poder se entiende más bien en el sentido del modelo óntico, y lo mismo la impotencia. Por eso, el poder puede asumir el carácter de la fuerza de los impulsos, de firmes instintos guerreros, de una elevada vitalidad, así como la impotencia puede ofrecer el aspecto de una atrofia de los impulsos, de la pérdida de instintos y de anemia. El poder y la impotencia de la vida se predican como categorías biológicas. Hay que tener presentes estas asociaciones si se quieren entender los textos polémicos de Nietzsche (y eso es lo que son todas obras posteriores al *Zaratustra*). La diferencia entre la moral de amos y la moral de esclavos existe desde tiempos inmemoriales. Hay actitudes axiológicas que surgen de la vida sobreabundante, desbordante y que se prodiga, mientras que otras surgen de la indigencia y la miseria de los desfavorecidos por la vida, de los enfermos, los débiles, los fatigados y los apesadumbrados. Pero en la anterior historia de la moral esta distinción entre moral de amos y moral de esclavos había sido en cierto modo una diferencia «ciega». Los amos, los nobles, los fuertes, los ricos de vida, la élite, los guerreros, la aristocracia: ellos «no saben lo que son», es una clase señorial ingenua, despreocupada, que no se conoce a sí misma. El *auténtico señorío*, la auténtica soberanía, la auténtica moral de amos, solo se vuelve posible con la reflexión axiológica de Nietzsche sobre la proyección trascendental de toda aparente objetividad de los valores. El dominio del amo se basa ahora en el saber: en el saber de la voluntad de poder y del eterno retorno. La moral de los amos es la valoración del superhombre. Y del mismo modo, también la servidumbre del siervo, el auténtico servilismo del hombre, se define ahora más radicalmente. No es solo pobreza de instintos, anemia, endeblez e insustancialidad, sino que es sometimiento a Dios. Los dos polos opuestos son ahora el superhombre y el hombre orientado a Dios. La nueva moral de los amos experimenta la muerte de Dios. La nueva visión de la moral de los esclavos ve la esclavitud del hombre en la idea de Dios, en el «miedo al Señor».

## 4. La destrucción de la tradición occidental

Las interpretaciones de la moral de los amos y la moral de los esclavos, pensadas desde una perspectiva histórica, solo tienen para Nietzsche un valor preparatorio. No deben considerarse ya, como tan a menudo se hace, el nuevo ideal o ideal opuesto de Nietzsche. Lo que le importa es agudizar la oposición histórica de amos y esclavos en la acritud extrema de la hostilidad entre la impiedad del superhombre y todas las formas de culto divino. *Así habló Zaratustra* constituye la base tácita de todos los textos polémicos posteriores. Nietzsche hace su guerra, su gran guerra contra todas las formas de humanidad alienada de sí misma o, como dice ahora, esclavizada. Quiere hacer la guerra de liberación de la libertad humana... y en plena batalla se desmorona, lo envuelve la noche, lo arrebata el dios cuyo último discípulo e iniciado era él. Ya en la segunda fase de su desarrollo Nietzsche había acometido una crítica a la religión, la filosofía y la moral. Pero ahí, en *Humano, demasiado humano*, *Aurora* y *La gaya ciencia*, esa crítica había sido esencialmente una crítica ilustrada, que contraponía al sueño metafísico el *pathos* de la ciencia rigurosa y sobria o también la experimentación vital que hace ensayos, una crítica que daba un viraje a lo mundano y terrenal, pero en un sentido positivista. Sin embargo, *Así habló Zaratustra* abandonó el positivismo y pensó lo mundano y terrenal en toda su profundidad. Tras el *Zaratustra*, la crítica a la religión, a la filosofía y a la moral debe tener un sentido más radical. Ya no se acomete con el espíritu de la «Ilustración», sino como un combate a vida o muerte. Al menos para el propio Nietzsche, *Así habló Zaratustra* representa el surgimiento de una nueva experiencia del ser. Desde esta nueva experiencia del ser, la interpretación ontológica de los siglos, con toda su religión, su metafísica y su moral, aparece como un tremendo error, como algo horriblemente antinatural, como una interpretación que maltrata la vida, como la mayor mentira y mendacidad. Por así decirlo, a Nietzsche lo ha fulminado el rayo de un conocimiento espantoso. En él se ha suscitado la más terrible sospecha: todo lo que hasta ahora se había llamado filosofía, religión y moral era un envenenamiento de la vida. ¿La interpretación de la vida que guía a los siglos no ha sido obra de la vida esencial, íntegra, sana y robusta, sino que ha sido una obra nacida del odio mortal de los impotentes y destinada a hacerles tolerable la vida a los débiles y a estrangular a los fuertes, a crearles remordimientos de conciencia y a arrebatarles la seguridad en sí mismos y la confianza en sus impulsos e instintos?

*Más allá del bien y del mal* está escrito desde la perspectiva de tal sospecha. Pero del método de Nietzsche es característico que la sospecha no solo se anticipa como un principio heurístico, sino que con la sospecha Nietzsche se arroga también el derecho a ella. Esto quiere decir que Nietzsche no examina libre de prejuicios e imparcialmente, sino que observa ya desde el punto de vista de su nuevo proyecto vital. Sus tesis fundamentales de la voluntad de poder, de la muerte de Dios y del eterno retorno no están sacadas de su psicología, sino que son sus ideas filosóficas. Pero cree que puede dar más relieve, más definición, más plenitud y riqueza a estas ideas gracias a su psicología sutil y sublime. Cree poder acreditar su filosofía mediante un método sofístico. Desenmascara a los filósofos anteriores al evidenciar que eran guiados por prejuicios morales inconfesados, a los hombres religiosos al evidenciarlos como neuróticos, y a los morales al evidenciarlos como vengativos. Pero este método de desenmascaramiento, que impresiona por generalizar a partir de algo advertido en casos particulares —la neurosis puede disfrazarse en ocasiones de talante religioso y la venganza de moral, pero no por eso es cierto que toda religión sea neurosis y toda moral venganza—, siempre puede intensificarse más y superarse. Igualmente podría preguntarse qué significa, tomándolo como síntoma, que en la moral de la caridad alguien no vea otra cosa que venganza, o que en el culto a Dios no vea otra cosa que neurosis. ¿Semejante psicología del poso que queda en el fondo es también por sí misma expresión de una vida atrofiada y ciega para los valores?

En la obra *Sobre la genealogía de la moral*, Nietzsche quiere hacer aclaraciones sobre *Más allá del bien y del mal*. El texto se divide en tres tratados. El primero es una psicología del cristianismo. Comienza con la repetición de la diferencia que ya conocemos entre la moral de los amos y la moral de los esclavos, y apunta a una ramificación de la moral de los amos en una moral guerrera y otra sacerdotal. El guerrero tiene las virtudes del cuerpo, el sacerdote inventa el «espíritu». Los sacerdotes son «los mayores odiadores que ha habido en la historia universal […], y también los odiadores más ingeniosos».[15] Según Nietzsche, de la rivalidad entre la casta guerrera y la casta sacerdotal surge la transformación de la moral de amos en moral de esclavos. Los sacerdotes son los amos derrocados, que movilizan contra los guerreros a todos los débiles, los sufrientes y los fracasados. Dentro de la historia universal, Nietzsche ve este movimiento indirecto y espiritualizado de poder en los judíos. Ellos representan para él el genio de la sed de venganza. Nietzsche no es un antisemita, solo que ve en los judíos, el «pueblo sacerdotal», la sublevación contra todo lo señorial y aristocrático. «Son los judíos quienes, con una coherencia aterradora, se han atrevido a invertir la ecuación aristocrática de valores (bueno = noble = poderoso = bello = feliz = amado de Dios) y se han aferrado a esa inversión con las uñas y los dientes del odio más abismal, que es el odio de la impotencia: los únicos buenos son los miserables, los pobres, los impotentes, los inferiores, los sufrientes, los indigentes, los

---

15 VII, 312 (cf. *La genealogía de la moral*, Madrid, Alianza, 2018, p. 51).

enfermos, los feos».¹⁶ Con esta inversión de todos los valores nobles comienza la sublevación de los esclavos en la moral, es decir, comienza el cristianismo. Nietzsche ve en el judaísmo el proceso por el cual «el *resentimiento* se torna él mismo creador y pasa a engendrar valores».¹⁷ La Judea derrotada y sojuzgada por Roma se alza contra esta, invierte los valores del mundo antiguo... y conquista Roma bajo la figura del cristianismo. Nietzsche ve la historia de Occidente de una forma tremendamente simplificada. El Renacimiento le parece que es un nuevo despertar por breve tiempo de valoraciones antiguas, pero que «gracias a aquel movimiento de resentimiento (alemán e inglés) profundamente plebeyo que se suele llamar "la Reforma"» rápidamente se pasó a la «vieja paz sepulcral de la Roma clásica».¹⁸ Un triunfo aún más decisivo de la moral de esclavos en Europa representa para Nietzsche la Revolución Francesa, el triunfo de toda mediocridad, el nacimiento de las ideas modernas. En medio de la sublevación plebeya desencadenada, solo Napoleón representa de nuevo, por un breve segundo en la historia, el hombre grande y noble, «esa síntesis de *inhumanidad* y *superhombre*».¹⁹ Así pues, Nietzsche ve el cristianismo incluso bajo todos los disfraces secularizados. El cristianismo solo es para él una manifestación poderosísima de algo más universal. El cristianismo es la moral de esclavos. Este es el motivo decisivo para la lucha de Nietzsche contra el cristianismo. Lo toma primariamente como sistema de valores, no como dogmática ni como una revelación divina.

El segundo tratado contiene una psicología de la conciencia moral. Tampoco aquí parte Nietzsche de un análisis de la conciencia moral fiel a los fenómenos, sino que salta ya direc-

---

16   VII, 313 (cf. *ibid.*, p. 52).
17   VII, 317 (cf. *ibid.*, p. 56).
18   VII, 336 (cf. *ibid.*, p. 77).
19   VII, 337 (cf. *ibid.*, p. 78).

tamente a una explicación psicológica. No examina ni el modo en que la existencia se entiende a sí misma desde dentro ni el carácter interpelante de la conciencia. La «interioridad» es el resultado de una perversión de los impulsos. «Todos los instintos que no se descargan hacia fuera se vuelven *hacia dentro*. [...] Todo el mundo interior, originariamente delgado, como encerrado entre dos pieles, fue separándose y creciendo, fue adquiriendo profundidad, anchura, altura, en la medida en que el desahogo del hombre hacia fuera iba siendo *inhibido*».[20] Aquí no queda claro cómo la interioridad se construye como función, como margen para los impulsos inhibidos. ¿Qué se supone que significa un «afuera» que existe *antes* de la oposición entre dentro y fuera? Nietzsche no especifica en ninguna parte los presupuestos de su psicología ni la estructura psíquica en general, pero saca a colación una idea genial en este campo difuso y oscuro de una psicología que, pese a todo refinamiento, no llega a concebir el modo de ser del alma humana. Como Nietzsche polemiza contra el yo y sus facultades, contra la concepción del alma como sustancia, y como en lugar de esta psicología habitual que toma el hombre como algo dado no pone una concepción filosófica del alma humana, por eso tiene que operar en un fondo totalmente abstruso con impulsos, enmascaramientos de instintos, etc. De hecho, la psicología de Nietzsche es mucho más rica que su conceptualidad estructural. De este modo, en este segundo tratado desarrolla una visión de la esencia y el significado de la crueldad. Le parece que de la esencia del hombre forma parte la crueldad, un instinto básico, el placer por ver sufrir y hacer sufrir, placer que es ingrediente de la alegría festiva de pueblos fuertes y originarios. Y el instinto de crueldad se ha ocultado incluso también en la práctica penal de pueblos moralizados. La crueldad es un

---

20  VII, 379 s. (cf. *ibid.*, p. 122).

trasfondo oculto de la cultura humana. La tesis nietzscheana sobre el origen de la conciencia moral dice que ella no es otra cosa que un instinto de crueldad que, al verse inhibido de descargarse hacia fuera, se ha vuelto hacia dentro.

> El hombre que, falto de enemigos y resistencias exteriores, encajonado en una opresiva estrechez y regularidad de las costumbres, se desgarraba, se perseguía, se reconcomía, se sobresaltaba, se maltrataba impacientemente a sí mismo, este animal que se lastima al golpearse furioso contra los barrotes de su jaula y al que se quiere «domesticar», este ser indigente, consumido de la nostalgia del desierto, que tuvo que crearse por sí mismo una aventura, una cámara de torturas, una selva insegura y peligrosa, este chalado, este prisionero añorante y desesperado, fue el inventor de «los remordimientos de conciencia».[21]

De este modo, Nietzsche interpreta como una bestialidad de la idea lo que no es sino una forma distinta de bestialidad reprimida. El hombre siempre es una bestia, o bien hacia fuera, o bien hacia dentro, con la autotortura de la conciencia.

El tercer tratado contiene finalmente una psicología del sacerdote. Ese tratado pregunta: «¿Qué significan los ideales ascéticos?». En ocasiones, los ideales ascéticos, por ejemplo en el caso del filósofo, pueden ser una mera forma de su autodisciplina, de su economía de las fuerzas. «Un cierto ascetismo, una dura y serena abstinencia hecha con la mejor voluntad, es una de las condiciones que fomentan la espiritualidad suprema».[22] Por eso opina Nietzsche que la filosofía nunca concibió decididamente los ideales ascéticos como envenenamientos de las fuentes de la vida. Los filósofos han tenido ciertas experien-

---

21 VII, 380 (cf. *ibid.*, pp. 122-123).
22 VII, 419 (cf. *ibid.*, p. 164).

cias ascéticas. Hace falta disciplina y rigor consigo mismo para pensar durante mucho tiempo, a lo largo de años y de décadas. Pero aquí, en el caso de los filósofos, es un impulso vital creador el que pone frenos al hombre. El ascetismo no tiene por qué significar una actitud *contra* la vida. De otro modo sucede con el ideal ascético en el caso del sacerdote, en quien dicho ideal resulta inquietantemente cuestionable. En su caso, surge «*del instinto de protección y de sanación de una vida que degenera*».[23] La ascesis misma es un medio de la vida débil y enferma para seguir viviendo. Tiene que renunciar al estallido de pasiones, de grandes emociones. Tiene que refrenar las pasiones si es que debe salir adelante siquiera mínimamente. El sacerdote es aquí para Nietzsche el «falso médico y salvador», que no permite que se libre de su sufrimiento la vida inferior, miserable, falta de respiración, la vida doliente. El sacerdote es el que «sana» y al mismo tiempo envenena las heridas de tal vida desfavorecida, de modo que la herida siempre sigue necesitando sanación. El sacerdote es para Nietzsche «quien cambia la dirección del resentimiento». Persuade al hombre enfermo de que él mismo tiene la culpa de su enfermedad, le brinda «consuelo», le inculca ideales ascéticos.[24] A la pregunta por el poder del ideal ascético responde Nietzsche: hasta ahora era el único ideal. Toda idealidad de los ideales históricos era ascética. Cuando el hombre se eleva por encima de la simple sujeción animal a los instintos, cuando es un ser volente, ha opuesto su voluntad al instinto, ha querido en contra de él. Pero el hombre *es* libertad, es decir, tiene que querer una vez que ha despertado de la paz natural sin historia a la historicidad. No puede limitarse a ir vegetando sin más, sino que tiene que proclamar ideales superiores, tiene que ver resplandecer

---

23  VII, 430 (cf. *ibid.*, p. 176).
24  VII, 436 s. (cf. *ibid.*, p. 152).

estrellas sobre su cabeza. Pero hasta ahora todas las estrellas estaban en el más allá, era invenciones de sacerdotes, ideales opuestos a la naturaleza. Eran la ardua vía de una voluntad que alcanzaba su máxima tensión y que era más voluntad que nunca oponiéndose a la naturaleza en el hombre. Así es como Nietzsche pone en conexión interna la voluntad con el ideal ascético. En cierto modo, en toda voluntad hay ascesis.

¿Pero qué quería la voluntad al seguir los ideales ascéticos? Nietzsche dice: la nada. La voluntad era una voluntad de nada, una tendencia nihilista de la vida.

> A fin de cuentas, no podemos ocultarnos qué es lo que expresa propiamente todo aquel querer que recibió su orientación del ideal ascético: ese odio contra lo humano, más aún, contra lo animal, más aún, contra lo material, esa repugnancia a los sentidos, a la razón misma, el miedo a la felicidad y a la belleza, ese anhelo de apartarse de toda apariencia, cambio, devenir, muerte, deseo, e incluso del anhelo: ¡todo eso significa... *una voluntad de la nada*, una aversión a la vida, un rechazo de los presupuestos más fundamentales de la vida, pero es, y no deja de ser, una *voluntad*![25]

La voluntad tensa por el ascetismo quiere la nada, la nada del más allá, del trasmundo, de las ideas morales, y niega el más acá, este mundo terrenal, la vida viviente. ¿De dónde viene la fascinación de la nada? Nietzsche dice: «el hombre prefiere querer *la nada* a *no querer...*».[26] Es decir, hasta ahora no ha habido en la tierra ningún otro ideal que el ascético y antinatural, todavía no ha habido un ideal que fuera conforme a la naturaleza.

---

25 VII, 483 s. (cf. *ibid.*, p. 233).
26 VII, 484. (cf. *ibid.*).

#### 4. La destrucción de la tradición occidental

Solo con lo antinatural se vuelve posible diferenciar entre realidad e ideal y se abre el hiato infinito que franquea una vía a la voluntad. Considerándolo así, incluso el ideal ascético tiene un enorme sentido positivo: abre por primera vez la brecha y el abismo que la voluntad trata de franquear. El hombre se convierte en *puente*. Nietzsche invierte ahora esta tensión de la existencia. Pero lo que le importa al hacer eso no es rechazar el ideal, sino adecuarlo a la vida en un nuevo sentido. El hombre se convierte en puente hacia el superhombre. La idealidad tiene que pensarse de manera nueva desde la estructura de la autosuperación de la vida, desde la gradación de la voluntad de poder. Hasta ahora el único ideal había sido el ideal ascético, pero a partir del *Zaratustra* hay un ideal contrario. Nietzsche guarda una hostilidad a toda costa, acerba y ferviente contra todo cuanto hasta ahora era «valioso». Pero si escoge la posición opuesta no es por terquedad, por ganas de fastidiar ni por capricho, sino siguiendo la tendencia de un pensamiento que concibe la esencia del valor de forma básicamente nueva como expresión de poder de la vida, como una valoración que hace la voluntad de poder. Al pensar de forma distinta la naturaleza del valor, Nietzsche descubre los motivos para darle la vuelta a las tablas de los valores, para bendecir lo que hasta ahora se había maldecido y para maldecir lo que hasta ahora se había bendecido. La «nueva tasación de todos los valores» queda fatalmente marcada por la idea de la «inversión».

El Anticristo *y* Crepúsculo de los ídolos

En la obra *El Anticristo (Ensayo de una crítica del cristianismo)*, Nietzsche lucha contra la religión cristiana con la vehemencia de un odio sin igual, descargando un aluvión de injurias y sospechas. Su virtuosismo en el hostigamiento, que aquí recurre a todo su arsenal, se practica atropelladamente. La desmesura provoca que el efecto buscado no se logre. Uno no convence cuando tiene la boca llena de espumarajos. Temáticamente la obra no aporta nada nuevo. Nietzsche se limita a resumir lo que ya había dicho sobre la moral de la compasión, sobre la psicología del sacerdote. Pero ahora da a sus pensamientos una acritud inaudita e hiriente, quiere ofender, quiere atacar a la tradición, quiere «tasar de nuevo los valores» valorando anticristianamente. Considera el cristianismo «la guerra mortal contra el tipo superior de hombre», la degeneración por antonomasia, la depravación de los instintos del hombre, la religión de lo contrario a la naturaleza, la seductora también de la filosofía europea, que tiene sangre de teólogos en sus venas. El concepto cristiano de Dios es uno de los conceptos más corruptos de la divinidad que se hayan inventado en la tierra:

> tal vez represente incluso el nivel más bajo en la evolución descendente del tipo de los dioses. ¡Dios, degenerado a ser la contradicción de la vida, en lugar de ser su sublimación y su eterna afirmación! ¡En Dios está declarada la hostilidad a la vida, a la naturaleza, a la voluntad de vida! ¡Dios, fórmula de toda calumnia del «más acá», de toda mentira del «más allá»! ¡En Dios se ha divinizado la nada, se ha canonizado la voluntad de nada![27]

Justamente esta cita muestra qué posición fundamental hay tras la crítica de Nietzsche al cristianismo. Para él, el cristianismo no es más que la aparición más poderosa en la historia humana de una desviación de los instintos en el hombre europeo, una desviación que se presenta como el hallazgo de un

---

[27] VIII, 235 (cf. *El Anticristo*, Madrid, Alianza, 2018, p. 55).

## 4. La destrucción de la tradición occidental

trasmundo ideal y, por tanto, como la devaluación del mundo terrenal y real. El cristianismo es para él una forma de aquello que él combate como «platonismo».

Nietzsche da por supuesto el ateísmo. No examina este presupuesto de su crítica al cristianismo. No atiende a la pretensión del cristianismo de ser la revelación no solo del hijo del hombre, sino también del Hijo de Dios. Suponiendo que en el cristianismo no fuera una tendencia vital humana, demasiado humana —justamente la vida de instintos enfermos, llena de resentimiento y decadente—, la que se inventa a un Dios que contradice la vida poderosa y guiada por la seguridad de sus instintos, sino que fuera el propio Dios el que se sirvió de los humillados y ofendidos, de los despreciados, los fatigados, los agobiados y de quienes son infantilmente puros de corazón, el que destinó a aquellos a quienes el mundo repudia a ser los depositarios de su revelación, a hacer que la sabiduría del mundo se torne chaladura, suponiendo esto, entonces una crítica de las tendencias vitales no afectaría al cristianismo. El prejuicio de Nietzsche consiste en que, a causa del ateísmo que él da por supuesto, no ve esta posibilidad y la excluye de entrada sin darle más vueltas. El ateísmo es para él algo obvio. Para él no es decoroso ponerlo en duda, ni siquiera por un instante. Pero, en el fondo, con ello ha perdido de vista la *religión*.

La crítica de Nietzsche al cristianismo no se refuta tratando de demostrar que el cristianismo también muestra rasgos de una vida fuerte y valerosa, diciendo que Nietzsche solo tenía a la vista un cristianismo edulcorado, pietista y moralizado, un cristianismo de la compasión, etc. Hay que examinar el presupuesto fundamental de su crítica, su ateísmo dogmático, su convencimiento fundamental de la muerte de Dios. Solo si esta convicción es legítima se puede decir entonces que todas las religiones no son otra cosa que tendencias vitales enmascaradas. Pero si no es legítima, entonces ninguna religión se verá afectada por una crítica a su ideal existencial que juzgue con el criterio de la voluntad de poder. La religión en general, y el cristianismo en particular, son para Nietzsche una determinada praxis vital, una relación con la existencia, una tasación de la vida. Cristo no es para él el Hijo de Dios —esta posibilidad ni siquiera se toma en serio—, sino el gran manso, el hombre tierno, el «bondadoso», el ser de instintos débiles que lleva el «Reino de los cielos» en su corazón, en su corazón tierno y debilitado por la vida. Pero este «redentor», tal como Nietzsche lo ve, no es el fundador de ninguna Iglesia. Al contrario, representa la pura negación de toda organización, de toda cultura, de todo trabajo. Solo trae la buena nueva, el evangelio de la apacibilidad, de la mansedumbre y la ternura. Jesús Nazareno representa una nueva forma de la existencia: la negativa a todo el orden jerárquico del judaísmo, la negativa a toda fijación y organización de la vida, el ensimismamiento extremo en la intimidad de un corazón que no necesita ninguna institución porque lleva el Reino de Dios dentro de sí. De este modo, Nietzsche contrasta el tipo que representa el Jesús de los Evangelios con el que representa Pablo como fundador de la Iglesia. El cristianismo es para él más bien obra de Pablo que del Nazareno. Jesús no es un fanático, sino el hombre infantil.

> La «buena nueva» consiste cabalmente en que ya no hay antítesis: el Reino de los Cielos pertenece a los *niños*; la fe que aquí hace oír su voz no es una fe conquistada a base de lucha; está ahí desde el principio, es, por así decirlo, una infantilidad que se ha retirado a lo espiritual. [...] Semejante fe no se encoleriza, no reprende, no se defiende: no trae «la espada», no barrunta en absoluto hasta qué punto ella podría llegar alguna vez a dividir. No da pruebas de sí misma, ni con milagros, ni con premios y

## 4. La destrucción de la tradición occidental

promesas, y menos aún «con la Escritura»: ella misma es en todo instante su milagro, su premio, su prueba, su «Reino de Dios».[28]

Nietzsche construye así a un Jesús que viene a ser una especie de manso integrante del Ejército de Salvación, que va por la vida sonriendo apacible y tiernamente. Teniendo de fondo este Jesús de los Evangelios, Nietzsche ve luego a Pablo como una intencionada malinterpretación del cristianismo. Pablo convierte la praxis vital del corazón puro en una Iglesia con milagros, sacerdocio y sistema de premios y castigos; convierte a Jesús en el Hijo de Dios, que se sacrifica por los pecados del mundo e inventa el más allá, el Juicio Final, la resurrección y todas las demás «últimas cosas». Pablo ha escamoteado la única realidad del cristianismo: la bienaventuranza, el Reino de Dios en el corazón manso, es decir, el gozo de la mansedumbre. Ha desplazado la bienaventuranza poniéndola más allá de la muerte, interpretándola como una recompensa futura. Pablo significa el triunfo del judaísmo ortodoxo, el triunfo del sacerdote judío sobre Jesús de Nazaret. «A "la buena nueva" le sucedió en el acto *la peor de todas*: la de Pablo. Pablo es la encarnación del tipo opuesto al "buen mensajero": el genio en el odio, en la visión del odio, en la implacable lógica del odio».[29] Pablo es el inventor de la doctrina del Juicio Final, que es el medio que él emplea para fundamentar de nuevo y con más radicalidad que nunca una tiranía sacerdotal y para formar un rebaño. Con el cinismo lógico de un rabino, Pablo consumó el proceso de degeneración del cristianismo, que había comenzado con la muerte del redentor. Pablo representa el dominio de todas las valoraciones decadentes en nombre de Dios. El concepto cristiano de pecado es la máxima expresión de autoignominia

---

28   VIII, 256 (cf. *El Anticristo, op. cit.*, pp. 77-78).
29   VIII, 270 (cf. *ibid.*, p. 92).

humana, es un atentado contra la vida perpetrado por sacerdotes y parásitos. Nietzsche ve en Pablo la doble sublevación del sacerdocio y de todos los valores decadentes. Los sacerdotes se hacen con el poder cuando la vida decae. «Cristiano», *Christ*, rima con «nihilista», *Nihilist*, piensa Nietzsche. Y no solo rima, sino que ambos se correlacionan necesariamente. El cristianismo significó el final del mundo antiguo, no solo temporalmente, sino también como destrucción de la forma y la valoración más nobles de la vida. Es una fatalidad. El *pathos* de Nietzsche se nutre de la fe en que su filosofía es la antítesis de la fatalidad, en que representa el restablecimiento de la valoración adecuada a la vida, una valoración que el cristianismo tergiversó y pervirtió a fondo. Es decir: anticristiandad como la nueva tasación de todos los valores, como el movimiento contrario a la milenaria decadencia vital. Ante el foro de la vida pensada como voluntad de poder Nietzsche lanza «la más terrible de todas las acusaciones que jamás acusador alguno tuvo en su boca».[30] El cristianismo es para él la mayor de todas la corrupciones imaginables, la reinterpretación de todo valor como algo que nada vale, de toda verdad como una mentira, y a la inversa; el envenenamiento de la vida con la idea de pecado; la destrucción de toda auténtica jerarquía con la «igualdad de las almas ante Dios», lo cual se convirtió en el detonante de todas las sublevaciones populares de la historia europea. Nietzsche llama al cristianismo un «parasitismo» que se nutre de las precariedades del alma humana; llama a la idea del más allá la negación de toda realidad; llama a la cruz el «signo distintivo de la conjura más subterránea que hubo jamás: la conjura contra la salud, la belleza, la buena constitución, la valentía, el espíritu, la bondad anímica, contra la vida misma». Nietzsche concluye su diatriba del odio con estas palabras:

---

30 VIII, 312 (cf. *ibid.*, p. 137.).

## 4. La destrucción de la tradición occidental

> Esta eterna acusación contra el cristianismo voy a escribirla en todas las paredes, allí donde haya paredes; tengo letras que harán ver incluso a los ciegos... Yo llamo al cristianismo la única gran maldición, la única grande e intimísima corrupción, el único gran instinto de venganza, para el cual ningún medio es bastante venenoso, sigiloso, subterráneo, *pequeño*, yo lo llamo la única ignominia inmortal de la humanidad...
>
> ¡Y se cuenta el *tiempo* desde el *dies nefastus* [día nefasto] en que empezó esa fatalidad, desde el *primer* día del cristianismo! ¿Por qué no, mejor, desde su último día? ¿Desde hoy? ¡*Nueva tasación* de todos los valores![31]

Podrá resultar chocante este lenguaje de Nietzsche que despotrica sacrílegamente. Pero no se trata de la religión en sentido propio. Lo que Nietzsche combate tan apasionadamente como cristianismo es ante todo una *metafísica*, una *valoración*. Del cristianismo solo atacó la configuración fáctica e histórica de tal metafísica. El cristianismo representa algo más general: no una metafísica ni una valoración cualesquiera, sino la *valoración de la metafísica*, la valoración de toda la interpretación occidental del ser, que interpreta lo sensible, lo mundano y terreno, lo percibido corporalmente, *a la luz de ideas*, a la luz de un mundo supraterreno, auténtico, «verdadero», del más allá, y que lo interpreta como lo provisional, inauténtico y aparente. Esto es lo que él entiende por la palabra «platonismo». En último término, combate el cristianismo porque es «platonismo para el pueblo»,[32] la forma vulgar de la metafísica. Pero su filosofía es, como él mismo dice, un «platonismo invertido».[33] La nueva tasación de todos los valores es aún más profunda que el «anti*cristianismo*»: es anti*platonismo*. Hay que tener

---

31  VIII, 313 s. (cf. *ibid.*, pp. 138-139).
32  VII, 5 (cf. *La genealogía de la moral, op. cit.*, p. 32).
33  IX, 190.

presentes estas relaciones para ver correctamente el límite y el significado de las últimas obras de Nietzsche. La religión, la moral y la metafísica están íntimamente correlacionadas para Nietzsche, no son ámbitos separados y autónomos del hombre. En realidad, con «Dios» solo se piensa en la trascendencia de los valores, en su ser por sí mismos, en su objetividad, la cual tiene su fundamento último en Dios como el supremo bien existente, el *summum ens*. Solo así ve Nietzsche la religión. En Dios o en los dioses el hombre sublima sus valores supremos, dándoles en cierta manera una existencia personal. Si los valores que guían para comprender la vida son valores afirmativos y que coinciden con la esencia de la vida, entonces también los dioses son dioses afirmativos y sublimadores, como lo fueron los dioses de Grecia. Pero si los valores rectores proceden de la impotencia, entonces el resultado es también el Dios en la cruz, el Dios del más allá que condena los impulsos vitales y los instintos naturales por ser «pecado» y que garantiza la santidad e imperturbabilidad, la trascendencia de los valores que niegan la vida. Por eso, la muerte de Dios significa para Nietzsche sobre todo la superación de la trascendencia de los valores, el descubrimiento de los valores como creaciones humanas.

Quizá el punto de vista axiológico universal de Nietzsche, su idea de la nueva tasación de todos los valores, esté justamente atrapado aún en la metafísica que él combate, y el platonismo invertido aún siga siendo justamente una forma de platonismo. Esto queda claro en la obra que tiene el programático título de *Crepúsculo de los ídolos*. Aunque aquí Nietzsche aún dé muestras geniales de su psicología sofística del desenmascaramiento, sin embargo, en cuanto al asunto, va mucho más allá de eso. Aquí encontramos los razonamientos *ontológicos* más importantes de Nietzsche: encontramos la interpretación de sus ideas fundamentales a partir de una determinada *con-*

*cepción ontológica*. Aunque ya las ha abordado en diversas partes, es aquí donde se expresan de forma radical y decisiva. Su ecuación fundamental viene a decir así: la ontología metafísica anterior considera como «lo existente» algo que en realidad no es más que una ficción y una quimera, y rechaza como no existente o como no auténticamente existente lo que en verdad es el único ser real y efectivo. Lo que presuntamente es lo realmente existente, es lo nulo, y lo que hasta ahora se consideraba presuntamente nulo, es lo único real. Lo que hasta ahora se consideraba «ser» en oposición al «devenir» no es, mientras que únicamente es el devenir. No hay ser más allá del espacio y el tiempo, no existe ningún reino inteligible de los espíritus ni ningún mundo de las ideas eternas, sino que solo existe el mundo perceptible por los sentidos, el mundo que se muestra aquí en el espacio y en el tiempo, la tierra bajo este cielo y con la inabarcable multiplicidad de cosas «entre el cielo y la tierra». Pero este mundo único, real, efectivo, viviente y dinámico, cuyo principio motor es la voluntad de poder, no conoce nada constante, estable, básico, sino que es movimiento, tiempo, devenir y nada más, es decir, es voluntad de poder y «nada más».[34] Nietzsche invierte el planteamiento fundamental de toda la metafísica tradicional, pero lo simplifica de un modo cuestionable. Opera con una oposición sumamente ingenua entre «ser» y «devenir», sin llegar a desarrollar jamás realmente estos conceptos ni sacarlos de la habitual oposición generalizada. Y sin embargo, pese a toda la insuficiencia de su especulación ontológica, nuevamente tiene un olfato tremendo para captar un auténtico y profundo problema, de modo similar a como fue el primero en presentar el significado de los presocráticos, aunque los interpretó de una forma bastante insuficiente. Nietzsche es más importante y tiene más talla como

---

34  XVI, 402 (cf. *La voluntad de poder*, Madrid, Edaf, 2006, p. 680).

incitador, como «precursor», como heraldo de un camino futuro de la filosofía, como barruntador de una «transformación del ser», que como pensador que realiza el trabajo conceptual. El auténtico centro de *Crepúsculo de los ídolos* es el apartado «La "razón" en la filosofía». Antes viene una interpretación de Sócrates que es una obra maestra de la sofística de Nietzsche.

> A mí mismo, esta irreverencia de pensar que los grandes sabios son *tipos decadentes* se me ocurrió por primera vez justo en un caso en que a ella se oponía del modo más enérgico el prejuicio docto e indocto: yo me di cuenta de que Sócrates y Platón son síntomas de decadencia, instrumentos de la disolución griega, pseudogriegos, antigriegos.[35]

Así pues, antes de atacar la ontología platónica, Nietzsche ataca en Sócrates la existencia platónica. Esa existencia platónica le parece una decadencia de los instintos del mundo griego. Con un refinado arte de la tergiversación, Nietzsche compendia los rasgos de la imagen de Sócrates. Sócrates procede del pueblo bajo, es plebeyo de procedencia y de mentalidad. Y es feo, su aspecto externo es monstruoso, y, tal como piensa Nietzsche, entre los griegos embriagados de belleza, donde la fealdad representa casi una refutación, también tuvo que volverse un monstruo en su interior. El feo no podía conquistar a los bellos efebos si no era fascinándolos con algo inaudito. Y esto fascinante fue el descubrimiento de la dialéctica, el arte del litigio retórico. Pero el hecho de que la dialéctica pudiera seducir, que la lógica actuara como aliciente, que el preguntar por motivos auténticos y el rechazo de motivos meramente aparentes hallara agrado como nuevas ganas de movimiento, como un nuevo

---

35 VIII, 68 s. (cf. *Crepúsculo de los ídolos*, Madrid, Alianza, 2019, p. 54).

*agon*, revela ya que la existencia había perdido su «obviedad». Sócrates no hace más que acelerar lo que ya había comenzado. La «racionalidad» suplanta la seguridad que proporcionan los instintos. Pero esta vida que se está descomponiendo necesita *la razón* como un tirano, pues de lo contrario estaría perdida en la anarquía de sus impulsos contradictorios, a los que ya no sujeta un instinto dominante. El mundo griego forzosamente necesitaba la razón para consagrarse a ella tan irrestrictamente. Nietzsche opina que la «equiparación socrática de razón = virtud = dicha» es la «equiparación más extravagante que existe, que tiene en contra suya, en especial, todos los instintos del heleno antiguo».[36] «*Tener que* combatir los instintos, esa es la fórmula de la *décadence*: mientras la vida está en *auge* su felicidad es igual al instinto».[37] E incluso la muerte de Sócrates es interpretada como una voluntad de autodestrucción. Sócrates, que fue el más sabio de todos los helenos, sabía que con tal enfermedad, es decir, con tamaña confusión de los instintos que necesitaba la razón como tirano, «el único médico aquí es la muerte».[38]

Después de trazar esta imagen existencial de Sócrates, que invierte la concepción habitual, Nietzsche inicia su verdadero ataque a la metafísica. La filosofía metafísica es egipticismo. Eso lo dice en más de un sentido. Con ello está aludiendo a algo que ya había expresado en repetidas ocasiones: que Platón habría sido seducido por los sacerdotes egipcios y se habría alienado del auténtico carácter helénico. El moralismo de la filosofía es una herencia egipcia. Ahí tiene su sede la negación del tiempo. El egipticismo de los filósofos es «su odio a la propia noción del devenir». «Todo lo que los filósofos han venido manejando desde hace milenios eran momias conceptuales...

---

36 VIII, 70 (cf. *ibid.*, p. 56).
37 VIII, 74 (cf. *ibid.*, p. 60).
38 VIII, 75 (cf. *ibid.*, p. 61).

Estos idólatras de los conceptos, cuando adoran, lo único que hacen es matar y embalsamar... La muerte, el cambio, el envejecimiento, tanto como el engendramiento y el crecimiento, representan para ellos objeciones.... *Lo que es no deviene, lo que deviene no es*».[39] Eso significa que Nietzsche ve la historia de la metafísica dominada desde sus comienzos por el intento de expulsar el devenir del ser, de denegar el ser al devenir y, a la inversa, de mantener el ser incontaminado de toda forma de devenir. Esta oposición entre ser y devenir se mantiene como el esquema fundamental con el que opera... y que luego él se limita justamente a invertir. Nietzsche interpreta el ser como lo permanente, lo estático, lo inmóvil, lo atemporal... y el devenir como lo fugaz, lo dinámico, lo temporal. Es decir, separa el *ser* del *tiempo*. Esta separación le parece que es una doctrina de los dos mundos, una diferencia entre el mundo fenoménico y un «trasmundo», un mundo en sí. A Nietzsche le parece que la metafísica ha devaluado el mundo real, el mundo fenoménico y espacio-temporal, y que ha hecho pasar un mundo meramente inventado, una quimera, por lo auténtico. La metafísica desconfía de los sentidos porque muestran lo fugaz, y ve en los sentidos y en la sensibilidad en general el enemigo del pensamiento, el «estafador» que nos toma el pelo, y por eso es contraria a los sentidos y a su testimonio. Así es como pasa a ser pensamiento de un mundo suprasensible, al que dota de los predicados supremos, planteándolo así como el ser eterno, imperecedero y atemporal. El segundo error fundamental de la filosofía tradicional es la confusión entre lo último y lo primero. Por tal entiende Nietzsche el hecho de que la metafísica se guía por conceptos supremos y muy generales. Es, por así decirlo, un pensar que se mueve en conceptos vacíos. Por tanto, Nietzsche plantea los conceptos ontológicos como meras generali-

---

39  VIII, 76 (cf. *ibid.*, p. 63).

## 4. La destrucción de la tradición occidental

zaciones. Tras esta concepción hay una teoría errónea del concepto y un enorme malentendido en relación con los conceptos metafísicos en general. De todas formas, los conceptos son para Nietzsche algo bastante cuestionable, algo que solo bajo ciertas condiciones tiene algo que ver con la realidad. Las palabras que nos hacen ver y escuchar algo son originalmente imágenes, metáforas, pero con ello son ya una interpretación de lo real. Por el contrario, los conceptos son imágenes que se han vuelto vacías, signos desvaídos que ocupan el lugar en el que antes había una intuición. Así pues, Nietzsche concibe los conceptos ontológicos como «abstracciones», como conceptos abstractos, pero no aclara esta concepción suya, no hace ningún análisis de la abstracción, sino que se limita a afirmar. Los conceptos de los filósofos le parece que son «el último humo de la realidad que se evapora»,[40] es decir, algo muy posterior y tardío. Conceptos tales como «ser» son para él abstracciones extremas, sustracciones múltiplemente reiteradas de lo real. Frente al procedimiento metafísico, habría que partir, *a la inversa*, de lo sensible, de lo real, de lo dinámico, de la intuición, pero no del concepto. La metafísica, tal como la ve Nietzsche, es en efecto el mundo al revés, y encima lo tiene por mérito. Ella parte de conceptos «supremos», y por tanto forzosamente vacíos, tales como «el ente, lo incondicional, el bien, lo verdadero, lo perfecto». Nietzsche menciona aquí críticamente una serie de conceptos trascendentales, con los que se piensan las generalidades supremas, aquellas que trascienden todas las universalidades de índole genérica. Pero nuevamente no hace tema de una investigación la naturaleza de la universalidad trascendental. Desconoce la distinción fundamental entre los conceptos que resultan de una abstracción y los conceptos que ya debemos tener para poder experimentar en general una cosa concreta y dada sensiblemen-

---

40  VIII, 78 (cf. *ibid.*, p. 66).

te y hacer «abstracciones» a partir de ella. Pero para comprender lo esencial no basta con rechazar la crítica de Nietzsche. Nietzsche intenta hacer un ataque a la metafísica, pero con medios que no sirven. En muchos aspectos la ve falsamente, pero no por ello cae en vacío la fuerza de impacto de su ataque. Combate el principio fundamental de la metafísica, su doble forma como pregunta por el ente en cuanto tal y como pregunta por el ente supremo, que es Dios. Las razones que aduce son muchas veces inválidas. Pero su guerra contra la metafísica es mucho más seria que lo que dejan ver las razones aducidas. Nietzsche invierte la metafísica en su totalidad, invierte la relación entre devenir y ser tal como se piensa habitualmente, la relación entre lo sensible y lo conceptual, entre el mundo fenoménico sensible y el «mundo verdadero» pensado, es decir, accesible al pensamiento. Pone la metafísica boca abajo. Pero, por así decirlo, lo único que hace es declarar su intención, y para llevar a cabo su destrucción no solo le falta realizar análisis críticos, sino que más esencialmente le falta el *lenguaje* para ello. Lo que en realidad quiere le sigue resultando inefable, pues el propio lenguaje es metafísico, y tiene, como él dice, un «burdo carácter fetichista»,[41] pues en todas partes fija sujeto y acción, sustancia, causalidad, voluntad, ser. El lenguaje es una comprensión ontológica, pero para Nietzsche eso significa que está lleno de ficciones, de conceptos gramaticales que el propio lenguaje malinterpreta como entidades. Nietzsche dice:

> De hecho, hasta ahora nada ha tenido una fuerza persuasiva más ingenua que el *error acerca del ser*, tal como fue formulado, por ejemplo, por los eleáticos: ¡ese error tiene a favor suyo, en efecto, cada palabra, cada frase que nosotros pronunciamos! [...] La «razón» en el lenguaje: ¡menuda mujer embustera! Me temo que

---

41 VIII, 79 (cf. *ibid.*, p. 67).

## 4. La destrucción de la tradición occidental

no nos desembarazaremos de Dios mientras sigamos creyendo en la gramática...[42]

Lo decisivo para Nietzsche de la filosofía anterior es la diferencia, que constantemente retorna en diversas versiones, entre el mundo «verdadero» y el mundo «aparente». ¿Qué extraña diferencia es esa entre *apariencia y ser*? Con esta diferencia se piensa una ramificación en el ser de lo existente, de tal modo que el ser se bifurca en un ser auténtico y otro inauténtico. El «ser» se escinde en sí mismo en un ser veraz y propio y otro falaz e impropio, en «fenómeno» y «esencia». Pero eso también significa que no todo lo existente es de la misma manera, sino que se diversifica en grados y niveles, se distingue en función de su *rango ontológico*. Y todo rango se mide en función de la distancia con el ente supremo y de mayor grado, que se suele llamar lo «absoluto» o «Dios». Este ente de máximo rango ontológico es el «bien», el *agathon*, el *«bonum»*. Lo existente en general se concibe de forma diferenciada, en función de su referencia a lo que tiene el rango máximo, al *bonum*. En función de esta referencia, lo propio existente es un *bonum: omne ens est bonum*. Nietzsche no solo combate la interpretación cristiana de esta tesis, sino también esa noción ontológica de una escala jerárquica de lo existente. Quiere desmontar la metafísica rechazando aquel *desdoblamiento de lo existente* en mundo real y mundo aparente —desdoblamiento implicado en el *ens qua bonum*— como el error fundamental de la metafísica. No hay otro mundo que este nuestro, el de aquí, que se manifiesta en el espacio y en el tiempo. El «trasmundo» de un ser que no se manifiesta sensiblemente, inmóvil y atemporal, es una invención, un mero ente de razón. Pero la metafísica sigue midiendo aún *este* mundo en función del trasmundo. Nietzsche

---

42  VIII, 80 (cf. *ibid.*, p. 68).

combate esta devaluación con su idea de una nueva tasación de los valores. Pero al plantear el problema del ser esencialmente como un problema del valor, él mismo sigue sin salir aún del cauce de la ecuación *ens = bonum*.

## Idea ontológica e ideal moral

Desde sus inicios, la filosofía ha pensado la *diferencia del ser*, ha pensado el ser de las múltiples cosas (de los *polla*) como un ser transido de nihilidad, al que ella contrapone otro ser de mayor entidad, ya sea como *physis*, como *eon*, como *apeiron* o como *idea*. Es decir: la filosofía comienza con la destrucción de las certidumbres del entendimiento común, que solo conoce la alternativa entre ser y nada y que excluye toda gradación del concepto de ser. Desde los días de Anaximandro, Heráclito, Parménides... y Platón, el pensamiento esencial combate la indiferencia de la comprensión humana del ser, para la que el ser de todo ente «vale lo mismo». Desde entonces, el «ser» se piensa en el horizonte de una gradación, de modo que ser y nada se mezclan, o dicho más exactamente, se piensa un ser auténtico, carente de toda nihilidad, y un ser inauténtico, en el que anida la nada. Al comienzo de la filosofía occidental hay una diferencia ontológica entre el ser auténtico y el inauténtico. Con esta diferencia se constituye por primera vez el problema de la ontología, el margen de su preguntar. Y siempre que comienza una nueva filosofía, ella constituye el surgimiento de una diferencia interior en el ser del ente mismo: tal diferencia es la contrapartida neta y expresa a la indiferencia que caracteriza la comprensión humana del ser. Dicho simplificadamente: desde sus inicios la filosofía expone el problema del ser como pregunta por el único, intacto e incólume «ser auténtico» carente de toda nihilidad, que aporta el criterio para toda definición de

## 4. La destrucción de la tradición occidental

la jerarquía ontológica, y al mismo tiempo como pregunta por el modo de ser del ente inauténtico, de lo múltiple y variado, de lo individualizado y disperso en el espacio y en el tiempo. El abanico que abarca la pregunta es la relación entre lo uno y lo mucho, entre el *hen* y los *polla*. Lo uno primordial se considera lo auténtico, y las múltiples cosas finitas lo inauténtico, de modo que con ello se establece también una diferencia fundamental entre lo infinito y lo finito. La filosofía, a la que ahora no resulta indiferente ni igual de válido todo lo existente y que se concibe como un despertar de la indiferencia de la existencia, piensa más allá de todo ente individualizado, delimitado y finito, rebasa el ámbito de lo dado sensiblemente. Nunca nos encontramos con el «ente» intacto, uno, auténtico; nunca nos sale al paso como un «objeto», como una cosa finita que tiene un contorno fijo, una figura, un aspecto. Lo que hallamos son cosas limitadas con un contorno, con una figura espacial y con una duración temporal. El campo de las cosas que podemos hallar así es inabarcable. Están en constante mudanza y movimiento, siempre se transforman, crecen y menguan, surgen y perecen. Pero el margen de sus cambios y movimientos, el espacio y el tiempo, no surgen ni perecen. Y la «tierra», que todo lo sustenta y de la que están hechas todas las cosas, no perece (si no la tomamos como el pequeño planeta por el que pululamos, sino como el fundamento cerrado del que todas las cosas surgen y desde el que llegan a manifestarse). Y tampoco surge ni perece el cielo, la luz en la que todas las cosas finitas tienen su contorno (suponiendo que no nos quedemos cortos pensándolo como el día que se alterna con la noche). ¿Qué es lo uno, lo auténtico, lo «existente»? ¿Es la *physis*, la unidad contraria de claridad y ocultamiento, de cielo y tierra, o dicho con una palabra, el mundo que impera, que cede espacio y deja tiempo, que alberga en sí el «devenir»? ¿O lo que existe auténticamente está «más allá» del mundo, siendo un trasmundo de cosas eternas, del que las cosas terrenas y pasajeras son meras copias? Es un problema difícil, que aquí no podemos abordar, la manera en que la interpretación inicial del ser auténtico en la filosofía occidental piensa la totalidad universal (como *apeiron* en Anaximandro, como *physis* en Heráclito, como *eon* en Parménides), y cómo este pensamiento de la totalidad universal se convierte en Platón en la absolutización de un factor del universo, que es la luz que da aspecto a todas las cosas, acuñándolas en una forma. A la fuerza acuñadora de la luz, a su poder para otorgar «aspecto» e imagen, el propio Platón lo llama «imagen», «visión», es decir, *eidos*, *idea*. Las ideas son los poderes lumínicos que gobiernan y configuran el mundo, que dan forma a todo ente individualizado, fugaz y limitado, y que al dar forma comparecen ellos mismos, pero comparecen como algo distinto de aquello que han formado. Y todas las ideas están unificadas y vinculadas en la idea del «bien», la *idea tou agathou*, igual que los muchos rayos de luz se unifican en el sol. Las ideas son para Platón lo auténticamente existente, el *ontos on*, mientras que las cosas sensibles que aquellas configuran solo son inauténticamente, *me-on*. La dificultad y la ambigüedad de la ontología platónica se basa sobre todo en que no solo la relación de las cosas sensibles con las ideas, sino también la relación de la materia espacial, la *chora*, la «tierra», con la fuerza lumínica de la idea se interpreta como una relación del ser inauténtico con el ser auténtico. La ecuación fundamental platónica es ser = luz. Aquí se toma una decisión que marcará la historia universal. Es posible que Nietzsche viera o siquiera intuyera aquí el comienzo del extravío. Su antiplatonismo hay que entenderlo, al cabo, más profundamente de como él mismo lo expresó, es decir, no como una crítica a Platón que lo convierta en patriarca de una interpretación moralizante del ser, sino como el comienzo de una disolución del pensar sobre el universo que caracterizó los comienzos de la

## 4. La destrucción de la tradición occidental

filosofía. Dicho a modo de tesis: en Platón, la diferencia originalmente cosmológica entre el mundo uno y perfecto, que existe propiamente, y lo intramundano múltiple y finito, que solo existe impropiamente, se transforma en la diferencia entre las ideas imperecederas, permanentes, suprasensibles y situadas fuera del espacio y el tiempo, en cuanto que las esencias universales, y las cosas sensibles fugaces, individuales, espaciales y temporales. Sin embargo, es insostenible la opinión *vulgar* que afirma un dualismo platónico, en el sentido de una doctrina de dos mundos, una opinión que el propio Nietzsche asumió en muchas ocasiones. Es una tarea de la interpretación de Platón comprender la transformación del *problema del mundo* bajo la figura de la *parusia* de las ideas en las cosas sensibles, es decir, desde la *methexis*, desde la participación de las cosas individuales en las ideas. La filosofía de Platón es más difícil, más misteriosa y más profunda que las habituales exposiciones que reiteradamente hablan de un dualismo platónico y que se dejan preparado el esquema de dos ámbitos ontológicos correlacionados y sin embargo distintos: el mundo de las ideas y el mundo de las cosas sensibles. Con tal esquema uno ya se bloquea el acceso a la comprensión del problema platónico: las ideas se toman entonces como una especie de cosas, aunque no tan inestables como las cosas sensibles. No surgen ni perecen, no están en un lugar ni tienen una duración. El platonismo vulgar, que existía ya en la Antigüedad, desplaza por tanto la diferencia entre lo existente auténtico y lo existente inauténtico al ámbito de las cosas, es decir, de lo intramundano. De este modo, la medida de todo ser acaba siendo algo «absoluto», algo divino, un *theion*. En función de eso se mide todo otro ente. Tras el mundo sensible se alza otro mundo suprasensible, un segundo mundo, que es el auténtico. Tras lo físico se alza algo metafísico, y más allá de las cosas finitas hay un Dios infinito. La diferencia originalmente ontológica entre lo que existe propiamente y lo que existe impropiamente pasa a ser una «diferencia teológica», una diferencia entre lo relativo y lo absoluto, entre las cosas creadas y el Dios creador. Lo que inicialmente se entendía por «mundo» pasa a ser un ente, Dios, al que se atribuyen desde ahora los caracteres de la infinitud, la omnipotencia, etc., caracteres con los que originalmente se expresaba el ser del mundo. Lo «auténtico», lo que «es entitativamente», asume la figura de un *ente de rango supremo*, un *summum ens*, que en cuanto que *ens* es el *summum*. Se lo considera el «bien» por antonomasia, en relación con el cual se atribuye a todas las cosas su correspondiente medida de ser. En función de él cada cosa es respectivamente un *bonum*.

Lo que Nietzsche combate como «Dios» es sobre todo la conexión entre la idea ontológica y el ideal moral. Para él, con la idea de «Dios» se piensa la devaluación de las cosas dadas terrenalmente y testimoniadas por los sentidos como una apariencia insustancial, al tiempo que se rechaza como el «mal» la vida que goza con los sentidos y que tiene instintos fuertes. Con la idea de «Dios» se establece como lo absoluto un ser intemporal fantástico, imaginario, meramente pensado, y con este engaño se le roba justamente su auténtica realidad al ser de las cosas terrenas, que existe temporalmente y que es el único real. Es decir, «Dios» no significa para Nietzsche primariamente un poder religioso, sino una determinada ontología, que al mismo tiempo se formula también como una determinada moral hostil a la vida. La idea de «Dios» es un vampiro de la vida. Significa para Nietzsche una ontología moralizante y una moral ontologizante: lo permanente, lo imperecedero, las ideas, son también lo bueno. La verdadera moralidad del hombre consiste en volverse a las ideas: así es como el hombre, librándose del cautiverio en lo sensible, alcanza su elevación y la contemplación de las ideas. Cuanto más abstracto, más espiritual y menos sensible es algo, tanto más moral. La visión

## 4. La destrucción de la tradición occidental

de Nietzsche es terriblemente simplificadora, pero no obstante fue quizá el primero en ver aquí un problema fundamental. Su crítica a Platón no afecta realmente al Platón histórico, sino a una determinada tendencia que repercute a lo largo de la histórica occidental. Afecta más bien a la tradición platónica vulgar, a ciertos rasgos del neoplatonismo, la gnosis y el cristianismo. La idea del mundo verdadero, la idea de lo auténticamente existente, de lo absoluto, de Dios, es para él el mayor peligro para la humanidad, pues con esa idea ella se aparta fatídicamente de la realidad, y encima se aparta de ella en nombre de la verdad. El impulso a la verdad se convierte así en un espantoso cegamiento del hombre. Lo engaña mucho más profundamente de lo que jamás lo confundió la ciega confianza en los sentidos. Se puede decir que la ontología de Nietzsche pretende ser una inversión de la ontología anterior, o al menos de una ontología que piensa lo auténticamente existente como el «ser» arrebatado del tiempo y carente de devenir, y lo inauténtico como lo «temporal». A primera vista Nietzsche parece contraponer a las ideas suprasensibles las cosas pasajeras como las únicas reales, al ser el devenir, a lo universal lo concreto, al «espíritu» el «cuerpo», haciendo todas estas contraposiciones desde una valoración ontológica y también moral invertida. Nietzsche lucha contra «Dios», es decir, contra la distinción entre lo auténtico y lo inauténtico, contra la diferencia misma, y proclama la indiferencia de la existencia, proclama una equivalencia a la que ya no preocupa una diferencia meramente inventada, por así decirlo, una segunda ingenuidad e inocencia de la vida justificada por profundas razones. Hay que eliminar la invención por parte de los filósofos de un «mundo verdadero», y por tanto también el mundo «aparente», es decir, hay que eliminar la interpretación de este mundo terreno como mero fenómeno, hay que liberarlo del mildiu que le contagiaron cerebros enfermos y cuerpos enfermos. La misión de una nueva tasación de todos los valores consiste para él en liberar lo existente en general de la ontología moral y de la moral ontológica. La eliminación de la diferencia ontológica entre «auténtico» e «inauténtico», entre «mundo verdadero» y «mundo aparente», él la considera, tal como dice, el «punto culminante de la humanidad», el «mediodía, instante de la sombra más corta, final del error más largo».[43]

Resulta muy ilustrativa la metáfora de «la sombra más corta»: hay en ella una alusión a la interpretación platónica de lo que existe sensiblemente, lo que surge y perece, como «sombra» de la «idea», como copia de aquella eterna imagen primordial; hay en ella una referencia a la «parábola de la caverna» que se narra en el séptimo libro de *La república*. Pero Nietzsche no habla de la desaparición de la sombra, sino de la sombra más corta. ¿No significa esto que él lucha contra aquella gran división entre idea y cosa sensible, mientras que al mismo tiempo se reserva un resto de la diferencia, pero viéndolo en una dimensión totalmente distinta? Aquí se encierra un problema central de la interpretación de Nietzsche. ¿Niega en efecto Nietzsche totalmente la diferencia ontológica que hemos comentado, o la retoma de una forma nueva y, no obstante, antiquísima? Nietzsche combate la forma *teológica* de la diferencia ontológica y hace el intento de concebirla *cosmológicamente*, pues no se queda simplemente en el lado opuesto al presunto «mundo verdadero», es decir, en lo sensible, en las cosas, en el ir y venir de las cosas y sus mudanzas, en lo singular, en lo limitado espacial y temporalmente. No absolutiza la esfera de las cosas finitas, sino que piensa de una forma nueva su fundamento, al entender el dinamismo de todo lo existente finito como la voluntad de poder y la estancia en el tiempo como eterno retorno de lo mismo. La voluntad

---

43 VIII, 83 (cf. *Crepúsculo de los ídolos, op. cit.*, p. 72).

de poder y el eterno retorno no son algo que venga dado directamente en las cosas existentes, algo que esté ahí sin más, sino algo que solo se revela a un pensamiento esencial y que traspasa las apariencias. Pero cosas tales como la voluntad de poder y el eterno retorno no están avecindadas en un mundo del más allá, ni son seres que se diferencien de lo fenoménico y estén tras ello, sino que constituyen el *ser campante* de lo terreno, lo fugaz y lo finito. Con esta idea fundamental Nietzsche no piensa un «trasmundo», sino el *imperar del mundo* mismo, la gran antítesis de construcción y destrucción, de auge, ocaso y retorno, que pone en juego y saca a jugar a todas las cosas. También el pensamiento de Nietzsche es especulativo, pero su especulación sigue cauces distintos a los del pensamiento de la metafísica, la cual sitúa lo auténtico, lo verdadero y lo real más allá de la *physis*. El «ser» pensado metafísicamente es para él exactamente eso que combate como «Dios». La eliminación del trasmundo es la «muerte de Dios» realizada activamente. Por eso la muerte de Dios puede llegar a ser el auge de la tierra, como sucede en *Así habló Zaratustra*. Hay que entender que cuando Nietzsche habla de Dios está atacando una forma de la ontología; que el apasionamiento de su lucha contra el cristianismo no viene del odio abisal de un alma que rechaza a Dios, sino de un pensamiento del ser que experimenta una nueva transformación. Hay que entender que no combate al «Dios de Abraham y de Jacob», sino al «Dios de los filósofos». Incluso cuando ataca con una desmesura extrema al Dios judío y a Jesús de Nazaret, al crucificado, su lucha va dirigida contra una ontología moral o contra una moral ontológica.

En *Crepúsculo de los ídolos* Nietzsche revela básicamente cuál es el concepto que él combate: Dios = trasmundo del «verdadero ser». Condensa su «nueva visión» en cuatro tesis, a las que concede la máxima importancia:

> *Primera tesis.* Las razones por las que «este» mundo ha sido calificado de aparente fundamentan, antes bien, su realidad: otra especie de realidad es absolutamente indemostrable. *Segunda tesis.* Los signos distintivos que han sido asignados al «ser verdadero» de las cosas son los signos distintivos del no-ser, de la *nada*: el «mundo verdadero» se ha construido poniéndolo en contradicción con el mundo real, pero de hecho es un mundo aparente, por ser meramente una ilusión óptico-moral. *Tercera tesis.* Inventar fábulas acerca de «otro» mundo distinto de este no tiene sentido, salvo que estemos dominados por un instinto de calumnia, de empequeñecimiento, de recelo frente a la vida: en este último caso tomamos *venganza* de la vida con la fantasmagoría de «otra» vida distinta de esta y «mejor» que esta. *Cuarta tesis.* Dividir el mundo en un mundo «verdadero» y un mundo «aparente», ya sea al modo del cristianismo, ya sea al modo de Kant (en última instancia, un cristiano *alevoso*), es únicamente una sugestión de la *décadence*, un síntoma de vida descendente...

Así pues, Nietzsche entiende su propósito fundamental como la inversión de la ontología y de la valoración que había habido hasta entonces. Lo que hasta entonces se consideraba apariencia es lo verdaderamente real, justamente lo sensible, lo temporal, lo que fluye en el devenir. Y lo que hasta entonces se consideraba lo verdaderamente existente, lo atemporalmente eterno, el puro ser, no es más que un ente de razón y nada más. Pero justamente al hacer esta «inversión» Nietzsche hace uso de la distinción que él mismo combate: lo terrenal es lo auténtico, mientras que lo metafísico no es más que espejismo, mera apariencia. Pero como Nietzsche quiere suprimir la diferencia invirtiéndola, justamente al suprimirla la está empleando, y con ello hace ver que esta diferencia, al cabo, quizá pueda tener todavía un sentido que no se vea afectado

## 4. La destrucción de la tradición occidental

por la inversión. Y Nietzsche señala ya enseguida una diferencia que está justificada así: la que hay en el artista. El artista «valora más» la «apariencia». Pero esta «apariencia» que el artista crea, y que adora como el poder divino de lo bello, no es un trasmundo, un constructo que devalúe vampíricamente el mundo terreno, sino a la inversa. «Pues "la apariencia" significa la realidad *una vez más*, solo que seleccionada, reforzada, corregida. El artista trágico *no* es un pesimista: dice precisamente sí incluso a todo lo problemático y terrible, es *dionisíaco*...».[44] Esta alusión al artista no tiene el carácter de un comentario ocasional, sino que es una indicación esencial. La apariencia del artista es distinta, más real que la apariencia del pensamiento puro y conceptual. En la apariencia del arte se sublima la vida misma. Pero Nietzsche habla expresamente del artista trágico. El artista ingenuo se acaba quedando atrapado en su mundo onírico y apolíneo, mientras que el artista trágico atraviesa constantemente toda apariencia para llegar a la terrible realidad, que necesita la apariencia como medio de consuelo. Ya en la primera obra de Nietzsche el arte trágico había sido el órgano de su filosofar. ¿Con el arte trágico y dionisíaco no tiene que corresponderse también una sabiduría trágica y dionisíaca que establezca una nueva diferencia entre ser y apariencia, de modo que no niegue ni calumnie la tierra? Al remontarse con el pensamiento hasta la voluntad de poder y el eterno retorno se traspasa la superficie de los fenómenos, pero no se salta a un trasmundo separado, sino que se piensan profundamente los fenómenos en una filosofía ardua y desengañada que está abierta a la terrible belleza, a este misterioso carácter doble de toda existencia, que soporta la muerte de Dios y aporrea con el «martillo» todas las verdades más creídas y todos los ídolos de la tradición, y que no se arredra ni se

---

44   VIII, 81 (cf. *Crepúsculo de los ídolos, op. cit.*, p. 69).

desalienta ante el «famoso sonido hueco» que ellos producen al ser golpeados, sino que concibe el «crepúsculo de los ídolos» como una misión histórica del hombre.

Nietzsche solo da indicaciones alusivas a la historia del error más largo. En ninguna parte lleva a cabo una destrucción real de la tradición ontológica. Sus ataques a Platón, Kant, etc., son todos ellos juicios sumarios que, aunque formulan una objeción, sin embargo no la demuestran realmente. Nietzsche se mueve en buena medida en los peores lugares comunes sobre Platón y también sobre Kant. Pero para rechazar su crítica no basta con denunciar lo vago y lo difuso de sus condenas generales. Los pensamientos de Nietzsche, y esto es algo que básicamente se puede decir así, son siempre más profundos y esenciales que sus fundamentaciones, demostraciones y pruebas. Percibe una nueva dimensión, pero aún no es capaz de desarrollarla. No logra un desarrollo sistemático de sus pensamientos ni siquiera en la obra capital de su legado póstumo, *La voluntad de poder*, que en varias ocasiones había anunciado ya como «el libro más independiente de la humanidad». En muchas ocasiones Nietzsche confiesa despreciar la sistemática. En ella no ve más que una manera de forzar y torcer las cosas para dejarlas a gusto de uno, un lecho de Procusto. Le parece que el sistemático es infinitamente ingenuo... o deshonesto: «finge ser más tonto de lo que es».[45] Nietzsche no tiene una auténtica relación con la sistemática. Más bien se mueve en el presupuesto de que el carácter enigmático de la realidad nunca se puede expresar en un sistema, que la vida siempre es más laberíntica, más enigmática, más equívoca y más misteriosa que todo concepto humano; que no solo la verdad es una mujer que se resiste a ser conquistada por la torpe impertinencia de los filósofos, sino que, más aún,

---

45   XIV, 353 (cf. *Aurora*, en *Obras completas*, vol. III, *op. cit.*, p. 628).

## 4. La destrucción de la tradición occidental

la propia vida es una mujer: una mujer a la que no se puede calar, inescrutable, incomprensible.

Nietzsche escribió toda una serie de esbozos sobre la estructura de *La voluntad de poder*. Los editores escogieron finalmente un esbozo de 1887 y ordenaron los aforismos conforme a él. Así pues, la obra que hoy tenemos no es ya un libro de Nietzsche, sino una redacción a partir de meros esbozos. Esto se aprecia en muchas cosas: los aforismos no están tan trabajados a fondo como en otras ocasiones, no tienen el carácter contundente y fulminante de las obras tardías, en su conjunto el libro no tiene ritmo definido ni estilo propio. Su articulación vuelve a contener los cuatro pensamientos fundamentales de Nietzsche, pero las cesuras son ahora menos claras. La obra, en la versión corregida, se articula en cuatro libros: los dos primeros versan sobre la muerte de Dios, el tercero sobre la voluntad de poder y el cuarto sobre el superhombre y el eterno retorno.

¿Pero por qué dedica Nietzsche dos libros al pensamiento de la muerte de Dios? ¿No es ese un tema unitario? La idea da aquí un giro peculiar. La muerte de Dios es una historia doble: una historia que ha acontecido y una historia que todavía representa una tarea futura. Nos hallamos en una extraña situación. Nietzsche concibe el hombre moderno como un final, como el final del movimiento espiritual y moral de más de dos milenios, como el final de la filosofía metafísica y del cristianismo, en fin, como el final de una valoración.

¿Por qué el final de este camino debería hacerse visible precisamente ahora? ¿Quién ha detenido al hombre? Nietzsche responde a ello: «el más siniestro de todos los huéspedes»,[46] el «nihilismo europeo», que ya arroja su lúgubre sombra sobre el camino del hombre, haciendo que su pie se detenga y ya

---

46  XV, 141 (cf. *La voluntad de poder, op. cit.*, p. 33; *Fragmentos póstumos*, vol. IV, [1885-1889], Madrid, Tecnos, 2008, p. 144).

no quiera seguir. El nihilismo está viniendo, todos nosotros vivimos en su adviento. ¿Pero qué es el «nihilismo»? «La devaluación de los valores supremos. Falta el objetivo. Falta la respuesta al porqué».[47] La existencia del hombre ha perdido su rumbo, ya no tiene por encima de sí estrellas que alumbren su camino. El «cielo estrellado» de los ideales morales se ha apagado. Dios se nos ha muerto, es decir, la interpretación moral y ontológica del ser que estaba vigente en el curso de la metafísica occidental ha perdido para nosotros su carácter vinculante, ya no hay nada que nos sostenga, flotamos desarraigados en el vacío. Pero esto no es un acontecimiento que le haya sobrevenido al hombre con repentina e inexplicable vehemencia, sino que es más bien consecuencia de la larga dominación de la moral antinatural y de la metafísica trasmundana. El nihilismo que se avecina representa el proceso de la autoeliminación de la moral cristiana, la autoeliminación de la diferencia entre el mundo verdadero del más allá y el mundo aparente del más acá. «Pero una de las fuerzas que la moral educó era la veracidad. Al final, esta se acaba volviendo contra la moral...».[48] La concepción fundamental de Nietzsche aquí es que la moral anterior llega a su fin no por un acontecimiento casual o por un nuevo impulso vital, sino únicamente por un agotamiento histórico, porque su planteamiento ha llegado a su fin. La historia acaba evidenciando lo que desde el principio se encerraba en la interpretación moralista del mundo como germen de autodisolución. Dicha interpretación se supera a sí misma, es solapadamente nihilista ya desde el comienzo. Pero para eso es necesario recorrer hasta el final el curso histórico. La moral muere a causa de sí misma. La ontología metafísica se termina

---

[47] XV, 145 (cf. *La voluntad de poder, op. cit.*, p. 35; *Fragmentos póstumos*, vol. IV, [1885-1889], *op. cit.*, p. 241).
[48] XV, 146 (cf. *La voluntad de poder, op. cit.*, p. 36; *Fragmentos póstumos*, vol. IV, [1885-1889], *op. cit.*, p. 165).

con su historia. Nosotros estamos metidos en esta fase final, en esta escatología de la metafísica, nos encontramos en plena muerte de Dios. Con el problema del nihilismo Nietzsche ve la situación histórica, nuestra herencia y la perniciosa parte hereditaria que nos corresponde. Con el segundo libro, «Crítica de los valores supremos anteriores», interviene en la situación a título de pensador. Concibe su tarea como la consumación *activa* de la muerte de Dios, como la audacia de erradicar la idea de Dios (tal como él la concibe en un sentido moral y ontológico), de darle el tiro de gracia al Dios moribundo, conforme a las palabras del *Zaratustra* que dicen: «lo que cae también es preciso empujarlo». La idea de la muerte de Dios es, por un lado, una interpretación histórica de la situación moderna del hombre como la llegada del nihilismo, y por otro lado una crítica radical de la religión, la moral y la filosofía en la época de la metafísica: una crítica que debe consumar el drama de la muerte de Dios para posibilitar una nueva y horrible visión, terriblemente bella, del mundo, una visión «trágica».

*La obra póstuma* La voluntad de poder:
*el problema del nihilismo*

La grandeza de Nietzsche como pensador consiste en su camino hacia lo intransitado, en que se sale de una senda que durante muchos siglos guió el pensamiento occidental. Esto no sucede en él como una aventura, ni por las temerarias ganas de probar lo nuevo e inaudito, ni tampoco por una descabellada vanidad que le lleva a prender fuego al templo de lo sagrado, al hogar de la moral y a los bastiones de los conceptos ontológicos, igual que Heróstrato redujo a cenizas el tempo de Diana en Éfeso llevado de una descarriada ambición de gloria. Nietzsche se veía a sí mismo como un destino, es decir, como una necesidad histórica. Lo necesario siempre es también lo que da un giro a la necesidad, el giro que da una necesidad. Nietzsche experimenta que la necesidad de la época es ser un final de los tiempos. Es la época en la que llegan a su fin los impulsos vitales que durante dos mil años movieron la historia occidental y cobraron forma en la filosofía metafísica, en la religión y la moral cristianas. Tal «final» no es un proceso vital que se pueda entender sin más y para cuya comprensión se disponga ya de categorías. En cierto sentido conocemos las idas y venidas de «cosmovisiones» y «morales», parece que ya estemos familiarizados con semejantes «cambios en la historia del espíritu». Podemos citar muchos «cambios radicales del sentimiento vital» y muchas «decadencias» que conocemos gracias a la historia de la cultura y a la etnología. Tenemos abundante material sobre transformaciones culturales babilónicas y egipcias. Conocemos el hundimiento de las culturas maya e inca. La tierra es un campo de ruinas de culturas, una espléndida mina de hallazgos arqueológicos. En su viejo suelo hay enterrados aún muchos restos, mucha sangre derramada que se vertió en honor de dioses desaparecidos hace mucho tiempo. Conocemos el fenómeno de súbitas irrupciones de nuevos sentimientos vitales en la historia, la aparición de impulsos originales, y también su lenta o súbita extinción. Conocemos la frescura matinal de la originalidad, la maduración, el envejecimiento y el anquilosamiento de culturas. Y precisamente porque estamos «formados» históricamente y porque tenemos un rico museo de «civilizaciones disecadas» somos capaces de observar incluso nuestra propia cultura con la mirada museística. Pero la pregunta es si así llegaremos a conocer jamás nuestro destino. No nos llegaremos a enterar de cómo muere Dios si desviamos la mirada a pueblos foráneos y a épocas ajenas para constatar en ellos el ocaso de dioses, la muerte de dioses en los que, después de todo, nosotros mismos no creemos. No llegaremos a entender cómo muere nuestro Dios por mucho que recorramos de arriba abajo todo el apartado del museo dedicado a ocasos de dioses. No hay que banalizar las palabras de Nietzsche sobre la muerte de Dios, ni hay que concebir su interpretación del final de nuestro tiempo a partir de un esquema general y museístico.

En la obra póstuma *La voluntad de poder* la muerte de Dios pasa a ser tema por partida doble. Por un lado como acontecimiento de la autodevaluación de la religión, la moral y la metafísica, eso que Nietzsche llama el auge del nihilismo; y por otro lado como la nueva tasación activa y expresa de valores, como «crítica de los valores supremos que había hasta ahora». El auge del nihilismo es, también para el propio Nietzsche, un asunto inquietante. Todo lo que el hombre había proyectado hasta ahora más allá de sí, aquello a lo que se apegaba su corazón y su vida más íntima, todo lo que lo convertía en hombre y lo diferenciaba del animal, lo que lo elevaba por encima de la mera animalidad, todo lo que a lo largo de veinte siglos resplandecía en forma de estrellas radiantes sobre el paisaje de su vida, todo esto revela de pronto un oscuro sentido oculto y deja un poso siniestro y aterrador. En el vino de la vida empieza a predominar el sabor de la levadura amarga. Tiene la máxima importancia que Nietzsche considere la devaluación nihilista de los valores anteriores no como consecuencia de un sentimiento vital nuevo y opuesto, sino como consecuencia de los propios valores: el nihilismo anida en ellos y es desde el principio la dote oculta que los acompaña. En último término y en lo más profundo, las valoraciones son programas vitales, son proyectos con los que se vincula la propia vida, con los que se plantea una tarea y se encomienda una «misión». Las valoraciones son anticipaciones históricas de futuros remotos, son cauces de un camino humano. Nietzsche concibe una valoración global como un programa de vida, como un ensayo vital. Semejante programa no es de entrada transparente a sí mismo, sino que tiene que repercutir históricamente para ganar transparencia. Lo aterrador de la valoración anterior es que al realizarse históricamente se acaba eliminando a sí misma, que la veracidad educada por la moral cristiana al final se acaba volviendo por sí misma contra la moral, la cual sucumbe a causa de sí misma. En su intención fundamental, una valoración está inicialmente oculta y velada incluso para sí misma. Los objetivos ocultos solo acaban saliendo a la luz en el curso de su realización histórica. Por eso, durante mucho tiempo puede dar la impresión de que una moral quiere posibilitar un modo de vida superior, por ejemplo una vida de humildad, de caridad y de pureza. De este modo mantiene aferrados a la vida a muchos que de lo contrario perecerían bajo las arduas condiciones de una moral guerrera. Pero lo que de tal modo persuade a los débiles, los tiernos y los mansos para seguir viviendo, oponiéndose así a la vida fuerte, es en el fondo un ataque a la vida misma. Lo que parece ser una ayuda a la vida es en realidad una negación de la vida, por cuanto que ahí impera un ideal de pobreza vital. El nihilismo anida en el cristianismo, dice Nietzsche, y no surge solo ahí donde el cristianismo y sus valores pierden fuerza vinculante. El cristianismo, la moral tradicional y la filosofía metafísica son «movimientos nihilistas», son tendencias vitales que quieren ir a la «nada», aunque durante mucho hayan enmascarado esta nada bajo la apariencia del *summum ens*, de Dios. Vivimos en el final de los tiempos porque los valores anteriores «extraen sus últimas consecuencias», porque ahora han aflorado los estímulos que durante mucho tiempo operaban ya, aunque de manera oculta. Quizá se llegue al final absoluto de toda historia cuando la vida alcance a conocer el misterio del que se había nutrido, cuando llegue a hacerse totalmente dueña de sí misma. También para Hegel la historia del espíritu llega a su final cuando

## 4. La destrucción de la tradición occidental

él se posee plenamente a sí mismo, cuando desaparece la diferencia entre «ser en sí» y «ser para sí», cuando ha llegado el «ser en sí y para sí».

Cuando la moral desvela sus ocultas intenciones de fondo, obtiene el resultado de todo el camino que ha recorrido: es un camino hacia la nada. Dios era la máscara de la nada. Al interpretar Nietzsche moralmente tanto a Dios como al «trasmundo» metafísico, puede hablar del desenmascaramiento de Dios, es decir, del *nihil* oculto en el *summum ens*. Pero también conducen al nihilismo conceptos cosmológicos tales como «objetivo» y «unidad» de la historia universal, es decir, los esquemas metafísicos de interpretación que pretenden concebir el devenir suponiéndole un «sentido» y atribuyendo un objetivo a la historia. Nietzsche distingue tres formas psicológicas: primero, la desesperación, como resultado del esfuerzo vano por descubrir un sentido, un objetivo final en los acontecimientos; luego, la conmoción por el hecho de que no se logra descubrir una forma de gobierno, una unidad organizadora de la totalidad, de que no se logra captar la estructura del mundo y encontrar en ella la fundamentación del puesto del hombre en el cosmos. El nihilismo es también la sensación de estar expuestos a un mundo incomprensible y laberíntico sin saber de dónde venimos ni adónde vamos, es el sentimiento paralizante de una intemperie extrema, de un angustioso desconcierto en medio de una situación inescrutable en la que nosotros somos como Edipo, que mató a su padre y se acostó con su madre. Si llega a experimentarse el conocimiento trágico de la situación edípica del hombre, y si esta experiencia tiene aún la forma negativa del fracaso de una concepción unitaria del mundo que define la función del hombre a partir del contexto total, entonces eso acaba desembocando en la renuncia nihilista: cuando el puesto del hombre en el universo es irreconocible, ya nada tiene sentido. E igual de desazonador resulta darse cuenta de que resulta insostenible un «mundo verdadero» pensado metafísicamente:

> Llegados a este punto se concede que la única realidad es la realidad del devenir, se descarta todo tipo de subterfugio que conduzca a trasmundos y falsas divinidades, *pero no se soporta este mundo que ya no se quiere negar.*[49]

Esto significa que el nihilismo es ya una nueva visión, que sin embargo sigue sometida aún a la antigua valoración. Como ya no existe el trasmundo, en el que anteriormente se habían concentrado todos los valores, lo que resta se interpreta como algo «sin valor». De este modo, el nihilismo es esencialmente un estado intermedio, una transición. Se supera cuando tras la muerte de los dioses, lo terrenal ya no se toma como el mundo desdivinizado y vacío de dioses, sino cuando este mundo sin dioses empieza a brillar a la luz de una nueva experiencia ontológica. El nihilismo es un estado patológico intermedio, un tiempo intermedio en el que una época acaba y otra nueva despunta. Es patológico porque conlleva una modificación del ser humano que se percibe como una gran enfermedad. El hombre valora en la medida en que es hombre. Valorar no es un comportamiento que el hombre practique como le plazca, de cuando en cuando. El hombre existe como tal esencialmente en la valoración, se mueve en un sistema más o menos explícito de valores, siempre ha asumido ya una actitud básica. La vida humana es guiada por ideales, aunque a diario vamos siempre a la zaga de los ideales. Y cuando, por así decirlo, este comportamiento en función de valores se transforma de tal modo que «nada» vale ya, que ya nada es valioso, cuando todo

---

49  XV, 150 (cf. *La voluntad de poder, op. cit.*, p. 40; *Fragmentos póstumos*, vol. IV, [1885-1889], *op. cit.*, p. 395).

aparece en el modo del sinsentido y la falta de valor, entonces la vida ha caído en una anomalía, se ha vuelto «patológica». Pensándolo estrictamente, la vida no cesa de valorar, pero ahora valora en función de un criterio inquietante: el valor dominante es la *nada*. Nietzsche distingue muchas modalidades del nihilismo que no se limitan a aparecer de algún modo unas junto a otras, sino que, en cierta manera, representan estadios diversos en el tránsito desde la interpretación anterior de la existencia hasta una nueva experiencia trágica del mundo que Nietzsche quiere proclamar. Así por ejemplo, el pesimismo es una forma preliminar del nihilismo, pero también aquí distingue Nietzsche entre un pesimismo de la debilidad que acusa a la vida, que dice «no» a la vida a causa de su crueldad, de su derroche, de su gusto por el devenir en el que se entrelazan amor y muerte, y un pesimismo de la fuerza, que no tolera ningún falseamiento idealista de la vida, ninguna idealización, y que mira valientemente a los ojos de la Gorgona, pero que a pesar de eso da el «sí» al mundo, a la tierra, a la vida, al destino humano. Nietzsche llama al nihilismo extremo la concepción «de que la verdad no existe, de que no hay una constitución absoluta de las cosas, ninguna cosa en sí [...]. Valora las cosas de tal modo que a tales valores no les corresponde ni jamás les ha correspondido ninguna realidad, sino que son un mero síntoma de fuerza de la que hacen gala quienes asignan valores, una simplificación con miras a la vida».[50] Así pues, Nietzsche denomina aquí como nihilismo incluso su propia doctrina de la proyección trascendental de los valores. La trascendencia de los valores es una fantasmagoría, una nada. Y del mismo modo habla de la muerte de Dios, es decir, de la negación del mundo verdadero pensado metafísicamente como una «forma

---

50   XV, 152 (cf. *La voluntad de poder, op. cit.*, p. 41; *Fragmentos póstumos*, vol. IV, [1885-1889], *op. cit.*, p. 242).

de pensar divina». Esta forma de pensar nihilista es divina no porque sea la forma de pensar de un Dios, sino porque es la forma de pensar de una humanidad que se ha librado de la carga de la servidumbre a los dioses y, al hacer eso, ha logrado para sí misma una especie de divinidad. Un nihilismo de este tipo es lo contrario de aquel hundimiento vital que Nietzsche designa como decadencia. De este nihilismo dice:

> Si estamos «decepcionados» no es por la vida, sino porque se nos han abierto los ojos para ver los objetos de todos los «deseos» posibles. Miramos con rabia sarcástica eso que se llama «ideal»: solo nos despreciamos por no haber sabido reprimir a cada momento aquel absurdo estímulo que se llama «idealismo».[51]

En esta obra el problema del nihilismo sin duda se considera solo «moralmente». El nihilismo es la devaluación de los valores supremos anteriores. Por un lado, con ello se extrae una consecuencia última de los propios valores anteriores: han salido a la luz las valoraciones ocultas y más secretas, los pensamientos de fondo de la moral, la metafísica y la religión, lo cual ha provocado el final de esta historia de los valores. Pero por otro lado en el nihilismo se anuncia ya una visión nueva, solo que ella aún no tiene el arrojo de atreverse a sí misma. El nihilismo es una señal de decadencia, de degeneración vital, o dicho más exactamente, el nihilismo hace ver como decadencia una larga y honorable tradición: irrumpe cuando se advierte el hueco vacío que hay en los ídolos en los que se creía hasta ahora, y por otra parte se proyecta como una terrible sombra sobre todos los ideales anteriores, cuando en el remoto horizonte se alza ya un nuevo sol. El nihilismo es así el tiempo

---

51   XV, 153 (cf. *La voluntad de poder, op. cit.*, pp. 42 s.; *Fragmentos póstumos*, vol. IV, [1885-1889], *op. cit.*, p. 403).

intermedio en el que final y comienzo se confunden, el tiempo de precariedad en el que las antiguas estrellas se desvanecen y las nuevas no se pueden ver todavía. Este tiempo intermedio es *nuestra* época. Nietzsche siempre lo ve bajo el doble aspecto del ocaso y del auge. Es el tiempo del cambio, el tiempo de la necesidad y el tiempo del giro que da la necesidad. En cierto modo, Nietzsche ve que este tiempo intermedio transcurre en cuatro grandes períodos: el primero es aquel en el que se experimenta la devaluación de los valores anteriores, en el que se ve menguar el poder de la religión, de la moral y de la metafísica, y en el que los hombres esenciales se esfuerzan por mantener lo menguante, por reavivar la religión y el cristianismo, por querer darle un nuevo impulso. Pero tales intentos por mantener los grandes ideales de lo piadoso, lo bueno y lo sabio se hacen entonces con el «espíritu moderno»: se intenta unificar lo contradictorio. Tras este período del fracaso de los intentos por salvar Occidente comienza el «período de la claridad», en el que «se comprende que lo viejo y lo nuevo son radicalmente opuestos; los viejos valores surgen de la vida decadente, y los nuevos valores de la vida en auge».[52] Ahora se conoce la incompatibilidad, pero aún no se ha encontrado el nuevo camino para superarla. Nietzsche dice que el siguiente período se caracteriza por las tres grandes pasiones del desprecio, la compasión y la destrucción: el hombre se ataca a sí mismo. Y por último viene luego el período de la *catástrofe*. El nihilismo conduce a la catástrofe como un *giro de la humanidad* ahí donde una nueva doctrina se apodera de los hombres: la doctrina del eterno retorno. Nietzsche ve en el poder de esta enseñanza el centro de la historia. Es decir, ese «centro» no es el tiempo en el que él mismo proclama esta doctrina, sino aquel tiempo

---

52  XV, 187 (cf. *La voluntad de poder, op. cit.*, p. 73; *Fragmentos póstumos*, vol. IV, [1885-1889], *op. cit.*, p. 409).

venidero en el que tal doctrina llegará a dominar, en el que definirá a los hombres, en el que «hará una criba» y operará selectivamente, porque solo las naturalezas más fuertes soportan esta doctrina y están a su altura. Nietzsche cree en el futuro de su doctrina, cree en el poder futuro de su filosofía. Se ve a sí mismo como un destino, como una necesidad histórica. Cree hallarse más allá de todo arbitrio y de toda individualidad contingente. En él, en Friedrich Nietzsche, la historia de la humanidad da un giro. Pero no es su propia magnificencia la que lleva a cabo tal cosa, sino que él se limita a realizar expresamente lo que se había venido preparando ya como nihilismo europeo: que la vida se ha vaciado de sentido, que los valores supremos anteriores se han devaluado. Nietzsche puede ver tan esencialmente la decadencia del mundo moderno porque él mismo ha pasado por ello, porque fue decadente y luego se convirtió en lo contrario, porque soportó y resistió el nihilismo, porque vivió la época venidera como un primogénito que se sacrifica.

Con la enorme relevancia que se da aquí al problema del nihilismo, *La voluntad de poder* aporta un nuevo factor esencial. En el fondo, ahí radica toda la filosofía de la historia de Nietzsche. Filosóficamente relevantes no son solo las definiciones del contenido del nihilismo, sino también las visiones inherentes a ellas de la historicidad de la esencia humana y del ser, que aquí se entiende como valor. Que el «ser en el tiempo» propio del hombre tiene el modo de ser de la «historia» y que esta no es una concatenación de acontecimientos sucesivos, sino siempre el precipitarse hacia su fin de un proyecto de futuro, se puede ver claramente en la interpretación nietzscheana del nihilismo como consecuencia de la interpretación axiológica anterior de la existencia. La «consecuencia» es escatológica. El nihilismo anida de entrada en la filosofía metafísica, en la moral y en la religión cristianas, pero se mantiene oculto durante mucho

## 4. La destrucción de la tradición occidental

tiempo y sale a la luz como el «misterio» de estos poderes históricos aliados cuando ellos llegan a su final, es decir, cuando se consuma el proceso del autoempoderamiento y autoexposición de esta vida. Tras haber dado las definiciones esenciales generales del nihilismo y tras haber mostrado sus diversas modalidades, Nietzsche pasa entonces a una interpretación de los últimos siglos, analiza el entenebrecimiento moderno y apunta finalmente al carácter equívoco de nuestra época. Precisamente porque vivimos en el «tiempo intermedio», en una transición, todas las formas vitales, productos vitales y actitudes vitales son profundamente equívocos. Se pueden concebir sin más como síntomas. Incluso para la agudísima mirada del psicólogo no hay ya un lenguaje unívoco de los síntomas de la vida moderna. Todo es equívoco, ambivalente: *puede* ser signo de hundimiento, de decadencia, pero también *puede* ser ya signo de una nueva vida, de una vida que se vigoriza. Me parece que con ello Nietzsche alcanza un conocimiento profundo, que al mismo tiempo hace visible, al menos de lejos, un límite de su psicología sofística, la cual siempre presume de leer con seguridad el lenguaje de los síntomas.

> El carácter equívoco de nuestro mundo moderno: exactamente los mismos síntomas pueden indicar decadencia y fuerza. Y los signos distintivos de la fuerza, de la mayoría de edad alcanzada, a causa de una depreciación sentimental tradicional (y retrógrada) podrían malinterpretarse como debilidad. Dicho brevemente: el sentimiento del valor no está a la altura de los tiempos...[53]

El mundo moderno es equívoco, porque es al mismo tiempo decadencia y revigorización, fin de una época y primera auro-

---

53 XV, 222 (cf. *La voluntad de poder, op. cit.*, p. 104; *Fragmentos póstumos*, vol. IV, [1885-1889], *op. cit.*, p. 306).

ra de un nuevo tiempo. Con el concepto de nihilismo Nietzsche abordó un gran problema: trató de concebir la muerte de Dios como una consecuencia de la historia que creó a Dios, es decir, la interpretación universal de la metafísica moral y de la moral metafísica. Con su visión y su anticipación del nihilismo venidero Nietzsche entiende su situación histórica y hace el intento de elaborar una filosofía de la historia universal.

El segundo libro del legado póstumo versa de nuevo sobre la muerte de Dios, solo que ahora se la concibe como una tarea del hombre. Si el hombre ha de lograr su verdadero ser, tiene que convertirse expresa y voluntariamente en «asesino de Dios», es decir, en destructor del más allá moral y metafísico. Tiene que eliminar la diferencia entendida «teológicamente» entre esencia y fenómeno, entre ser y apariencia. El asesinato de Dios pasa a ser la liberación del hombre, el descubrimiento del poder de la existencia humana para crear valores. La crítica radical a la religión, la moral y la filosofía, en cuanto que formas con las que la humanidad se aliena de sí misma, se niega a sí misma y se olvida de sí misma, es, justamente por destruir estas actitudes, una *apología del hombre*. La teodicea, que es la justificación de Dios, es sustituida por una justificación del hombre: él necesita la justificación del pensador por haber sido él quien creó a los dioses y por haberse destinado luego a la servidumbre a sus propias creaciones. Nietzsche expresa el sentido fundamental de la crítica de los valores supremos anteriores de una forma bella y clara en el prólogo que antepone a la crítica de la religión:

> Quiero reclamar que nos devuelvan toda la belleza y sublimidad que hemos otorgado a las cosas reales e imaginarias, por ser propiedad y producto del hombre, y hacer así su más bella apología. El hombre como poeta, como pensador, como dios, como amor, como poder: ¡oh, qué regia magnanimidad la suya, con la que

ha obsequiado a las cosas para empobrecerse él mismo y sentirse miserable! Su máximo altruismo fue hasta ahora admirar y adorar y saber ocultarse a sí mismo que fue él quien creó aquello que él mismo admiraba.[54]

El hombre es el ser que se desconoce a sí mismo, que encubre su creación para poder arrodillarse ante las obras de sus manos, de su corazón y de sus pensamientos. Pero la apología del hombre es un pensamiento central de Nietzsche, que deja claro que aquí se invierten los modos de pensar de la metafísica. Dentro de la metafísica el rango del hombre se determina en cada caso en función de su referencia con el ente supremo, ya sea lo absoluto, ya sea, de forma más concreta, Dios. El hombre es un ser finito, limitado, condicionado, que necesita ser justificado no solo en la medida en que con su libertad puede igualmente decidirse contra Dios y elegir el mal, sino también y en general en la medida en que existe: en último término, es mantenido en su ser por lo absoluto. El ser finito del hombre remite al ser infinito de Dios. Dios como la fuente no solo de todo ser y de todos los valores, sino también como posibilidad del mal consentido, como garante de la posibilidad humana de decidir libremente incluso contra Dios, necesita una justificación intelectual, que es la teodicea. Nietzsche invierte este tema filosófico. No lo hace erigiendo al hombre en el ente más auténtico y de mayor rango, no obvia la finitud humana, pero concibe la esencia del hombre como creatividad, como creatividad finita: cuanto más creativo es un hombre, es decir, cuanto más originalmente es poeta, pensador, artista, instaurador de valores, tanto mayor rango le corresponde entre los hombres. Nietzsche no reconoce ninguna jerarquía de lo existente, ninguna gradación de las

---

54 XV, 241 (cf. *La voluntad de poder, op. cit.*, p. 119; *Fragmentos póstumos*, vol. IV, [1885-1889], *op. cit.*, p. 391).

cosas hasta llegar a una cosa suprema o una cosa superior. No existe ninguna dimensión de lo existente que sea más auténtica, «más entitativa» que otra, pues todo lo que habitualmente tomamos como lo existente y lo que la metafísica piensa en su esquema fundamental como la cosidad de las cosas, todo eso no existe en verdad para Nietzsche, ya que las cosas son meras ficciones, meros constructos aparentes tras los cuales hay una determinada cantidad de fuerza, de poder. Lo único real es la vida desbordante, que la voluntad de poder representa hasta el final y lleva a cabo, la vida inconstante y siempre dinámica, mientras que todas las cosas finitas y delimitadas son meras ficciones. Por eso todas las cosas son para Nietzsche equivalentes, todas valen lo mismo, ninguna cosa tiene más «entidad» que otra, no hay ninguna jerarquía de las cosas, sino únicamente una jerarquía en la región del hombre, en función de la fuerza creativa que repercute en un determinado hombre o en el pueblo. Quizá si Nietzsche abordó con tal pasión el problema de la jerarquía dentro del reino de los hombres fue por haber abandonado la jerarquía ontología.

Lo que Nietzsche entiende en particular por la «apología del hombre» es el regreso a la vida que proyecta, el regreso desde una postura axiológica o incluso desde valores trascendentes hasta la propia proyección de valores. Al regresar de este modo a la creatividad olvidada y oculta, el hombre se hace dueño de sí mismo, se hace dueño del aspecto más esencial de su existencia. Una vez que se ha reconocido a sí mismo como creador, como el que establece sus propios valores, ha ganado la posibilidad de crear expresamente nuevos valores, de empezar con una nueva proyección axiológica. Ahora bien, por cuanto respecta al contenido de la crítica, aquí apenas aparecen nuevos asuntos que no hubieran salido ya en las otras obras tardías. Aquí podemos encontrar de nuevo la reinterpretación fundamental de la religión y de la filosofía como formas de la

## 4. La destrucción de la tradición occidental

moral. Se tiene muchas veces la impresión de que los editores recogieron en estas partes aforismos cuyo tema ya había sido evaluado en *El Anticristo*, en *Crepúsculo de los ídolos* y en *Ecce homo*. Sin embargo, en puntos particulares hay magníficas observaciones que arrojan una nueva luz sobre los razonamientos ya conocidos. Su crítica a la moral es una crítica a la moral cristiana, y la crítica a la filosofía es esencialmente una polémica contra la negación de la sensibilidad y la difamación del mundo por parte de la metafísica. Sin embargo, ahí hay también una tendencia poco llamativa pero que parece altamente significativa: Nietzsche no solo desconfía de la metafísica del trasmundo, que está guiada por prejuicios morales, sino que desconfía plenamente de la filosofía en general, es más, de su propia filosofía. El propio valor de la verdad se le vuelve cuestionable. ¿De qué sirve la verdad, qué provechos y desventajas tiene para la vida? ¿De qué sirve el esclarecimiento de la existencia humana? ¿Por qué debe haber claridad y comprensión? ¿Por qué la vida no debería dormitar en una felicidad animal, envuelta en el velo protector de un profundo encubrimiento? ¿No es la voluntad de verdad en cuanto tal ya una cuestión desapacible y problemática? ¿El hombre cognoscente no tiene que saberse sometido siempre al destino de Edipo, que escoge el cegamiento para no tener que contemplar más el horror de un mundo desvelado? Por así decirlo, Nietzsche intenta la duda más extrema, la que no duda de la verdad de esto o aquello, sino que, más bien, duda de la verdad en general y por excelencia… o se desespera a causa de ella, considerándola un asunto desasosegante y cuestionable. Quizá la vida esté en peligro si confía en la «verdad». ¿Se puede pensar en último término el «ser» como luz? ¿O eso supone ya una interpretación unilateral? ¿Acaso el mundo es «más profundo» de lo que el día se piensa, como se dice en la «Canción ebria» del *Zaratustra*? Precisamente esta crítica última de Nietzsche a la filosofía no es simplemente una crítica hecha desde la base de una nueva verdad alcanzada, sino que soterradamente es también un escepticismo extremo ante la verdad misma. A Nietzsche le parece que la filosofía es más una «praxis vital» que una verdad teórica. «Se busca la imagen del mundo en *aquella* filosofía en la que nos sentimos más libres, es decir, en la que nuestro impulso más poderoso se siente libre para actuar. ¡Así me sucederá a mí también!».

Lo que aquí se dice sobre la filosofía antigua ya se había dicho de forma más precisa y contundente en *Crepúsculo de los ídolos*: incluso en muchas ocasiones se encuentran aquí versiones preliminares de las formulaciones que ya habían aparecido en aquella obra. En este sentido, la compilación que hicieron los editores no siempre fue demasiado afortunada. En este libro, la postura de Nietzsche en relación con la filosofía oscila extrañamente entre la antítesis de la filosofía metafísica y la dionisíaca, por un lado, y la antítesis de filosofía en general, incluyendo la suya propia, y la noche incólume de la vida que no quiere ninguna verdad. Así puede decir en una ocasión:

> Por «libertad de espíritu» entiendo algo muy determinado: a base de ser riguroso consigo mismo, ser cien veces superior a los filósofos y a otros discípulos de la «verdad» […]. Trato a los filósofos anteriores como despreciables libertinos embozados bajo la capucha de la hembra «verdad».[55]

Y luego denomina como «las tres grandes ingenuidades» la fe en que el conocimiento es un medio para lograr la dicha, la virtud y el control sobre la vida.[56] Pese a toda la agudeza

---

55 XV, 489 (cf. *La voluntad de poder, op. cit.*, p. 328; *Fragmentos póstumos*, vol. IV, [1885-1889], *op. cit.*, p. 749).
56 XV, 476 (cf. *La voluntad de poder, op. cit.*, p. 316; *Fragmentos póstumos*, vol. IV, [1885-1889], *op. cit.*, p. 248).

crítica que aquí opera, Nietzsche pone la filosofía alemana en parangón con la filosofía antigua en un sentido eminente. Se compara a sí mismo con Hegel, y dice: «El significado de la filosofía alemana, Hegel: idear un panteísmo en el que el mal, el error y el sufrimiento no se perciben como argumentos contra la divinidad».[57] Eso significa que percibe en Hegel una especie de sabiduría dionisíaca. Eso es una gran mirada profunda. Nietzsche sabe y también subraya que la filosofía alemana es en sus grandes figuras una añoranza del mundo griego, como también lo es su propia filosofía. Y por eso puede decir:

> Lo que deseo es que el auténtico concepto de filósofo no degenere por completo en Alemania. Ya hay en Alemania demasiados intelectuales de medio pelo a los que les gusta esconder su fracaso bajo tan noble nombre.[58]

*La ontología negativa de la cosa*

En el tercer libro de *La voluntad de poder,* Nietzsche aborda el tema que se menciona en el título de la obra. Pero tampoco aquí encontramos una investigación ontológica directa que demuestre que la voluntad de poder es la esencia del ente. No asistimos al proceso por el cual Nietzsche obtiene su pensamiento fundamental. Él renuncia a mostrar cuál es el camino por el que llega a demostrar sus «verdades» fundamentales de la voluntad de poder y del eterno retorno. Este pensador crítico y proclive a todo tipo de sospecha muestra justamente en el centro de su pensamiento una extraña ingenuidad, alejada de toda reflexión crítica. No se demuestra que la voluntad

---

57  XV, 442 (cf. *La voluntad de poder, op. cit.,* p. 288; *Fragmentos póstumos,* vol. IV, [1885-1889], *op. cit.,* p. 107).
58  XV, 446 (cf. *La voluntad de poder, op. cit.,* p. 291).

de poder sea el carácter fundamental de los fenómenos tras haberlos examinado, sino que eso se presupone, constituyendo así la base de una interpretación crítica de los fenómenos guiada por una desconfianza extrema. Nietzsche opera con la voluntad de poder para llevar a cabo una interpretación de lo existente, pero el presupuesto operativo no se legitima en su derecho sino justo gracias a esta «interpretación». ¿Es entonces la concepción de la voluntad de poder más que una hipótesis, más que un principio heurístico que se mide en función de su utilidad a la hora de comprender desde un principio unitario el mundo caótico con sus innumerables contradicciones? En comparación con las interpretaciones moralistas del mundo, la concepción amoral, que se sitúa por encima del bien y del mal, tiene la ventaja de interpretar la vida con todas sus contradicciones a partir de *un único* carácter fundamental: aunque sea enmascaradamente, la voluntad de poder impera en todos los fenómenos, incluso también en todas las formas vitales que aparentan ser lo contrario, por ejemplo en la moral altruista, donde es la voluntad de poder de los impotentes y de los desfavorecidos por la vida, que disfrazan su resentimiento haciéndolo pasar por otra cosa. Como Nietzsche detecta la astucia y el sentido oculto en todos los fenómenos que a primera vista parecen contradecir el principio de la voluntad de poder, logra hacer una interpretación unitaria.

Ya se ha señalado varias veces lo peligroso de tal método. Pero sobre todo es peligroso, más que para los demás, para el propio pensador que se sirve de él. Con la «conmutación» incorporada en ese método, que elimina lo que contradice el principio interpretativo presupuesto «desenmascarándolo», el intérprete se cierra en cierto modo a la autonomía de los fenómenos, pasa a ser el prisionero de su método, se queda atrapado en él. Ya no se sale de su perspectiva. Pero frente a lo que piensan los espíritus ingenuos, la vinculación a una perspectiva no se supera a base de que el pensador se entregue sin prejuicios a los fenómenos, los observe y describa fielmente y, haciendo fenomenología descriptiva, les dé «a las cosas mismas» la primera y última palabra. No existen en absoluto tales «cosas mismas», como tampoco existe un pensar que se sitúe libre de presupuestos ante lo existente. El pensar no es una contemplación espiritual. El pensamiento no se queda perplejo e inactivo ante lo existente. Cuando nosotros «encontramos» entes, cosas o propiedades de las cosas como si estuvieran previamente dados, ya para entonces el pensar ha realizado su tarea. Las «cosas mismas» solo existen cuando de algún modo se ha pensado ya por anticipado la cosidad de la cosa. Los entes solo existen a la luz de una interpretación ontológica.

Nuestra objeción contra Nietzsche de que opera con la concepción de la voluntad de poder sin haber demostrado este concepto fundamental significa que, incluso en la obra homónima, echamos de menos la exposición ontológica explícita de este motivo filosófico central. Nietzsche no es capaz de esclarecer su experiencia más personal del ser mediante un esbozo ontológico que se haya logrado tras una confrontación con la ontología de la metafísica. «Voluntad de poder» y «eterno retorno» son sus *intuiciones* esenciales, y no solo no es capaz de formar conceptos elaborados de ellas, sino que tampoco las delimita expresamente de los conceptos fundamentales de la metafísica. La ontología ha asumido en él la forma de una filosofía de los valores. La voluntad de poder se introduce como el «principio de una nueva instauración de valores». Tras el tratamiento del nihilismo como la devaluación que han sufrido todos los valores, y tras la crítica de los valores supremos que había hasta entonces, es decir, tras la destrucción activa del mundo tradicional de los valores, el tercer libro trae la auténtica nueva tasación de los valores, la nueva valoración según el criterio de la vida, cuya esencia se concibe como voluntad de poder. El libro se articula en los capítulos «La voluntad de poder como conocimiento», «La voluntad de poder en la naturaleza», «La voluntad de poder como sociedad e individuo» y «La voluntad de poder como arte». ¿Qué significa esta articulación? ¿Conocimiento, naturaleza, sociedad, individuo, arte? ¿Son respectivas regiones distintas de lo existente? La naturaleza y el mundo histórico-social son evidentemente ámbitos fundamentales de lo real. ¿Pero qué pinta en esa distribución el tema del «conocimiento», y luego encima también el del «arte»? En este esquema se encierra, aunque de alguna manera ocultamente, la articulación de la metafísica tradicional tal como aparece también en la *Crítica de la razón pura* de Kant, es decir, la articulación en *metaphysica generalis* y *metaphysica specialis*. La primera se ocupa del ente en cuanto ente, y la segunda del ente en cuanto que naturaleza, hombre y Dios. «La voluntad de poder como conocimiento» no es solo una gnoseología, como se ha entendido muchas veces. Este apartado contiene la *ontología negativa de la cosa* de Nietzsche. Y finalmente, el apartado sobre el arte no es otra cosa que su «teología», pero una teología sin Dios, es decir, sin un Dios cristiano y creador del mundo; una teología que justifica la existencia como fenómeno estético; una teología que percibe la perfección del mundo en el esplendor de lo bello: la religión del arte de Dioniso, el dios lúdico.

De momento todo esto no son más que aseveraciones. Pero las anteponemos para mostrar la estructura fundamental de este tercer libro, que es el centro del conjunto. El conocimiento de la voluntad de poder comienza con el conocimiento de la voluntad de poder *en el conocimiento*. La voluntad de poder opera en lo que habitualmente llamamos «conocimiento». Eso no significa solo que querer conocer es un impulso de poder, un impulso de apropiación y sometimiento, sino más aún, que el conocimiento queda ya bajo las condiciones de la voluntad de poder. O dicho de otro modo, que lo que habitualmente designamos como conocimiento *no* es el órgano apropiado para conocer la voluntad de poder, pues tal conocer ya viene acuñado por la voluntad de poder. La voluntad de poder como lo acuñador no puede ser captado por lo que ella misma ha acuñado, por el «conocer». ¿Pero cómo puede saberlo Nietzsche? Solo gracias a una intuición filosófica, que es fundamentalmente distinta de todo conocimiento de lo existente. Esta intuición surge de un estar abierto al flujo del devenir, a la «vida» que construye y destruye, al dinamismo de la voluntad de poder. El saber de la sabiduría trágica es lo único que traspasa los constructos del poder y alcanza a ver la propia vida que ostenta y ejerce el poder. La sabiduría trágica se convierte en crítica de todo otro conocimiento. ¿Qué entiende Nietzsche aquí por «conocimiento»? Nada más que el conocimiento de lo *existente*. Este es, en primer lugar, conocimiento experimental, empírico, y luego también el conocimiento *a priori*, es decir, la quintaesencia de las *categorías*, conforme a las cuales pensamos el ente respectivo como una cosa, como una cosa delimitada y que existe por sí misma, como sustancia con propiedades, como una cosa particular que tiene una esencia universal. La tesis de Nietzsche es que en realidad no hay cosas, no hay sustancias, no hay «entes». Solo existe la oleada de flujo vital, solo existe la corriente del devenir, la incesante subida y bajada de sus olas. No hay nada persistente, permanente ni constante: todo está en flujo. Pero nuestro conocimiento falsea la realidad, transforma engañosamente el flujo en el ser de cosas permanentes que se mantienen constantes en el devenir, que persisten en la mudanza de sus estados. La «cosa», la sustancia, es una ficción, es un constructo de la voluntad de poder que, haciéndose pasar por «conocimiento», violenta la realidad y el devenir, los paraliza, los falsea, los fija, los somete al concepto… y al hacer eso olvida hasta tal punto su acto violento que cree que está captando la realidad con los conceptos que ella misma ha creado, como el de sustancia, el de causalidad, etc. El hombre cree en cosas, pero no existen cosas. Cree en lo existente, pero esto «existente» es su propia creación, su red conceptual, que él arroja constantemente a la corriente del devenir. El mundo no es para Nietzsche una suma de cosas particulares diversas y aisladas que existan contiguas, lindando unas con otras. El mundo no consta de cosas, sino que no es más que una oleada vital, «un mar» en el que hay olas pero donde nada persiste. Evidentemente esta «intuición» contradice la apariencia, pues después de todo nosotros vemos cosas, nos distinguimos a nosotros mismos igual que distinguimos unas cosas de otras. El mundo se nos muestra fenoménicamente en una inabarcable diversidad de muchas cosas. Pero qué son las cosas no es algo que percibamos en ellas, sino que, a la inversa, cuando percibimos algo en determinadas cosas por vía de experiencia ya vivimos con una comprensión preliminar de la cosidad. Sin embargo, precisamente esta construcción *a priori* de la cosa, que nosotros pensamos con las categorías, es un falseamiento, un golpe de autoridad que ha dado el conocimiento para hacerse posible a sí mismo como conocimiento de lo «existente». Esto significa que al comienzo del conocimiento está la caída en pecado, está la mentira de la interpretación categorial, pues la verdadera realidad es el devenir. No un devenir *de* algo que ya es y que en tal devenir se limita a modificarse, sino un puro devenir, un constante fluir, un movimiento incesante: justamente la «vida» que comparece en todo, en las paredes rocosas de la cordillera tanto como en el sonoro arroyo de montaña, en la hierba de los prados tanto como en águila que traza sus círculos en lo alto, en las estrellas del cielo nocturno tanto como en los pastores cuya alma se conmueve con ellas. Eso que nosotros llamamos «cosas» nos tapa la vista para ver

## 4. La destrucción de la tradición occidental

la totalidad ilimitada, inasible, irrestricta. Las cosas nos tapan el mundo. Pero nosotros no podemos vivir en el agitado océano universal del puro devenir, sino que tenemos que falsear la realidad. El devenir es para nosotros lo inasible, lo que hace girar a nuestro espíritu, lo que lo arrastra a un remolino, donde lo sobrecoge el vértigo que anuncia el mundo. Falsear es para nosotros una necesidad biológica. La necesidad nos hace creativos. La necesidad de tener que vivir en un mundo donde todo discurre, desaparece, transcurre y se arremolina constantemente ha creado los conceptos, las categorías que hacen asible el inasible devenir, que lo fijan, que atribuyen una base a lo que acontece, que plantean una permanencia en el cambio, que ponen la «sustancia», la cual es, por así decirlo, nuestro salvavidas, que nos permite lograr estabilidad y orientación en un mundo fiable. Las categorías significan por tanto la humanización del mundo, la interpretación antropomorfa que, al asentar algo permanente, nos «pone en condiciones» de vivir. Las categorías no tienen una validez objetiva, son ficciones. La cosa es un ente de razón creado por el hombre... y nada más. El hombre se proyecta a sí mismo en todo. Y sin embargo, ya la propia concepción que tiene de sí mismo es un error, un falseamiento del que no se da cuenta. Se llama a sí mismo un «yo»: el yo se considera algo constante, permanente en el cambio de los contenidos subjetivos de las vivencias. Pero justamente el yo, dice Nietzsche, es una ficción, es en cierto modo el modelo básico de nuestras ficciones, pues nosotros transferimos este yo y su presunta constancia a las cosas. Las cosas han sido creadas a nuestra imagen. La sustancia es a sus propiedades lo que el yo a sus actos. El concepto de sustancia es una consecuencia del concepto de yo.

El hombre ha proyectado fuera de sí... la voluntad, el espíritu, el yo; primero extrajo el concepto de ser a partir del concepto del yo, puso las «cosas» como existentes guiándose por su propia imagen, por su concepto del yo como causa.[59]

El falseamiento a cargo del intelecto es la intervención del poder en el conocimiento. El intelecto tiene que falsear si quiere llegar a conocer algo, es decir, si quiere definir predicativamente algo como sustancia, enunciar de un ente que es de tal y cual modo. El falseamiento radica por tanto en las categorías que el intelecto emplea. Los medios *con los que* conoce ya son falsos. La mentira está ya en los conceptos fundamentales, no en aquello que en cada caso se conoce en particular con ayuda de estos conceptos fundamentales. Nietzsche transforma el problema tradicional de las categorías. Los enunciados fundamentales sobre el ente en cuanto ente son «desenmascarados como falseamientos», como mentiras en sentido extramoral. No hay ningún conocimiento de la entidad de lo ente como la metafísica pretende, porque no hay en absoluto ninguna cosa, ninguna cosa finita que persista en su finitud. Nietzsche no piensa el ser como ser del ente, sino como devenir, como la realidad dionisíaca del juego cósmico de construir y destruir a la vez.

No se percibe todo el alcance de la polémica contra las categorías si solo se la concibe como una gnoseología ficcionalista. Nietzsche no parte de una investigación crítica de la facultad cognoscitiva para llegar así a rechazar las formas categoriales de pensar, con las que la cosidad de la cosa se piensa como sustancia según el modelo del yo; sino que parte de la intuición primordial de su filosofía de estilo heraclíteo, que toma el devenir como lo único real. Los conceptos categoriales son falseamientos porque no pueden captar el devenir, porque lo paralizan y transforman engañosamente, porque lo basan en algo persistente. Partiendo de su concepción fundamental

---

59  VIII, 94 s. (cf. *Crepúsculo de los ídolos, op. cit.*, p. 85).

## 4. La destrucción de la tradición occidental

del ser como devenir, Nietzsche niega el ente finito e individualizado. No hay entes porque en último término no existe la individualización. O dicho más exactamente, lo que Nietzsche niega no es el *fenómeno* de lo existente individualizado, sino solo su significado *objetivo*. Lo que parece ser *una* cosa, algo particularizado, no es más que una ola en el oleaje vital, un cuanto de energía y un centro provisional de poder, pero solo representa una fase del movimiento en el juego cósmico. La gnoseología ficcionalista de Nietzsche, que concibe la voluntad de poder como el poder del intelecto para falsear y violentar, es en su sentido decisivo una ontología negativa de la cosa: no hay cosas. Su crítica no afecta en modo alguno a todo conocimiento, sino solo al conocimiento del *ente*, al conocimiento empírico, pero sobre todo al conocimiento *a priori*, es decir, a la interpretación categorial de la cosidad en cuanto tal. Su intuición, la visión filosófica del devenir, *no* se ve afectada por esta crítica del conocimiento, sino que más bien es el presupuesto que hace posible y también valida esta crítica. Dicho con otras palabras, la crítica del conocimiento óntico y categorial únicamente tiene sentido y legitimidad bajo el presupuesto de la verdad de su intuición. El propio Nietzsche no distingue con suficiente nitidez entre la verdad del devenir y la verdad del ente. La primera es intuitiva, la segunda es conceptual. Pero con esta antítesis aún no se ha entendido lo esencial: la verdad del devenir es el quedar al descubierto el mundo imperante, que hace intervenir su movimiento creador como voluntad de poder, mientras que la verdad del ente, es decir, la fe en ficciones tales como la sustancia o el yo, es una apertura a lo intramundano, que tapa el «devenir». Es decir, la auténtica diferencia no es la que hay entre una intuición y un concepto cualesquiera, sino la que hay entre la intuición del mundo y el concepto categorial. A menudo se reprocha a Nietzsche que se mueve en un círculo vicioso, porque por un lado basa el conocimiento en el impulso de falseamiento, mientras que por otro lado proclama él mismo una nueva filosofía, la cual es pese a todo un nuevo conocimiento; porque ve que en el conocimiento opera la voluntad de poder mientras que, por otro lado, afirma un conocimiento de la voluntad de poder. Esta objeción no es válida porque el conocimiento del devenir, que conduce al rechazo crítico de todo conocimiento categorial que falsea el devenir, no se subsume a su vez bajo el concepto criticado de conocimiento. La verdad del devenir tiene una naturaleza totalmente distinta que cualquier otra verdad, que solo es posible sobre la base de conceptos falseadores y paralizantes. Lo que normalmente llamamos «el ente», las cosas individualizadas, las figuras, todo eso es para Nietzsche «apariencia». Pero la apariencia no es una nada, sino que ella misma es algo real. Al fin y al cabo, es el constructo del poder de la imperante voluntad de poder. Pero normalmente caemos en el engaño de esta apariencia, e incluso damos a la apariencia el nombre de «ente». La sospecha y la desconfianza de Nietzsche hacia la interpretación categorial del ser como cosa, que es como lo piensa sobre todo la metafísica desde Platón y Aristóteles, no se basan en un profundo escepticismo generalizado, sino más bien en una concepción fundamental que él asume y afirma incluso «dogmáticamente», en su tesis sobre el devenir como lo real en última instancia. De este modo, Nietzsche se aparta de la historia de la interpretación metafísica del ente en cuanto ente. Convierte totalmente el problema de las categorías en lo negativo de un desenmascaramiento de falseamientos. Lo que falsea es el intelecto, el pensamiento, o dicho más exactamente, el pensamiento ontológico de toda la tradición metafísica... desde Parménides. Por eso quiere remontarse hasta antes de los eleáticos, hasta Heráclito. No hay cosas. Las cosas son constructos mentales que no son reales jamás ni en ninguna parte. La fuente subjetiva de la apariencia no es la sensibilidad, sino

## 4. La destrucción de la tradición occidental

el pensar. El pensamiento inventa las ficciones del yo, la sustancia, la causalidad, etc. Con este rechazo del pensar, o dicho más concretamente, del pensar ontológico, Nietzsche perfila su posición de combate contra la tradición y su manía de los trasmundos. El hombre falsea el mundo porque *piensa*, porque proyecta categorías e idea la estructura de las cosas y el esquema básico de la cosidad antes de toda experiencia. En la medida en que el hombre pretende conocer conforme a las categorías, se ha escindido de la realidad y se ha enajenado de ella. Se rodea de ficciones, y atrapado en ellas se comporta con las otras cosas como si él mismo fuera una cosa individual delimitada. La auténtica verdad solo es posible en la intuición del devenir abierta al mundo. Con una precisión contundente, declara Nietzsche: «Parménides dijo: "no se piensa lo que no es". Nosotros estamos en el otro extremo y decimos: "lo que se puede pensar por fuerza ha de ser una ficción"».[60]

Otra objeción contra el planteamiento de Nietzsche podría consistir en señalar la contradicción que se encierra ocultamente en la tesis del poder falseador del intelecto humano. Si el intelecto falsea, si el hombre crea el engaño de las categorías, entonces, en su condición de ser que falsea, tendrá que tener, pese a todo, una existencia individual real, de modo que no es posible que todo sea lo mismo en el juego universal de la voluntad de poder. Nietzsche sí que se da cuenta de esta consecuencia: el hombre es para sí mismo una ficción, no es realmente una individualidad última. Lo que crea las ficciones es la vida misma, es la voluntad de poder, que tanto configura esa forma vital finita que es el hombre como opera también en sus ficciones. Hablar de las ficciones del hombre no es más que una forma simplificada de hablar. El flujo vital no es un flujo

---

60 XVI, 47 (cf. *La voluntad de poder, op. cit.*, p. 367; *Fragmentos póstumos*, vol. IV, [1885-1889], *op. cit.*, p. 578).

homogéneo, sino un oleaje antitético de fuerzas y de cuantos de voluntad que se acumulan, pero que del mismo vuelven a deshacerse como las olas del mal. Nietzsche radicaliza una tendencia kantiana: la cosidad de la cosa es algo «subjetivo». En Kant, la objetualidad pensada categorialmente posibilita aún el objeto de la experiencia. Pero en Nietzsche la cosa, la fe en las cosas, son meras ilusiones que hacen posible vivir. No hemos de detenernos en los numerosos intentos psicologizantes de Nietzsche de demostrar su tesis del carácter ficticio de todas las categorías. Tomándolos como una gnoseología, estos razonamientos son muy cuestionables, en parte incluso bastante primitivos, con ocasionales caídas en el positivismo más vulgar. Pero el sentido filosófico no radica aquí en una teoría del conocimiento, sino en una ontología negativa de la cosa que no solo afirma la falsedad de los conceptos de cosa, sino que más bien discute además la «realidad» de las cosas. En Nietzsche no solo opera una aversión hacia los conceptos categoriales de cosa, sino también una opción apasionada por el devenir, por el movimiento: «al valor de lo eternamente igual a sí mismo» contrapone «el valor de lo más breve y efímero, los seductores destellos áureos del vientre de la serpiente "*vita*"».[61] Y en otro pasaje: «Del "ser" no tenemos otra noción que la "vida". ¿Cómo va a "ser" entonces algo muerto?».[62]

Nietzsche siempre se mueve así en la oposición entre ser y devenir, de modo que nunca entra del todo en la dialéctica interna de estos conceptos ontológicos. Operativamente se mantiene en el deslindamiento, contrapone el devenir al ser y, sin embargo, siempre pugna por pensar estos conceptos opuestos correlacionándolos. Cuando con el concepto de ser se piensa

---

61 XVI, 73 (cf. *La voluntad de poder*, op. cit., p. 390; *Fragmentos póstumos*, vol. IV, [1885-1889], op. cit., p. 240).
62 XVI, 77 (cf. *La voluntad de poder*, op. cit., p. 394; *Fragmentos póstumos*, vol. IV, [1885-1889], op. cit., p. 130).

## 4. La destrucción de la tradición occidental

la constancia, la persistencia, la permanencia, es decir, cuando el ser se sigue orientando por el ser de las cosas y por las ideas, Nietzsche rechaza este concepto. Pero si por ser se entiende la realidad, la vida, el movimiento, la voluntad de poder, entonces lo aprueba. Nietzsche está, por así decirlo, en una situación de transición, en la que por un lado rechaza la comprensión ontológica de la tradición metafísica, las categorías, mientras que por otro lado tiene ya una nueva concepción fundamental del «ser», de modo que ya no hay que entenderlo como oposición al devenir, sino ahora que alberga en sí el devenir, en el sentido de que el ser tiene tiempo o el tiempo tiene ser. «La suprema voluntad de poder consiste en imprimir al devenir el carácter del ser»,[63] y con ello se refiere Nietzsche a la suprema voluntad de poder en el conocimiento y como conocimiento, pero ahora no una voluntad de poder del falseamiento, sino una voluntad de poder de la verdad suprema del imperar del mundo: «Que todo retorne es la aproximación más extrema de un mundo del devenir al mundo del ser: es la cima de la meditación».[64] De esta verdad del eterno retorno no se puede decir lo que Nietzsche dice de la verdad del resto de las cosas: «La verdad es el tipo de error sin el que una determinada especie de seres vivos no podría vivir. Lo decisivo en última instancia es el valor para la vida».[65] Los hombres no pueden vivir en el torbellino del mundo, en el silbante viento del tiempo, en el que nada es fijo y todo fluye. Para vivir y poder organizarse, por pura necesidad biológica los hombres tienen que hacer falseamientos, avenirse a las ficciones de cosas finitas; tienen que desgarrar y despedazar, escindir y articular el ser único y perfecto de la totalidad

---

63  XVI, 101 (cf. *La voluntad de poder*, op. cit., p. 415; *Fragmentos póstumos*, vol. IV, [1885-1889], op. cit., p. 221).
64  *Ibid.* (cf. *La voluntad de poder*, op. cit., p. 416; *Fragmentos póstumos*, vol. IV, [1885-1889], op. cit., p. 221).
65  XVI, 19 (cf. *La voluntad de poder*, op. cit., p. 343).

universal en la multiplicidad de los entes. En el conocimiento del eterno retorno no se «detiene», se fija ni se «cosifica» un devenir, sino que el devenir se conoce *como devenir*. Eso significa la «cima de la meditación», porque aquí se reconcilia la oposición de ser y devenir. La gnoseología ficcionalista de Nietzsche se puede caracterizar así: 1) no es un escepticismo universal, sino que la comprensión del carácter ficticio de la interpretación categorial de las cosas, y por tanto de todo conocimiento de lo *existente*, se basa en un conocimiento filosófico indubitable: en el conocimiento de la voluntad de poder, del devenir como realidad última del eterno retorno; 2) en el conocimiento de las cosas la voluntad de poder opera como falseamiento y forzamiento, como poder de la «apariencia»; 3) lo decisivo aquí no es una gnoseología biológica, sino una ontología negativa de la cosa. El ente en cuanto ente, el *on he on*, no es más que una ficción. El ser auténtico, el flujo del devenir, no lo encontramos en el enfoque a las cosas, sino solo en el enfoque al mundo. La voluntad de poder es aquel acontecimiento primordial que representa el desdoblamiento de la vida universal y una, el juego de construir y destruir, la configuración de constructos aparentes del poder, que vuelven a deshacerse igual que han surgido. La mayoría de las veces nosotros los humanos estamos atrapados en las diferencias, en los límites, en la individualización. No vemos el poder articulador, el imperio de la diferencia. No vemos lo uno primordial en su desdoblamiento de sí mismo, en la creación y la eliminación de las diferencias. No vemos cómo la voluntad de poder ejerce su poder. Nietzsche trató de mostrar esto sobre todo en el conocimiento. Aquí está abordando un verdadero problema, aunque la forma de expresión biologista y pragmatista oscurece en amplia medida el sentido de sus pensamientos.

Mucho más flojo es el intento posterior de mostrar la voluntad de poder «en la naturaleza». Su crítica a la física meca-

## 4. La destrucción de la tradición occidental

nicista y a su concepto de fuerza resulta insuficiente, aunque en algunos puntos concretos se sugieren pensamientos esenciales. Lo mismo se puede decir de la interpretación de la naturaleza orgánica. Las indicaciones fenoménicas a las relaciones y los cambios de poder se mezclan confusamente con una filosofía que rebasa el ámbito fenoménico. A veces da la impresión de que con la aparición del «poder» dentro los fenómenos, Nietzsche quisiera demostrar que la voluntad de poder está tras ellos, como si fuera lo auténticamente real y efectivo. También considerándolo ya solo en su extensión es muy exiguo lo que Nietzsche dice sobre la voluntad de poder en la naturaleza inorgánica y en la orgánica. Quizá no sea casualidad. Nietzsche nunca desarrolló una ontología regional de ámbitos del mundo como la naturaleza y la historia. Ni siquiera dispone de una visión diferenciada que le permita examinar tales campos fundamentales en cuanto a su esencia peculiar, advirtiendo eventualmente en ellos modulaciones del principio universal único de la voluntad de poder. Al final podría ser dudoso si un principio que piensa el ser del mundo, es decir, el flujo del *devenir* creador y aniquilador, puede «demostrarse» de algún modo en la dimensión de las cosas y los ámbitos de cosas, es decir, si puede constatarse por así decirlo fenoménicamente. Incluso en la esfera de «la sociedad y el individuo» el afán de Nietzsche por buscar pruebas para su idea fundamental queda curiosamente sin resultado. Interpreta el Estado como un constructo del poder, se opone a la trivialización democrática del Estado, que pretende convertirlo en una institución moral (ejemplo: «Una sociedad que rechaza definitivamente y por instinto la guerra y la conquista está en decadencia... y lista para la democracia y el régimen mercantilista»).[66] O en las ins-

---

66 XVI, 179 (cf. *La voluntad de poder*, op. cit., p. 484; *Fragmentos póstumos*, vol. IV, [1885-1889], op. cit., p. 606).

tituciones, por ejemplo en la del matrimonio, él ve configurarse tendencias de poder, de modo que opta por el matrimonio como expresión de poder de un clan que quiere acrecentar su propiedad y su prole, y se declara en contra del matrimonio por amor. Y también ve «poder» en las formas jurídicas estatales, en todo el sistema de castigo y culpa, etc. Igual que en el Estado, también encuentra rastros de la voluntad de poder en el gran ser particular, en el individuo. Quien sobresale por encima de la masa no representa un valor moral superior, sino simplemente un mayor poderío vital.

Solo con el cuarto apartado, «La voluntad de poder como arte», Nietzsche vuelve a pisar fondo. El arte no es un «fenómeno» que exista sin más, como por ejemplo el artista y su obra. El arte, en su forma suprema como arte trágico, es justamente un traspasamiento de toda superficie y de toda apariencia, una mirada profunda al corazón del mundo, y al mismo también la justificación de la apariencia. En el juego del artista se refleja de algún modo el juego original del mundo, su imperar como voluntad de poder, o como Nietzsche lo formula: «El mundo como una obra de arte que se engendra a sí misma».[67] Junto a las interpretaciones psicológicas de la creación artística como una sexualidad potenciada, una sobreabundancia o, por así decirlo, una desbordante fuerza vital, está la otra interpretación más profunda del arte trágico como un tipo de conocimiento de la voluntad de poder. En el arte trágico se experimenta y se afirma como placer profundo incluso lo siniestro y cuestionable, lo peligroso y lo maligno, el abismo del dolor. El arte trágico no salva de lo terrible ofreciendo el refugio de una bella apariencia, sino que sublima en la apariencia incluso la cabeza de Medusa de la vida. El arte trágico surge del pode-

---

[67] XVI, 225 (cf. *La voluntad de poder*, op. cit., p. 525; *Fragmentos póstumos*, vol. IV, [1885-1889], op. cit., p. 110).

río supremo del hombre y manifiesta incluso lo terrible bajo el esplendor de lo bello. De este modo, el arte trágico es para Nietzsche el movimiento opuesto a los movimientos decadentes de la religión, la moral y la metafísica. A diferencia del cristianismo, «redime». Nietzsche llama al arte «la redención del cognoscente, de aquel que ve y quiere ver el carácter terrible y cuestionable de la existencia, la redención del conocedor de lo trágico». Lo llama «la redención del actuante, del hombre trágico y guerrero, del héroe». Y lo llama «la redención del sufriente, como vía hacia estados en los que el sufrimiento es querido, sublimado, divinizado, donde el sufrimiento es una forma del gran éxtasis».[68] Pero con esta triple redención que opera el arte Nietzsche no piensa solo un asunto humano, demasiado humano, sino la venida del salvador y redentor, su nueva teología del Señor del juego trágico del mundo: piensa la epifanía de Dioniso.

## «Disciplina y adiestramiento». El mundo dionisíaco

El último libro de La voluntad de poder lleva por título «Disciplina y adiestramiento». Se divide en tres apartados: «Jerarquía», «Dioniso» y «El eterno retorno». Si los dos primeros libros de esta obra póstuma tenían como tema a Dios, y el tercero la voluntad de poder —de una forma que ocultamente había quedado ya definida por el esbozo de la metafísica que la clasificaba en *metaphysica generalis* y *metaphysica specialis*—, el cuarto libro pone ahora todas las ideas básicas en referencia recíproca. No solo se fusionan los temas del superhombre y del eterno retorno, sino también el nihilismo, la nueva tasación de

---

[68] XVI, 272 (cf. *La voluntad de poder*, op. cit., p. 567; *Fragmentos póstumos*, vol. IV, [1885-1889], op. cit., p. 696).

los valores y el asesinato de Dios por parte de una humanidad pensada rigurosamente desde la voluntad de poder. Con este libro Nietzsche quiere mucho, quiere tremendamente mucho: quiere «actuar» como filósofo, no solo expresar conocimientos, sino preparar decisiones de alcance universal, transformar la humanidad. Su filosofía de la voluntad de poder, conforme al ser que ella misma piensa y experimenta, quiere llegar ella misma al poder. Quiere poder, no como reconocimiento general, sino como la enseñanza vital de los pocos que han sido llamados al dominio supremo: como la comprensión ontológica de los amos de la tierra. El tema central del cuarto libro es, por tanto, la humanidad que se reconoce en la filosofía de Nietzsche, la humanidad que soporta la muerte de Dios, que conoce la voluntad de poder como la esencia de lo existente y que con el eterno retorno experimenta la infinitud de la existencia.

Dicho de otro modo, aquí se tematiza el nuevo modo en que queda al descubierto todo lo existente. Pero sería totalmente falso ver en eso, por así decirlo, una mera aplicación de conocimientos filosóficos a la vida. No se trata de una praxis posterior que se suma a una teoría previa. La diferencia habitual entre teoría y praxis está aquí totalmente fuera de sitio. Se trata decisivamente de una forma de apertura que la muerte de Dios, la voluntad de poder y el eterno retorno otorgan a la existencia. En *Así habló Zaratustra*, esta humanidad que rechaza todos los trasmundos y se vuelve decididamente a la tierra, esta humanidad que reconoce la contradicción y la antítesis, la «guerra», como el padre y regente de todas las cosas finitas, y que al mismo tiempo entiende la infinitud de todo lo finito en el eterno ciclo del tiempo circular, se llamaba el «superhombre». Aquí, en el cuarto libro de *La voluntad de poder*, la figura del superhombre ha experimentado una metamorfosis peculiar. Nietzsche habla del hombre fuerte, del hombre noble, del gran hombre y del hombre *supremo*. Lo que ahí era en cierto modo la figura de un futuro lejano, ahora se reinterpreta como un camino histórico con muchos estadios. Nietzsche concibe ahora el superhombre como una tarea concreta, como la tarea de una autoconfiguración del hombre, como problema de un orden de dominio. Con la muerte de Dios ha muerto al mismo tiempo el sentido de la vida, de modo que el hombre tiene que asignarse ahora por sí mismo un sentido. Tras la devaluación de todos los valores anteriores, pasa a ser ahora una necesidad insoslayable la nueva valoración humana, la creación de valores. Dios disciplina a aquel a quien ama. Pero el hombre abandonado de Dios ya no está sometido a la disciplina divina. Tiene que disciplinarse a sí mismo si no quiere sumirse en el caos, si no quiere dormitar hundido en una obtusa animalidad en los desolados escalones del templo. El gran riesgo es la falta de todo disciplinamiento. El nihilismo venidero consistirá en que todos los vínculos perderán su fuerza vinculante. Con la disolución de los vínculos religiosos y morales la libertad del hombre se libera para la nada. Nietzsche concibe la *autovinculación* del hombre como la única superación posible del nihilismo. Pero tal autovinculación no es para él ni el respeto a la ley moral ni la fijación arbitraria de algún objetivo con la única finalidad de eludir el desierto del sinsentido y la desorientación. El hombre tiene su autovinculación en la verdad, en la luz de sus profundas visiones filosóficas. Si la esencia de lo existente es la voluntad de poder, entonces también el ser del hombre como un ente que se define a sí mismo tiene que configurarse desde la voluntad de poder, y por otra parte tal configuración tiene que realizarse con la comprensión temporal del eterno retorno.

Esto tiene un peculiar sentido antinómico. El hombre futuro, tal como lo piensa Nietzsche, es el volente de una gran voluntad, que en la medida que puede se da a sí mismo y a los demás una configuración, un perfil fijo. Es decir, quiere algo determinado, un objetivo *finito*. En la medida en que quiere un objetivo finito, excluye otros. La voluntad es siempre limitación. Pero el volente conoce al mismo tiempo la limitación, la finitud de su querer. En la apertura al eterno retorno conoce el sinsentido último del sentido que él quiere. La voluntad de poder y el eterno retorno están en una extraña contradicción, una contradicción que no afecta a su verdad, sino que constituye justamente la verdad fundamental de la vida, la contradicción de la propia vida. La voluntad es en cierto modo la fuerza configuradora que quiere una figura, pero con el eterno retorno se piensa el tiempo infinito en su ciclo, que devora y vuelve a traer en él todas las figuras; se piensa la oleada vital, que, aunque siempre se limita en figuras, al ser lo infinito vuelve a superarlas. La humanidad que está sometida a disciplinamiento, es decir, a la educación de las dos verdades de la voluntad de poder y del eterno retorno, queda definida por el *pathos* trágico, por un desdoblamiento y una tensión entre opuestos. La voluntad de poder quiere forma, mientras que el eterno retorno destroza todas las formas. La voluntad de poder se proyecta al futuro, mientras que el eterno retorno convierte ya todo futuro en repetición, y por tanto en pasado. Hay que tener presente esta tensión antinómica entre las dos ideas principales de Nietzsche si se quiere entender la imagen del hombre trazada en el cuarto libro. El hombre futuro es un volente y al mismo tiempo alguien que conoce la infructuosidad de todo querer. Es un ser que se configura a sí mismo y al mismo tiempo alguien que añora regresar al fondo vital amorfo. Un ser que tiene un día claro, netamente perfilado, y que sin embargo hunde sus raíces en la noche estigia, donde todo es lo mismo. Un ser que se siente a gusto a la vez en el claro iluminado y en el ocultamiento, en ese doble ámbito. Solo si se tiene en cuenta que Nietzsche ve al hombre tan desdoblado y desavenido de sí mismo, se puede apreciar correctamente

## 4. La destrucción de la tradición occidental

el significado de la idea de la disciplina y el adiestramiento. Cuando Nietzsche habla de los amos de la tierra no está proclamando un dominio humano a toda costa, pues el señorío de los amos de la tierra no es el sometimiento técnico del globo terráqueo ni el despotismo de una voluntad de poder que se ha vuelto incondicional, que convierte todo ente en objeto, degradándolo a material de trabajo. Por así decirlo, esta concepción solo piensa desde la voluntad de poder y es unilateral. El hombre es el amo de la tierra justamente porque la tierra lo empodera para tal señorío cuando él la reconoce como la «Gran Madre», como el seno de todas las cosas, como lo que da y quita. El hombre dominador se reintegra a la tierra cuando, pese a toda voluntad de futuro propia de la dominación, conoce el eterno retorno. La imagen nietzscheana del hombre tiene la doble cabeza de Jano. Sería una gran ingenuidad obviar el doble sentido y el significado de fondo que Nietzsche introduce en todas sus visiones del mundo humano futuro. El hombre futuro de Nietzsche tiene la doble cabeza de Jano porque la propia realidad tiene un rostro de Jano. La realidad es voluntad de poder *y* es eterno retorno de lo mismo. Con la voluntad de poder Nietzsche piensa el movimiento de las cosas, o mejor dicho, el movimiento que en cierta manera se anquilosa en cosas, formas, figuras y perfiles, y que engendra los entes delimitados, finitos e individualizados. La voluntad de poder es el principio cósmico de la limitación, pero también el principio cósmico de la oposición, de la guerra, de la discordia, es decir, de aquello que desgarra la oleada vital primordialmente una en una multiplicidad de figuras finitas. Sin embargo, el principio de limitación no solo produce la simple persistencia de las cosas finitas, sino que también es el principio de su agitación, de su lucha mutua, de su pugna por el poder: una pugna en la que se avasallan unas a otras, se jerarquizan entre sí, y donde unas viven a costa de la muerte de otras. La voluntad de poder no solo configura las formas finitas, sino que también las lleva a la arena de la lucha recíproca, es decir, vuelve a negarlas. Por decirlo con palabras de Hegel, la voluntad de poder no es la mera negación que divide y escinde la vida única, sino también la «negación de la negación». La voluntad de poder es la negatividad que Nietzsche piensa en el propio ser. Es el principio configurador, la fuerza *formante*. Pero el eterno retorno significa la comparecencia del infinito junto a todo lo finito y dentro de ello. Si toda figura se entiende como repetición, su concreción y su singularidad histórica obtienen el carácter de lo omnitemporal. En la cosa finita singular resplandece la eternidad del universo. Esa cosa desaparece en cierto modo en las honduras del abismo temporal abierto. En el eterno retorno se piensa el imperar original del mundo. La voluntad de poder es al eterno retorno lo que el principio de lo limitado es al principio de lo ilimitado, lo que *peras* es a *apeiron*, lo que lo finito es a lo infinito, lo que el ente es al mundo. Con las dos ideas principales de voluntad de poder y de eterno retorno Nietzsche piensa más radicalmente, es decir, piensa aquí en un sentido cosmológico, lo que en su primera obra había formulado ya estéticamente como oposición entre dos principios artísticos. La voluntad de poder es al eterno retorno lo que lo dionisíaco es a lo apolíneo, o más bien ambos son el dualismo de su antigua metafísica del artista que Nietzsche pensó hasta el final. Todas las formas de la voluntad de poder son en realidad «apariencia». No existen cosas: solo existe el devenir, la vida. La voluntad de poder como conocimiento, en la naturaleza, como historia y como arte paraliza en todas partes el devenir, genera aquel engaño ontológico que llamamos el «ente» y que es en verdad el *ser de la apariencia*. Pero en el «eterno retorno» experimentamos la vida eterna, el tiempo cósmico que deja tiempo, el mar del cual todas las «figuras» son meras olas.

## 4. La destrucción de la tradición occidental

Sin embargo, al final de su camino especulativo Nietzsche no se queda detenido en un dualismo, por así decirlo, inmóvil, sino que con su concepto de Dioniso piensa conjuntamente los dos rostros de Jano. La oposición inicial de dos principios artísticos se radicaliza luego en la oposición entre voluntad de poder y eterno retorno, y se concibe unitariamente en el nombre del dios Dioniso. Ya según el mito tradicional Dioniso es un dios ambiguo. Es misteriosamente idéntico a Apolo, en cuyo santuario de Delfos es venerado conjuntamente, y como el dios de la desbordante euforia vital, como el dios despedazado y descuartizado, desgarrado por las Ménades, como el dios al que ellas cantan la canción fálica, es también idéntico al dios de la muerte: *houtos de aides kai dionysos*, el mismo es *aides* y *dionysos*, dice Heráclito.[69] Nietzsche no solo recurre al recuerdo mítico cuando quiere expresar su concepción fundamental unitaria y a la vez contradictoria de la vida, sino que asiste al amanecer de un nuevo mito de la divinidad del mundo. Una vez que se ha comprendido que «Dioniso» es el nombre que Nietzsche emplea para designar el ser, el ser viviente, constructor y destructor, y que por tanto tal nombre menciona conjuntamente la voluntad de poder y el eterno retorno, pero sin eliminar su oposición, entonces resulta también comprensible por qué en el cuarto libro de *La voluntad de poder* Dioniso ocupa el lugar central. Aunque este cuarto libro es sobre todo la interpretación del mundo humano que se define por las nuevas verdades de Nietzsche, sin embargo, se centra en la verdad humana de Dioniso. Antes viene la doctrina de Nietzsche sobre la jerarquía, es decir, la existencia humana se interpreta a la luz de la voluntad de poder. Al capítulo sobre «Dioniso» le sigue el tratamiento del mundo humano a la luz de la idea del retorno. El disciplinamiento de la existencia humana es doble:

---

69  Fragmento B 15 (Diels).

viene de las experiencias de la voluntad de poder y del eterno retorno. Lo que de este modo educa y disciplina doblemente y de forma contradictoria es, en último término, la vida divina del mundo. Incluso los amos de la tierra siguen sometidos a la disciplina de su Señor: Dioniso.

La doctrina nietzscheana de la jerarquía se opone polémicamente no solo a la tendencia moderna a igualarlo todo, sino también a la idea cristiana de la igualdad de los hombres ante Dios. La llama el «*non plus ultra* de la estupidez» que «ha habido hasta ahora en la tierra».[70] Los hombres son desiguales. También en el reino humano impera la voluntad de poder y la contradicción que ella necesita entre los escalones y quienes ascienden. Tal como Nietzsche lo formula son «únicamente las cantidades de poder y nada más» lo que determina el rango.[71] La jerarquía equivale al grado de poder. La única jerarquía verdadera es la definida por el único poder verdadero, es decir, por el poderío de la vida, por el grado de fuerza vital de un mundo humano. «Es necesario que los hombres superiores declaren la guerra a la masa», se dice con toda crudeza.[72] Pero tal declaración de guerra no tiene por objetivo erradicar la masa, lo cual sería imposible, sino tomarla como prerrequisito para la humanidad superior, servirse de ella pero no para sucumbir a ella. El hombre superior tiene que arreglárselas con la masa empleando la astucia bélica. La existencia de la masa significa por sí misma para los hombres superiores una seguridad que los salvaguarda de sí mismos, de su propia violencia. Una tensión tan extrema de la existencia como la que impera en la humanidad superior no puede constituir la cotidianidad de la

---

70   XVI, 292 s. (cf. *La voluntad de poder, op. cit.*, p. 574; *Fragmentos póstumos*, vol. IV, [1885-1889], *op. cit.*, p. 290).
71   XVI, 277 (cf. *La voluntad de poder, op. cit.*, p. 570; *Fragmentos póstumos*, vol. IV, [1885-1889], *op. cit.*, p. 377).
72   XVI, 279 (cf. *La voluntad de poder, op. cit.*, p. 571).

vida. «Toda gran época se paga».[73] Es una sabiduría económica de la vida producir la masa de los hombres cotidianos como el suelo de abono de la humanidad superior. El gran hombre es una especie de lujo, una excepción que contradice la regla, pero que a su vez viene condicionada por ella. Nietzsche dice: el gran hombre «necesita la enemistad de la multitud, de los igualados, la sensación de distanciamiento cuando se compara con ellos. Él está sobre ellos y vive de ellos». Basándose en el conocimiento de que los hombres son desiguales Nietzsche exige la organización de una forma de dominio de los fuertes, una aristocracia que en épocas de masas se sirva de ellas, una alianza conspiratoria de hombres superiores que con dobles objetivos, unos declarados y otros secretos, guíe a las masas y las fuerce a servir. El problema que Nietzsche aborda aquí, con una despreocupación casi cínica, se ha convertido desde hace tiempo en un problema fatal para nuestra época. Nietzsche concibe la formación de élites como una tarea de disciplinamiento humano. Por culpa de intentos fallidos, que surgieron ellos mismos de la existencia masificada, este tipo de ideas están ahora totalmente desacreditadas. No se puede educar a los amos de la tierra con los métodos zoológicos de una caballeriza. La idea del disciplinamiento es en Nietzsche mucho más radical y profunda. «Una pregunta nos viene constantemente, una pregunta quizá tentadora y perversa que habría que susurrar al oído de quienes tienen derecho a tales preguntas problemáticas, las almas fuertes de hoy que también son las que mejor se dominan a sí mismas: ahora que tanto prolifera en Europa el tipo del "animal gregario", ¿no será ya hora de hacer el ensayo de cultivar sistemática, artificiosa e intencionadamente el tipo opuesto y sus virtudes?». Nietzsche

---

73 XVI, 285 (cf. *La voluntad de poder, op. cit.*, p. 576; *Fragmentos póstumos*, vol. IV, [1885-1889], *op. cit.*, p. 601).

no se asusta de las consecuencias que espantan a todos los moralistas. Exige la aplicación de todos los medios, incluso del engaño, la argucia y la mentira. «Una moral [...] que pretenda formar al hombre para lo elevado en lugar de para lo cómodo y mediocre, una moral con la intención de crear una casta dirigente —los futuros amos de la tierra—, solo se puede enseñar si se introduce enlazándola con la ley moral existente, expresándola en sus términos y revistiéndola de sus apariencias».[74] Para ello tiene que inventar «muchos medios de transición y de simulación».[75] Esta casta dirigente que habrá de venir en el futuro es para Nietzsche el prerrequisito para el *nuevo filósofo*. «El nuevo filósofo solo puede surgir en combinación con una casta dirigente, como su espiritualización suprema».[76] Eso significa que la humanidad, cuya existencia se basa en la verdad de la voluntad de poder, alcanza su consumación en quien conoce expresamente la voluntad de poder.

Nietzsche concibe de forma nueva la esencia del filósofo: «Al cabo de mucho tiempo de infructuosos intentos de asociar con la palabra "filósofo" un determinado concepto [...] me acabé dando cuenta de que hay dos tipos distintos de filósofos: 1) los que pretenden constatar la existencia de una gran cantidad de valoraciones [...]; 2) los que son legisladores de tales valoraciones».[77] La fuerza suprema es la instauración, el proyecto creador de un sistema de valores. Así es como la voluntad de poder, en la medida en que es humana, se da a sí misma las condiciones de lucha, el terreno de combate para su guerra. «Quien define los valores y guía la voluntad de milenios, al guiar las naturalezas supremas se convierte en el

---

74  XVI, 336 (cf. *La voluntad de poder*, op. cit., p. 624).
75  XVI, 338 (cf. *ibid*., pp. 624-625).
76  XVI, 351 (cf. *ibid*., pp. 636).
77  XVI, 347 s. (cf. *ibid*., pp. 632).

hombre supremo».⁷⁸ Nietzsche concibe aquí al filósofo como el hombre de rango supremo. Pero así como Platón y Aristóteles veían el rango supremo en la «teoría», Nietzsche lo ve en la proyección de valores, en la libertad creadora.

En el siguiente apartado, «Dioniso», es muy difícil ver hasta qué punto Nietzsche tiene aquí de hecho una nueva experiencia de lo divino, o hasta qué punto toma al dios Dioniso como mero pseudónimo para designar una divinidad del mundo. Sería una ardua tarea interpretativa hallar el límite exacto entre el ateísmo de Zaratustra, que también aquí vuelve a evocar Nietzsche, y su instinto creador de dioses que, como él dice, vive a destiempo.⁷⁹ Quien hasta aquí haya aprendido a ver el contexto y a escuchar las connotaciones reconocerá en la última obra de Nietzsche, que quedó fragmentaria, la anunciación todavía vacilante de un nuevo dios. Pero no se trata de un dios que sea un ente, y ni siquiera el ente supremo, el *summum ens*. No es un dios con un perfil definido, con una figura. Es el inasible dios del ser, del mundo imperante, «patente como el cielo»,⁸⁰ a cuya luz están todas las cosas limitadas; un dios a la vez cercano como la tierra cerrada, a la que se acaba reintegrando todo cuanto aflora. Dioniso es la santidad del propio ser. Nietzsche contrapone el Dioniso griego al crucificado cristiano y confronta ambas concepciones del sufrimiento. En un sentido cristiano, el sufrimiento es la vía hacia un ser santo, más allá del mundo. Pero en un sentido griego se considera que «el ser es lo bastante santo como para justificar incluso una inmensidad de sufrimiento».⁸¹ «Desde aquella cima de la alegría en la que el hombre se siente a sí mismo

---

78  XVI, 359 (cf. *ibid.*, pp. 643).
79  XVI, 386 (cf. *ibid.*, pp. 661-662).
80  F. Hölderlin, «En el idílico azul florece...», en *Sämtliche Werke*, vol. 6. *Dichtungen - Jugendarbeiten - Dokumente*, Berlín, Propyläen, 1923, pp. 24 ss.
81  XVI, 391 (cf. *La voluntad de poder, op. cit.*, pp. 672).

por entero como una forma divinizada y como una autojustificación de la naturaleza, y descendiendo hasta la alegría de los sanos campesinos y de los sanos animales semihumanos, todo este vasto e inmenso espectro de luz y toda esta escala de colores de la dicha, es lo que el griego —no sin el agradecido estremecimiento de quien ha sido iniciado en un misterio, y no sin suma prudencia y piadoso silencio— denominaba con el nombre de un dios: "Dioniso"».[82] Dioniso es la unidad en todas las cosas finitas de la voluntad de poder, como tendencia apolínea, y el eterno retorno, como la profundidad temporal dionisíaca. Nietzsche pone nombre a la unidad que entrelaza la voluntad de poder con el eterno retorno, pero la peculiar esencia de esta unidad queda sin ser concebida, a pesar de que en todos los pasajes decisivos de su obra filosófica Nietzsche se mueve en esa dimensión, en la «dimensión del juego». Solo si se logra interpretar a Dioniso como el dios del juego se podrá entender esencialmente el juego divino del mundo en el espacio intermedio entre el cielo y la tierra.

En el último apartado, que versa sobre el eterno retorno, este tema no se desarrolla en su problemática interna más de lo que ya se había hecho en *Así habló Zaratustra*, pero el eterno retorno se toma ahora como un disciplinamiento del hombre. Es la «gran idea disciplinante» que condena a las razas débiles, que no la soportan, y que da el gobierno a las razas fuertes, que la reciben como un supremo acto de beneficencia. Lo que hagan ahora lo volverán a hacer reiteradamente, una y otra vez por toda la eternidad. Así es como la idea del retorno pasa a ser el máximo peso de la existencia. Aunque Nietzsche parte primeramente de esta interpretación vital de la enseñanza del retorno, sin embargo, resulta claro que con ella se está pensando su nueva concepción del mundo. La importancia vital, la

---

82  XVI, 389 (cf. *ibid.*, pp. 669).

## 4. La destrucción de la tradición occidental

fuerza disciplinante de la enseñanza del retorno, consiste en que todo tiempo que discurre, toda caducidad, solo en apariencia es una fugacidad irrecuperable, siendo en realidad «eterna» y retornando siempre. No se puede resolver de una vez por todas si hay que tomar en el sentido más estricto eso de que nuestra existencia se repite infinitas veces, igual que los granos se escurren una y otra vez dentro del reloj de arena, o si Nietzsche está evocando con ello por primera vez el imperar del mundo, que trae todas las cosas para volver a llevárselas y que en este traer y llevar es inagotable. Pero la relevancia filosófica parece radicar únicamente en el sentido de que todo lo intramundano hay que concebirlo desde el inagotable espacio temporal. «El mundo persiste. No es nada que llegue a ser ni nada que se limite a transcurrir. O mejor dicho: el mundo llega a ser y transcurre, pero nunca ha cesado de llegar a ser ni jamás ha cesado de transcurrir, conservándose en ambos».[83] Justamente aquí se expresa claramente la peculiar permanencia del mundo, su eternidad en toda mudanza pasajera de las cosas. Y como el mundo no es un recipiente donde las cosas suceden, sino que él comparece *dentro* de todas las cosas, todas las cosas tienen a la vez en su transcurso temporal el carácter universal de la eternidad. El último apartado concluye con el grandioso aforismo 1067, del cual hay dos versiones. En él se sintetiza todo, se alude a todas las referencias del pensamiento nietzscheano: la relación fundamental entre lo apolíneo y lo dionisíaco, entre voluntad de poder y el eterno retorno, su unidad como un juego que se disocia a sí mismo en opuestos y se restablece desde la escisión. Y lo que en otras ocasiones Nietzsche plantea con el indefinido concepto de «vida», aquí se plantea expresamente como *mundo*, como el juego cósmico del ser. Con ello se menciona con toda insistencia el nuevo

---

83 XVI, 399 (cf. *ibid.*, pp. 677).

cauce de su pensamiento, desde el cual se opone a la tradición y se distancia de ella. Y sin embargo, en este breve aforismo está metida la historia filosófica de Occidente. Las definiciones que Nietzsche da del mundo son las mismas que Parménides hace del *eon*, del «ser» como lo primordialmente uno. El mundo no tiene comienzo ni fin, y sin embargo es una magnitud fija. Dicho con términos de Parménides, el *eon* es *ateleston* y *tetelesmenon*.[84] Además, Nietzsche concibe el «mundo» como una inmensidad de fuerza. Con ello, la totalidad del mundo entra en la vía de la interpretación ontológica del ser como *ergon*, que Aristóteles cuestionaba como el problema de *dynamis* y *energeia*, Leibniz como *vis* de la mónada y Hegel como la categoría fundamental de fuerza. La fuerza se concibe como juego, y así se revitaliza una tradición que va desde Heráclito hasta Hegel. Y aunque aquí solo se puede entender el lenguaje filosófico de Nietzsche si se perciben las resonancias de los pensamientos ontológicos más que bimilenarios de la tradición occidental, sin embargo él se sale de esta tradición.

¿Hasta qué punto? El mundo se concibe en cierto modo como el ser vivo omniabarcador en el que todas las cosas vienen y van, en el que discurren todos los movimientos, y que permanece eternamente en este cambio, pero no como una materia que siempre estuviera dada, sino más bien al modo en que el tiempo mismo permanece en todo transcurso de los acontecimientos temporales. Ya en el *Timeo* Platón pensó el mundo como el gran ser vivo, pero ahí el mundo era una fiel imagen del *agathon*, de la idea del bien, que contiene en sí todas las ideas. Igual que el *agathon* contiene la multiplicidad de ideas, así es como el mundo, en cuanto que fiel imagen suya, contiene todas las cosas individuales. Gracias a su carácter de semejanza, gracias a su referencia a la *idea tou agathou*, el pro-

---

84   Fragmento B 8, 4; 42 (Diels).

## 4. La destrucción de la tradición occidental

pio mundo tiene el carácter de lo dotado de razón, de lo racional. En cierta manera, en los movimientos celestes de los astros se visibiliza la razón del universo. El mundo es «racional». Está a la luz del ser. No así en Nietzsche. La razón no es para él un atributo adicional que se pudiera agregar al mundo desde otra parte. La razón no es algo que haya sobre el mundo o dentro de él, no es solo un claro iluminado, sino que es, igual de originalmente, el ocultamiento del ser. El mundo no se puede entender desde la razón ni desde una referencia a un trasmundo «ideal», sino que, más bien a la inversa, la razón de todas las cosas se entiende desde un factor del mundo. El mundo no tiene sentido ni meta porque todo sentido está *dentro* de él, porque todos los objetivos son intramundanos. Pero el propio mundo está más allá del objetivo, del sentido, del bien y del mal. No es «divino» en el sentido de que esta divinidad dejara una oposición fuera de sí: es divino en la medida en que alberga en sí todas las oposiciones, incluso la oposición entre Dios y el diablo, entre luz y noche, entre bien y mal. Nietzsche predica del mundo *ambas* ideas fundamentales de su filosofía positiva: la voluntad de poder y el eterno retorno. Como la voluntad de poder hay que pensarla desde su referencia recíproca al eterno retorno y a la inversa, sería una interpretación unilateral considerar que la voluntad de poder es la fórmula fundamental de Nietzsche para definir el ser, viendo en ello una postura extrema de la metafísica moderna de la subjetividad, que piensa el ser del ente como objeto de la representación y, por tanto, como la hechura de un poder representador. Esta interpretación, de la que aún habremos de ocuparnos por ser la interpretación que de Nietzsche hace el pensador vivo más importante, quizá acierte solo con lo «metafísico» de Nietzsche, con su dependencia a regañadientes de la historia que trata de superar. Pero no acierta con la voluntad de poder en su referencia interna al eterno retorno. Ambos motivos especulativos opuestos tienen

## La filosofía de Nietzsche

su unidad y su centro en Dioniso. Aunque el aforismo señala la voluntad de poder como la «clave de todos los enigmas», de modo que este factor concreto queda especialmente enfatizado, sin embargo, considerándola desde la reflexión en su conjunto, esta voluntad de poder es justamente la antítesis de la limitación frente a la ilimitación del eterno retorno. A pesar de su longitud, hay que citar íntegro este aforismo con que la obra concluye y que sintetiza de forma sorprendente todos los elementos especulativos de la cosmovisión nietzscheana. En cada una de sus expresiones este aforismo es difícil de pensar y está lleno de un sentido profundo que, quizá, durante mucho tiempo no seremos capaces de formular exhaustivamente en conceptos:

> ¿Y queréis saber qué es para mí «*el mundo*»? ¿Debo mostrároslo en mi espejo? *Este* mundo: una *inmensidad de fuerza, sin comienzo ni fin*, una magnitud fija y férrea de fuerza que no se vuelve ni mayor ni menor, que no se consume, sino solo se *transforma*, cuyo tamaño total es inalterable, una economía sin gastos ni pérdidas, pero también sin crecimiento ni ingresos, rodeado de «*nada*» como frontera suya; nada que se desvanezca ni se gaste, nada que se propague infinitamente, sino introducido como fuerza *determinada* en un espacio determinado, pero no en un espacio que en alguna parte estuviera «vacío», sino más bien como fuerza *en todas partes*, y que como *juego* de fuerzas y oleaje de fuerza es a la vez *uno y múltiple*, acumulándose en un lado y al mismo tiempo aminorándose en otro, como un *mar* de fuerzas que se desatan y fluyen en él, *alterándose eternamente*, refluyendo eternamente, con *infinitos años de retorno*, con una bajamar y una pleamar de sus configuraciones, sacando de las formas *más simples* y llevando a las *más variadas*, de lo más aplacado, rígido y frío a lo más ferviente, salvaje y contradictorio, y *retornando* luego desde la abundancia hasta lo simple, desde el

## 4. La destrucción de la tradición occidental

*juego de las contradicciones* hasta el placer por la consonancia, *afirmándose* aún a sí mismo en esta igualdad de sus cauces y sus años, bendiciéndose a sí mismo como aquello que tiene que *retornar eternamente*, como un *devenir* que no conoce saciedad, hastío ni fatiga: este *mundo dionisiaco* mío del *eterno crearse a sí mismo*, del *eterno destruirse a sí mismo*, este mundo secreto de las dobles voluptuosidades, este «más allá del bien y del mal» mío, *sin objetivo*, a no ser que haya un objetivo en la dicha del círculo, *sin voluntad*, a no ser que un *anillo* sea benevolente consigo mismo. ¿Queréis un *nombre* para este mundo? ¿Una solución para todos sus enigmas? ¿Una luz también para vosotros, los más ocultos, los más fuertes, los más impávidos, los seres de la más profunda medianoche? ¡*Este* mundo es *la voluntad de poder*... y nada más! ¡Y también vosotros mismos sois esta voluntad de poder... y nada más![85]

¿Representa Nietzsche con esta visión del mundo tan solo el final de la metafísica, o es el pájaro que anuncia la tormenta de una nueva experiencia del ser?

---

85  XVI, 401 s. (cf. *La voluntad de poder, op. cit.*, pp. 679-680).

## 5. La relación de Nietzsche con la metafísica como cautividad y liberación

*La cuaternidad trascendental del problema del ser y los motivos fundamentales de la filosofía nietzscheana. La idea cósmica de juego como problema extrametafísico*

Lo que ahora importa, sobre todo, es remarcar con mayor énfasis la pregunta que hay tras esta exposición de la filosofía de Nietzsche: ¿forma parte Nietzsche de la historia de la filosofía como *una* personalidad filosófica más entre otras, como una figura más o menos llamativa en la larga historia de la interpretación ontológica y de la hermenéutica del ser —una interpretación que desde los eleáticos se mueve en una continuidad del problema fundamental—, o Nietzsche es efectivamente un inaugurador y un iniciador, un precursor, el «heraldo y canto de gallo» de una nueva época universal, la aurora de una nueva y gaya ciencia, pero que todavía balbucea y *busca* el lenguaje en la «Canción ebria»? ¿Es un pensador a quien la experiencia de su impotencia lo lleva a confesarse que es «no más que un chalado, un poeta», y que al mismo tiempo se sabe, al estilo de Zaratustra, «lleno de aquel espíritu profético que camina por un paso elevado entre dos mares»? Al recorrer las obras de Nietzsche nos hemos esforzado por destacar los motivos fundamentales de su pensamiento: su ecuación ontológica básica «ser = valor», su enseñanza de la voluntad de poder, del eterno retorno, de la muerte de Dios y del superhombre. No hemos llegado a una confrontación auténtica y suficiente con este pensador que marcó nuestro destino y que, nos guste o no, determina también nuestra vida. Pero todavía no estamos pertrechados de ningún modo para eso. Una auténtica confrontación tendría que ser mucho más que una mera crítica que demuestre que este espíritu deslumbrante —en el doble sentido de fascinante y cegador— interpreta erróneamente ideas filosóficas tradicionales, que denuncie su sofistería, que desenmascare su arte del desenmascaramiento, que encuentre sospechosa su incapacidad para forjar conceptos y su arrogante tono divinatorio. Una auténtica confrontación únicamente podría y tendría que hacerse anticipando especulativamente aquello que Nietzsche trató de concebir en vano y en lo que fracasó la voluntad de poder de su pasión intelectual. Se parece a la figura mítica de Tántalo en que lo único que le parece digno de ser pensado es inasequible a su intervención: la totalidad universal como objetivo del «gran anhelo». Al final de su camino filosófico, con la imagen mítica de Dioniso alude a la esencia en sí misma reacia y contradictoria de la totalidad. Para Nietzsche, Dioniso es el dios amorfo y configurador, constructor y destructor, cuyo rostro es la máscara, cuya aparición es su ocultamiento, que es uno y muchos, vida desbordante y tranquilo sosiego del Hades. En los ditirambos dionisíacos de Nietzsche, un dolor tantálico se estremece en el círculo mágico de un lenguaje que desde la privación y la impotencia florece poéticamente. Pero donde lo hace de la forma más pura es en el poema «El sol declina», cuya estrofa final contiene la remisión al «áurea barca» de Dioniso, a cuyo encuentro viene la barca del pensador:

¡Séptima soledad!
Jamás sentí
tan cercana esta dulce certeza
ni tan cálida la mirada del sol.

## 5. La relación de Nietzsche con la metafísica como cautividad y liberación

¿No refulge aún el hielo de mis cumbres?
Argéntea y ligera como grácil pez de plata
sale a navegar mi barca.[1]

La poesía se convierte en salvación provisional de un pensamiento cósmico que rechaza la metafísica pero que de momento todavía no ha encontrado su lenguaje.

Al recapitular sobre las obras de Nietzsche que hemos recorrido, con toda su fulgurante riqueza de espíritu y experiencia vital, de intuición, psicología de los trasfondos más ocultos y sensaciones existenciales experimentadas, podrá parecer una simplificación inadmisible que hayamos centrado su filosofía justamente en cuatro motivos fundamentales. Y sin embargo, estos cuatro motivos, en su encajamiento y condicionamiento recíprocos, constituyen la articulación básica esencial del pensamiento de Nietzsche. Solo a partir de la muerte de Dios, es decir, a partir del hundimiento del trasmundo idealista, puede llegar a verse la voluntad de poder como aquello que constituye la vida. Y en la medida en que el tiempo se piensa como el cauce de la voluntad de poder, puede iluminarse el eterno retorno y, con ello, aparecer el superhombre, como el representante de aquella humanidad que existe en la verdad trágica. Nietzsche proclama sus enseñanzas básicas en una oposición consciente y explícita a la tradición. Lucha contra la metafísica de Occidente. ¿Pero encuentra realmente una nueva base o al luchar contra la metafísica queda en dependencia de ella? Esta pregunta que formula una alternativa está planteada de forma demasiado simple. No se ha superado el dominio de la metafísica anterior cortando con ella: tampoco aquí son libres todos aquellos que se burlan de sus cadenas. Salirse de la metafísica no es solo un nuevo método o una nueva forma de pensar, no

---

1 VIII, 428 (cf. *Obras completas*, vol. IV, Madrid, Tecnos, 2016, pp. 888).

es nada que el hombre pueda llevar a cabo por sí mismo, sino que mucho más originalmente es un acontecimiento que afecta al hombre, un destino que le acaece. En *Ecce homo* Nietzsche halló el lenguaje de una conciencia del destino. Se entiende poco de la grandeza de este pensador si en él se encuentran solo los estridentes tonos de un orgullo desmesurado, de una sobrevaloración delirante. Nietzsche es el alcanzado por el rayo, el abrasado por el rayo de una nueva aurora de la verdad de lo existente en su conjunto. Ahí pone entre otras cosas:

> El *descubrimiento* de la moral cristiana es un acontecimiento sin parangón, una verdadera catástrofe. Quien ilustra sobre ella es una *force majeure* [fuera mayor], un destino: rompe en dos partes la historia de la humanidad. Se vive *antes* de él, se vive *después* de él... El *rayo* de la verdad cayó precisamente sobre lo que más alto se encontraba hasta entonces.[2]

Apenas se puede expresar con más contundencia y precisión la esencia de la aurora de un nuevo mundo. Una aurora así tiene el carácter del rayo. Lo que estaba en lo más alto es destruido: todo se invierte. O diciéndolo con la terminología de Nietzsche: la nueva tasación de todos los valores. Nietzsche concluye *Ecce homo* con esta frase combativa en la que no solo entrechocan dos religiones, sino con la que se marca una cesura en la historia universal: «Dioniso contra el Crucificado». No es fácil agotar el tremendo simbolismo de esta frase. Dioniso es el dios del sufrimiento, como el Crucificado, pero el sufrimiento de Dioniso siempre se compensa con el oscuro placer del engendramiento, del cual él es señor, igual que es el señor de la muerte. El sufrimiento, la muerte y la decadencia son siempre solo la otra cara del placer, de la resurrección,

---

2   XV, 125 (cf. *Ecce homo, op. cit.*, p. 161).

## 5. La relación de Nietzsche con la metafísica como cautividad y liberación

del retorno. Dioniso es la vida misma, la vida de doble rostro, gravemente pesarosa y profundamente placentera, la vida que crea y destruye, la vida de un mundo que representa para nosotros un hogar cuestionable, un mundo que nos cobija y al mismo tiempo nos expone a la intemperie. Por el contrario, el Crucificado es para Nietzsche el símbolo de un sufrimiento que rechaza este mundo terrenal, que remite más allá de él como un gran índice que apunta a una vida ultramundana del más allá. A los ojos de Nietzsche, el Crucificado representa la moral hostil a la vida, el trasmundo utópico de la religión y la metafísica. El Crucificado no es para él únicamente el símbolo del cristianismo, sino también el símbolo de Sócrates y Platón, es decir, de una tradición filosófica que, en lugar de pensar la totalidad imperante del mundo, piensa la estructura del ordenamiento de las cosas intramundanas.

¿Cómo hay que definir la relación de Nietzsche con la metafísica? Con esta pregunta no nos referimos ahora a su propia postura respecto de la metafísica, sino a cómo podemos y tenemos que caracterizar *nosotros* esta relación. ¿Cómo se relacionan sus cuatro enseñanzas fundamentales con los horizontes de la interpretación metafísica del ser? La metafísica es aquel pensamiento que define el ente en su ser. El planteamiento fundamental de la metafísica arranca del ente, es decir, de los entes múltiples, finitos y limitados: las cosas. En las regiones del espacio y el tiempo, en la abierta amplitud del mundo, nos salen al encuentro cosas, a nosotros, que también somos cosas finitas. El planteamiento metafísico fundamental es *intramundano y cuádruple*: se pregunta por *el ente en cuanto tal*, por *la estructura total de lo existente*, por *el ente supremo* y por *el desvelamiento de lo existente*. Es difícil esclarecer de dónde viene esta cuaternidad. Se basa en las dimensiones del concepto de ser. Ya cotidianamente diferenciamos entre el ser y la nada, entre el ser y el devenir, entre el ser y la apariencia, entre el ser y el pensar. Siempre que de algún modo se entiende el «ser», de forma conjunta se están pensando también oscuramente los horizontes de la nada, del devenir, de la apariencia y del pensar. Acabábamos de ver cómo Nietzsche opera de muchas formas *con* la oposición entre ser y devenir, convirtiéndola en el eje de su filosofía. Lo decisivo ahora es que la metafísica se mueve en el cuádruple horizonte del ser que hemos mencionado, pero sin convertir las dimensiones del concepto de ser en un problema desarrollado. Lo que la metafísica piensa es justamente el ente. Si el ente se entiende por ejemplo como cosa, como la cosa aislada y limitada, entonces en su ser anida ya la nada, pues aquella está limitada y el límite es un borde de la nada. Como una cosa es siempre tal cosa determinada, entonces no es otra, no es ninguna de todas las demás cosas. *Omnis determinatio est negatio.* La metafísica piensa el ser de la cosa devorada por la nihilidad con el esquema ontológico de la cosidad de la cosa: piensa el *on he on*. Eso tenía en Aristóteles, por un lado, el carácter de la interpretación categorial de la *ousia*, y por otro lado, el carácter de la interpretación de la cosa como obra, como *ergon* en el ámbito de la *dynamis* y la *energeia*. En Platón, la interpretación de lo existente se hace en atención a la constancia del aspecto idéntico de los entes respectivamente múltiples, pero del mismo género. La nihilidad de las cosas se muestra en la inconstancia de las cosas sensibles que devienen, surgen y perecen. El «ser» de las cosas es su participación en las «ideas». En Platón, la explicación ontológica en el espacio referencial del *ser* y la *nada* está muy íntimamente ligada con las otras referencias entre *ser* y *devenir*, *ser* y *apariencia* y *ser* y *pensar*. Las cosas sensibles no solo son nulas, sino que están expuestas al surgimiento y al transcurso, son inauténticas, existen solo aparentemente, no son objetos del pensar, sino de la opinión, mientras que las ideas son lo existente, lo constante, lo que más entidad tiene y lo que corresponde al pensar.

## 5. La relación de Nietzsche con la metafísica como cautividad y liberación

El cuádruple esquema de la metafísica tradicional solo se podría desarrollar lo suficiente recurriendo a la historia interior y al origen de la metafísica y elaborando una historia de su problemática. A modo de sugerencia podemos decir que cuando la interpretación del ente se guía por la referencia al problema del ser y la nada se está preguntando por el ente en cuanto tal; cuando lo que marca el cauce de la pregunta es la referencia entre el ser y el devenir se está preguntando por el movimiento y, por tanto, por la conexión de la totalidad de todo lo que se mueve; cuando las cosas se examinan a la luz de la distinción entre autenticidad e inautenticidad, entonces se establece como criterio ontológico la pregunta por el ente de rango supremo; finalmente, cuando predomina la unión de ser y pensar, entonces se está indagando cuál es la verdad del ente y, por tanto, cuál es esa humanidad definida en función de tal verdad. Diciéndolo simplificadamente, estos cuatro horizontes del ser se corresponden con los cuatro trascendentales que dominan la filosofía antigua, la medieval y también la moderna, aunque en cada caso con matices distintos: *on*, *hen*, *agathon*, *alethes*, o *ens*, *unum*, *bonum*, *verum*. Planteamos por nosotros mismos esta pregunta: ¿la cuádruple articulación que hace Nietzsche de sus problemas fundamentales está íntimamente vinculada con la cuaternidad de la problemática metafísica? ¿Se queda Nietzsche en el campo de los problemas de la metafísica incluso cuando trata de invertirla? La enseñanza de la *voluntad de poder* es la doctrina nietzscheana de la *entidad del ente*. En sentido estricto, como hemos visto, para él no existen cosas fijas y finitas. Lo que parece ser una cosa individual y delimitada no es más que una configuración provisional de la voluntad de poder, un cuanto de poder que no permanece en reposo, sino que está en movimiento. Todas las cosas están en combate, en todo lo viviente se agita y rebulle la voluntad de poder. El ser de todo ente finito es una incesante destrucción de los límites, pero no como una superación absoluta del límite en general, sino como agitado dinamismo de todos los límites, como una lucha por la supremacía, como el deseo de soberanía del más poderoso sobre el más débil, como una permanente lucha por el poder. Es decir, Nietzsche no piensa la entidad de las cosas como una estructura permanente. Todo lo finito es para él algo amorfo e inestable que solo se configura provisionalmente mientras impera un poder. Nietzsche no concibe la nada que anida en el ser como su límite, sino como movimiento del límite, como el imperar de la diferencia que disocia la vida en sí misma y que continúa estragando incluso las formas que han salido de la disociación, volviendo a negar los límites y poniéndolos en movimiento. La enseñanza de la voluntad de poder es la respuesta de Nietzsche a la pregunta metafísica por el ente en cuanto tal, es su decisión en el ámbito de la cuestión *del ser y la nada*. La voluntad de poder es el ser y la nada en la alianza original del movimiento. ¿Pero a qué se refiere su pensamiento con la enseñanza del eterno retorno? Con esa enseñanza Nietzsche piensa la totalidad del movimiento de lo que existe. La totalidad no se plantea primariamente como una totalidad espacial ni como una suma o un acumulamiento de todas las cosas. Como él había negado las cosas fijas y estáticas, la totalidad no puede ser para él la quintaesencia de las cosas estáticas que están presentes. Como la cosa se había interpretado primariamente en función del dinamismo de la voluntad de poder, la totalidad tiene que interpretarse como el conjunto del movimiento. Pues bien, la totalidad, que abarca y supera todos los movimientos de las cosas, el agitado cambio en la lucha por el poder, solo se puede ir construyendo en el curso de los movimientos de los límites de las cosas: tiene que anteceder como la *totalidad temporal* a la mudanza intratemporal. ¿Pero cómo puede anteceder un tiempo entero a los segmentos de tiempo? Nuestra concepción habitual del tiempo toma el propio tiempo

## 5. La relación de Nietzsche con la metafísica como cautividad y liberación

básicamente como incompleto, pues después de todo las cosas aún están en marcha, el tiempo todavía no se ha acabado, aún está pendiente como futuro. Pero algo distinto sucede cuando todo suceso intratemporal se toma fundamentalmente como repetición. Entonces es concebible el tiempo como totalidad o el tiempo entero. El tiempo ya no es entonces algo incompleto y pendiente que solo nos traerá el futuro, sino que ya es el futuro entero. Como todo lo intratemporal es repetición, está superado por el tiempo y abarcado en él. Con sus ideas de la muerte de Dios, Nietzsche está pensando dentro del ámbito de problemas *del ser y la apariencia*. Él combate la concepción de una apariencia del mundo terreno y de una autenticidad del trasfondo metafísico. El *ontos on* no es para él la idea ni Dios, no es un *summum ens* que pudiera considerarse el ente de máximo rango, el *agathon* y, por tanto, la medida de todas las cosas. La muerte de Dios significa la negación de la diferencia entre ser y apariencia *en su sentido tradicional*. A pesar de esta negación de la versión platónica, cristiana y kantiana de esta diferencia, Nietzsche se queda atrapado en ella: primero, en la medida en que ve el ser fundamentalmente desde la perspectiva del *valor*, y luego en la medida en que retoma esta diferencia desde el fenómeno del *arte*. En todo ente finito ve «configuraciones de la voluntad plástica de verdad», configuraciones artísticas de la «bella apariencia», que el artista primordial, que es la vida dionisíaca y apolínea, engendra y retira, construye y destruye. Y por último, la doctrina del superhombre es más que una mera invitación a la «vida peligrosa» o la patética evocación de la figura de Zaratustra, más que César Borgia o «César con el alma de Cristo», que son las designaciones que encontramos en Nietzsche. El superhombre es la humanidad en la patencia de la muerte de Dios, de la voluntad de poder y del eterno retorno, es la *aletheia* de una existencia abierta al mundo. Para Nietzsche, esta verdad humana del universo ya no se realiza en un *pensamiento* que se sirve de conceptos abstractos. El pensamiento tiene la forma de la visión, de la *intuición*. Pero eso no significa en Nietzsche una intuición inmediata y sensible de lo simplemente dado, sino justamente la mirada profunda y divinatoria al corazón del mundo, una mirada profunda que no se puede expresar en el desgastado discurso cotidiano, que es inasequible al concepto y que, en el fondo, quizá permanezca inefable, aunque al menos en forma de poesía pueda expresar su propia inefabilidad. Ya en Platón, para quien el filosofar es *dialegesthai* —dar cuenta de lo existente en el diálogo entre amigos o en la conversación del alma consigo misma—, el corazón de la filosofía se custodia en el silencio, es *arrheton*, inefable.

Así pues, incluso con el rechazo del concepto discursivo y con la concepción de la verdad suprema como una «visión», Nietzsche sigue en el terreno de la tradición que pretende superar. Resumiendo: la problemática de Nietzsche se corresponde con el esquema de la metafísica occidental. Él piensa la entidad del ente como voluntad de poder; piensa lo existente en su totalidad como el eterno retorno de lo mismo; piensa el ente supremo primero negativamente como la muerte de Dios y luego positivamente como el juego apolíneo y dionisíaco que produce todas las cosas como configuraciones de la apariencia, igual que el artista produce la obra de arte; y por último concibe la verdad de todo aquello, en la medida en que existe como humano, como el superhombre. Nietzsche, igual que la tradición metafísica que él combate, *se mueve dentro* de los horizontes ontológicos de la nada, el devenir, la apariencia y el pensar. Se mueve en ellos, pero no los convierte por sí mismos en un problema explícito y radical. En este uso operativo la filosofía de Nietzsche es, ontológicamente, tan poco radical como la tradición de la que se aparta. Sigue quedando cautivado por la metafísica incluso ahí donde ya celebra el triunfo sobre ella.

## 5. La relación de Nietzsche con la metafísica como cautividad y liberación

Y en un sentido más amplio sigue siendo el cautivo de la metafísica porque interpreta el ser principalmente como valor. También el origen de esta ecuación se encuentra de nuevo en Platón. Sin embargo, el bien, el *agathon*, que Platón designa el *megiston mathema*, lo máximamente digno de ser sabido, y al cual se orienta en *La república* toda la educación de los gobernantes filósofos, no es para Platón un «valor», sino lo esencial de todas las ideas, es decir, la idea de las ideas. Así como en el ámbito de lo visible el sol da visibilidad a todas las cosas y también brinda el crecimiento, del mismo modo el *agathon* otorga a todas las ideas la cognoscibilidad y la constancia de su ser. En cuanto que lo que hace ser, el bien está *epekeina tes ousias*, más allá de la entidad. El *agathon* no solo tiene más entidad que las cosas sensibles, sino que también tiene más entidad que las ideas permanentes. Con tal esencia, el bien es el concepto supremo de la filosofía platónica. Todas las cosas resplandecen a la luz del *agathon*, y por tanto toda cosa finita, resplandeciendo con este brillo reflejo, es también en cierto modo «buena». La bondad pasa a ser un carácter trascendental del ente. En la modernidad —y sobre todo en Kant, debido a que él define el ente como objeto— los caracteres trascendentales del ser pasan a tener una relación necesaria con el sujeto, en cuanto que este es la instancia en relación con la cual todos los objetos son lo que son. Y por eso Nietzsche puede pensar la bondad de todas las cosas desde la referencia de ellas al hombre, es decir, puede definir la bondad como valor. No existen valores en sí: los valores son siempre para alguien. Los valores corresponden a estimaciones axiológicas, no son componentes de las cosas, como si primero existieran las cosas y posteriormente recibieran asignados predicados de valor como un recubrimiento adicional. Ya la apertura a las cosas, a su pura y nuda existencia, sucede bajo la guía de puntos de vista axiológicos. Como la esencia de las cosas es

—según Nietzsche— voluntad de poder, esta tiene que proyectar por anticipado y presuponer los valores como sus propias «condiciones de conservación y acrecentamiento». Con esta proyección, la voluntad de poder se orienta y se asigna a sí misma un objetivo. Y *todo* lo existente tiene valor, porque todas las cosas rebosan voluntad de poder y son gobernadas por ella. El planteamiento fundamental de Nietzsche «ser = valor» prosigue con la transformación moderna de la relación entre *on* y *agathon* que había en la Antigüedad. Para Nietzsche todos los valores están *en* la vida, *en* el mundo: la vida y el mundo no tienen por sí mismos ningún valor. Esto no significa una valoración negativa de la vida y del mundo, sino la comprensión de que no se los puede valorar, pues ellos son la totalidad *donde* toda valoración se mantiene y se desarrolla. Con el eterno retorno se piensa el margen de espacio y tiempo para todo movimiento de la voluntad de poder. La doctrina del eterno retorno enseña justamente que la totalidad donde sucede toda valoración carece ella misma de sentido y de valor. «No se puede valorar el valor total del mundo».[3] Contener valor es la definición básica que Nietzsche hace del ser del ente finito, mientras que falta de valor es la definición básica del ser en su totalidad o del devenir en su totalidad, conforme al pensamiento del retorno. Tanto en la cuádruple articulación fundamental de su problemática como en su planteamiento fundamental axiológico Nietzsche queda en dependencia de la metafísica.

Pero la pregunta central de toda interpretación de Nietzsche es si se queda completamente atrapado en la metafísica que él mismo combate tan apasionadamente, o si de alguna manera logra ir más allá de ella. La interpretación que Hei-

---

3  XVI, 168 (cf. *La voluntad de poder, op. cit.*, p. 475; *Fragmentos póstumos*, vol. IV, [1885-1889], *op. cit.*, p. 388).

## 5. La relación de Nietzsche con la metafísica como cautividad y liberación

degger hace de Nietzsche en *Caminos de bosque* niega que él salga esencialmente al aire libre de un nuevo amanecer del mundo. Para Heidegger, Nietzsche sigue siendo el prisionero de la metafísica, por cuanto que consuma de una determinada manera la tendencia fundamental de ella. La interpretación de Heidegger se orienta predominantemente por la voluntad de poder. Es sobre todo la metafísica de la modernidad la que llega hasta su final y es pensada a fondo en Nietzsche. La modernidad comienza con un cambio esencial de la verdad. En la Antigüedad la verdad se entendía como desvelamiento del ente, como *aletheia*, como el claro en el que todas las cosas aparecen y se muestran. Basándose en la definición platónica de la verdad como la mirada correcta que alza la vista a las ideas, en la modernidad la verdad adquiere el carácter de la *certitudo*. Pasa a ser un modo en el que el hombre, el sujeto que forma representaciones, tiene certeza del ente. Y este ente se entiende primariamente como objeto, es decir, como aquello que solo es lo que es mostrándose a un sujeto. La percepción subjetiva del ente, la *perceptio*, es a su vez, al mismo tiempo, un impulso a representar o una representación impulsada, y esto no como dos cosas separadas o yuxtapuestas, sino conjuntamente. El sujeto es voluntad y representación. Lo que impulsa a la representación es la voluntad. La representación es una *conversión* en objeto. En sí misma, la representación es una voluntad de poder que violenta. Este subsuelo oculto sale a la luz en Nietzsche. Lo que el sujeto experimenta consigo mismo pasa a ser para él la esencia de todo lo existente. Todo es voluntad de poder. Heidegger interpreta la voluntad de poder a partir de la esencia de la sustancia pensada en sentido moderno. Leibniz había definido la sustancia como mónada, como *appetitus* y *perceptio*, y el ser de la sustancia como fuerza. Con su doctrina de la voluntad de poder Nietzsche consuma —según la visión de Heidegger— la metafísica de la modernidad, que piensa la sustancia como fuerza y como sujeto. Por eso Heidegger interpreta el superhombre como el hombre que es voluntarioso gracias a la voluntad de poder y que asume el gobierno del mundo. Es decir, el superhombre no es algo que haya de venir alguna vez como una forma totalmente nueva de existencia, sino que en nuestro carácter humano anida ya la subjetividad incondicional, aunque aún no esté desarrollada en toda su titánica desmesura. Esta interpretación de Nietzsche que hace Heidegger se fundamenta esencialmente en su recapitulación de la historia del ser y en su visión de ella, pero sobre todo en su interpretación de la metafísica de la modernidad.

Sin embargo, sigue *irresuelta* la cuestión de si, con la intención fundamental de su forma de *pensar el mundo*, Nietzsche no ha superado ya el nivel ontológico de la problemática metafísica. En su idea de «juego» se encierra ya la originalidad no metafísica de una filosofía cosmológica. Ya desde sus primeras obras Nietzsche se mueve en la misteriosa dimensión del juego, en su metafísica del artista, en su heraclitismo del *pais paizon*, de Zeus como niño que juega a los mundos. Aunque aquí Nietzsche coincide en muchas cosas con Hegel, quien en cierta ocasión dijo que el juego en su indiferencia y su «grandísima veleidad es a la vez la seriedad más sublime y la única verdadera»,[4] sin embargo no es con el Hegel metafísico con quien conecta, sino con su raíz común en Heráclito. El idealismo de Kant, Schelling y Hegel también estudió mucho las relaciones entre imaginación, tiempo, libertad y juego, pero como ser primordial proclamó la voluntad y el espíritu. En Nietzsche, el juego humano, el juego del niño y del artista, pasa a ser el concepto clave del universo, la metáfora cósmica. Eso no significa que la constitución ontológica del hombre se transfie-

---

4  *Erste Druckschriften* (Lasson, 1928), p. 128.

## 5. La relación de Nietzsche con la metafísica como cautividad y liberación

ra acríticamente a la totalidad de lo existente, sino que lo que sucede es justamente lo contrario. La esencia del hombre solo se puede concebir y definir como juego si el hombre se piensa a partir de su apertura extática al mundo imperante, y no como mera cosa intramundana que existe junto a otras cosas distinguiéndose por la facultad espiritual, racional, etc. Solo cuando se atiende al juego del mundo, cuando la mirada pensante se da cuenta del engaño apolíneo y percibe que tras las configuraciones de la apariencia finita está la «vida» configuradora, constructora y destructora, cuando el auge y el ocaso de las figuras limitadas y temporales se experimenta como danza y como corro, como el juego de dados de las contingencias divinas, sobre el que se despliega la bóveda celeste de la inocencia y el acaso, solo entonces el hombre, en su lúdica productividad, puede sentirse emparentado con la vida de la totalidad, invitado a participar en el gran juego del nacimiento y la muerte de todas las cosas y totalmente metido en la tragedia y la comedia de la existencia universal. El mundo juega: juega como el fondo dionisíaco que engendra el aparente mundo apolíneo de las figuras existentes y que «a golpe de látigo saca a apacentar»[5] las cosas finitas; juega componiendo y rompiendo, entrelazando amor y muerte, más allá del bien y del mal, más allá de toda valoración, puesto que, al fin y al cabo, todos los valores solo aparecen *dentro* de este juego. «Dioniso» es el nombre para este juego inefable de la omnipotencia. En el legado póstumo se nos dirá más tarde:

> El arte trágico, rico en ambas experiencias, se designa como reconciliación de Apolo con Dioniso: gracias a Dioniso se otorga la más profunda significación al fenómeno, y sin embargo este fenómeno se niega, y se niega con placer. […] La dicha dionisía-

---

5 Heráclito, fragmento B 11 (Diels).

ca alcanza su cumbre en la aniquilación incluso de la más bella apariencia.[6]

La cumbre dionisíaca de la dicha del hombre consiste en la experiencia pánica, que nos da a conocer la nihilidad de todas las formas individualizadas y que reintegra lo individual en el proceso del juego de individuación. A esta cumbre de la dicha del éxtasis dionisíaco se alude ya en el oscuro fragmento de Heráclito donde el bellísimo cosmos se denomina como un vertedero de basura. El campo de la definición metafísica del ente en cuanto ente es, desde el punto de vista de la sabiduría trágica y dionisíaca, la dimensión de la enajenación, el ámbito de un mundo lúdico y aparente ganado en el juego. El hombre tiene la enorme posibilidad de entender la apariencia como apariencia, de sumergirse con su propio jugar en el gran juego del mundo y de conocerse a sí mismo en tal sumirse como el jugador que participa del juego cósmico. Nietzsche deja de estar atrapado en la metafísica cuando comprende el ser y el devenir como juego. Entonces la voluntad de poder tampoco tiene el carácter de la objetualización del ente para un sujeto representante, sino el carácter de la configuración apolínea, mientras que, por otro lado, con el eterno retorno de lo mismo se piensa en el tiempo de juego del mundo, que todo lo abarca, todo lo trae y todo lo elimina. Lo alciónico en la imagen del superhombre remite al *jugador*, no al violento ni al gigante técnico. En *Ecce homo* dice Nietzsche: «No conozco otro modo de abordar grandes tareas que el *juego*: este es, como indicio de grandeza, un presupuesto esencial».[7] Pero el hombre que juega, que está extáticamente abierto al dios Dioniso —el dios que juega y crea formas siendo él mismo

---

6   XIV, 365 s. (cf. *La voluntad de poder*, op. cit., p. 475; *Fragmentos póstumos*, vol. IV, [1885-1889], op. cit., p. 109).
7   XV, 447 (cf. *Ecce homo*, op. cit., p. 70-71).

## 5. La relación de Nietzsche con la metafísica como cautividad y liberación

amorfo—, no vive en la veleidosa arbitrariedad de la libertad a toda costa, sino que es un jugador que participa en el juego del mundo y que quiere profundamente lo necesario, eso que hace que la necesidad dé un giro. Para designar tal voluntad, que no es una rendición a la fatalidad sino una participación en el juego, Nietzsche tiene la formulación de *amor fati*. En el ditirambo a Dioniso titulado «Gloria y eternidad» Nietzsche define la esencial experiencia existencial de su poesía y su pensamiento como la *consonancia cósmica de hombre y mundo en el juego de la necesidad*:

> escudo de la necesidad.
> Supremo astro del ser,
> al que ningún deseo alcanza
> ni ninguna negativa mancha;
> eterna afirmación del ser,
> yo soy eternamente tu afirmación:
> ¡pues yo te amo, oh eternidad![8]

---

8   VIII, 436 (cf. *Obras completas* IV, *op. cit.*, pp. 893-894).